日本古代氏族研究叢書④

# 大神氏の研究

鈴木正信　著

雄山閣

## 「日本古代氏族研究叢書」刊行にあたって

本シリーズは、日本古代に活躍した個々の氏（ウヂ）について、それぞれにふさわしい研究者が、その研究成果を一冊の書物にまとめて刊行するものである。近年、七世紀代に遡る出土文字史料の増加により、七世紀、さらにはそれ以前の時代に対する関心が、再び高まってきている。一方、稲荷山古墳出土の鉄剣銘文が発見されて以来、ウヂや系譜についての研究も大きく進展した。しかし、個々のウヂについて、それを全体的に取りあげた研究はそれほど多くはない。このような状況のなかでの本シリーズの刊行は、今後の氏族研究の発展に大きな意味を持つであろう。

目次

# 序章　研究の現状と分析視角

大和盆地を見下ろすようにそびえる三輪山は、古来より神の坐す山として篤い崇敬を集めてきた。その山麓に鎮座する大神《おおみわ》神社（奈良県桜井市三輪）は、我が国で最も早くに創祀されたとも言われる古社であり、現在も本殿を持たず、拝殿の奥に設けられた独特な形状の三ツ鳥居を通して、山そのものを御神体（神体山）(1)と仰いでいる。山中には磐座などの祭祀遺跡も多数残されており、列島における祭祀・信仰の原初形態を留める貴重な事例である。

かつて、この三輪山での祭祀（以下、三輪山祭祀）を主たる職掌として大和王権に仕えていたのが、大神《おおみわ》氏という古代氏族である。(2)この氏族は、『古事記』『日本書紀』の神話では、スサノオやオオクニヌシの後裔として位置づけられ、崇神朝に(3)祭祀を開始したと伝えられるオオタタネコ、敏達天皇の寵臣と称された逆《さかふ》、(4)壬申の乱で戦功を立てた高市麻呂など、古代史上著名な人物を数多く輩出した。奈良時代以降は、もっぱら大神神社の神職を代々継承するようになり、中世には高宮氏に改姓して、その家系は現代にまで続いている。

本書の目的は、この大神氏を考察対象とし、律令制以前の時期を中心に、その氏族としての起こりと歩み、地域的な展開、伝承や職掌、系譜と同祖関係を考察することで、彼らが古代国家の形成期にいかなる足跡を残したのかを解明することにある。それは、古代から連綿と受け継がれてきた三輪山や大神神社に対する信仰の淵源を再確認するための試みでもある。さらには、これまで構築されてきた古代史像を、氏族研究の分野から見直すことにもつながるであろう。

なお、大神氏の本宗が称した氏姓(5)（ウヂナ・カバネ）は、時代によって異なっている。はじめに、この点を確認しておきたい。この氏族のウヂナは、『古事記』では「神《みわ》」の一文字で表記されているが、『日本書紀』では「三輪《みわ》」と「大三輪《おおみわ》」が混在しており、『続日本紀』以降では基本的に「大神」に統一されるようになる。木簡でも「大神」が用いられている。一方、カバネは、古い段階では「君」姓を称していたが、『日本書紀』天武十三年（六八四）十一月戊申条に、

大三輪君・大春日臣・阿倍臣・巨勢臣・膳臣・紀臣・波多臣・物部連・平群臣・雀部臣・中臣連・大宅臣・栗田臣・石川臣・桜井臣・采女臣・田中臣・小墾田臣・穂積臣・山背臣・鴨君・小野臣・川辺臣・櫟井臣・柿本臣・軽部臣・若桜部臣・岸田臣・高向臣・宍人臣・来目臣・犬上君・上毛野君・角臣・星川臣・多臣・胸方君・車持君・綾君・下道臣・伊賀臣・阿閇臣・林臣・波弥臣・下毛野君・佐味君・道守臣・大野君・坂本臣・池田君・玉手臣・笠臣、凡五十二氏、賜㆑姓曰㆓朝臣㆒。

とあるように、八色の姓で「朝臣」姓を賜った五十二氏の筆頭として挙げられており、これ以降は「朝臣」を称するようになる。よって、ウヂナの音としては「みわ」から「おおみわ」へ、表記としては「神」「三輪」から「大三輪」そして「大神」へ、カバネは「君」から「朝臣」へと、それぞれ変化していったことが分かる。

本書で扱う時代からすれば、「神」「三輪」「大三輪」「大神」のいずれを採用しても誤りではないが、現代における神社や祭祀の通例からして、「大神」という表記が最も人口に膾炙していると思われる。そこで以下では、氏族名を表す場合には、原則として「大神」を統一的に用いることとする。カバネは基本的に省略し、必要に応じて記載することとしたい。

次に、大神氏に関する研究史を整理するとともに、本書の分析視角と構成を概説する。大神氏に言及した論考は

枚挙にいとまがないが、個々の研究論文が発表されるのと並行して、これまで大神神社やその関係者の手によって、叢書や書籍が盛んに編纂・刊行されてきた。まず、それらを簡単に紹介しておこう。

その嚆矢となったのは、斎藤美澄（一八五七～一九一五）が編纂した『三輪叢書』[6]である。斎藤は『大和志料』[7]を編纂したことで知られているが、明治二十六年（一八九三）から翌年にかけて、大神神社の宮司を務めており、その在職中に神社に伝来した中世以降の文書類を収集して『三輪叢書』を編纂した。もとは筆書き（写本）であったが、斎藤の死後、大神神社社務所編として刊行された[8]。この『三輪叢書』には、『大三輪神三社鎮座次第』『三輪大明神縁起』『大神分身類社抄』『大倭神社註進状並率川神社記』『三輪高宮家系図』など、基本的な史料が収録されており、明治以降における大神氏に関する研究（三輪山や大神神社における祭祀・信仰に関する研究を含む）の出発点と言うことができる。

続いて、明治維新百年記念事業の一環として、昭和四十三年（一九六八）から刊行が始まった『大神神社史料』全十一巻[9]がある。その構成は、第一巻 史料編、第二巻 史料編続・外六編、第三巻 研究論説編、第四巻 拾遺編、第五巻 三輪流神道編乾、第六巻 三輪流神道編坤、第七巻 続拾遺編乾、第八巻 続拾遺編坤、第九巻 分祀要覧、第十巻 三輪流神道編続坤、別巻 年表・索引となっている。このうち特に第一・二・四・七・八巻には、『三輪叢書』を増補する形で、古代から近現代までの豊富な史料（関連記事）が収められた。また、第三巻には、江戸後期から戦前にかけて発表された大神神社に関連する主な論考が載録されている。これらの初出文献は、現在では入手困難なものもあり、研究史を顧みる際に非常に簡便である。

この『大神神社史料』の編纂事業を踏まえて、大神神社の元宮司・中山和敬氏による単著『大神神社』[10]が上梓され、さらにその後、大神神社の通史として大神神社史料編修委員会編『大神神社史』[11]が刊行された。これには、樋口清之「神体山信仰の考古学的背景」、佐々木幹雄「三輪と陶邑」、池田源太「大神神社の鎮座」、西山徳「律令制と大神神社」、阿部武彦「大神（大三輪）氏と当社」、永島福太郎・久保田収「中世の大神神社」、乾健治「近世の大神神社」、梅田義彦・西野乙「国家神道期の当社」、同「終戦後の当社」など、合計十八編が収められており、現在においても必読の文献である。『三輪叢書』から『大神神社史料』へと続いてきた神社伝来史料の整理・集成事業は、この『大神神社史』の刊行をもって一つの結実を見たと言えよう。[12]

さて、こうした神社側の活動とともに、大神氏に関する研究は、文献史学・考古学・宗教学・文学・神話学など様々な学問領域から積み重ねられてきた。それらは（1）大神氏の動向に関する研究、（2）大神氏の職掌に関する研究、（3）大神氏の系図に関する研究、これら三つのテーマに大別することができる。もちろん、これはあくまでも便宜的な分類である。

（1）大神氏の動向に関する研究の代表的なものとしては、志田諄一氏[13]や阿部武彦氏[14]の論考が挙げられる。

志田氏は、『日本書紀』に登場する大神氏を全て取り上げ、それらの記事内容を分析した上で、この氏族が奉祭するオオモノヌシに着目した。そして、この神は古い段階では大王家と結びついていたが、やがて「三輪の在地豪族であり、御諸山（三輪山―筆者注）とも早くから結びついていた」大神氏の手によって祭られるようになり、それゆえに大神氏は「高い宗教的地位」を得ることになったと説明した。志田氏の見解は、大神氏の伝承や氏族的特質を奉祭神の性格から読み解こうとしたものと言える。

一方、阿部氏は、大神氏の人物の事績や、複姓氏族および「ミワ系氏族」[15]（神直・神部直・神人・神人部・神部のように「ミワ」の呼称を共有し、中央の大神氏と関係を持った諸氏族）の分布を踏まえて、大神氏が内廷[16]との関わりや、大和王権の東国・西国進出および対外交渉との関係で活躍を見せ、天武朝には「第一の豪族」として扱われるに至ったが、それ以降は次第に政治的地位を低下させ、大神神社の祭祀に専念するようになっていったことを指摘した。阿部氏の研究は、天武朝を転換点として大神氏の台頭と衰退を論じた点に特徴がある。

ただし、大神氏の動勢をこのように大局的・長期的に捉えようとした研究は必ずしも多くなく、大半は特定の人物の事績や、個々の伝承を扱うに留まっている。また、志田・阿部両氏の研究も『古事記』『日本書紀』に見える大神氏の関係記事を網羅的に取り上げてはいるが、その分析が十分であるとは言えない点もある。そこで、第一章「大神氏の動勢」では、この氏族がいかなる道程を歩んだのかという点について改めて検討を行った。

第一節「大神氏の成立と展開」では、大神氏に属する人々を、伝承上の人物、五世紀代の人物、六世紀代の人物、七世紀前半〜中葉の人物、七世紀後半の人物に区分し、各記事の内容や信憑性を分析することで、氏族としての勃興・台頭・低迷・再興の過程を論じた。

第二節「大神氏の複姓氏族」では、大神引田氏や大神真神田氏など、大神氏の複姓氏族とされる計九氏の足跡を辿り、本宗と複姓氏族との関係が形成・再編されていった背景を考察した。

第三節「大神氏の分布とその背景」では、ミワ系氏族や「ミワ」を冠する地名・神社の全国における分布状況を確認した上で、信仰と制度の面から、これらの諸氏族が列島各地に展開するに至った過程を検討した。

次に（2）大神氏の職掌に関する研究は、いわば研究史の主流を占めるものである。むしろ学界の関心は、大神氏という一氏族の存在形態のみならず、この氏族が関与した三輪山祭祀の伝承をいかに解釈するか、またその作業を通じて王権と氏族の関係性や、古代国家の成り立ちをどのように把握するか、という点に向けられてきたとも言える。こうした視点から大神氏を扱った代表的なものとして、ここでは直木孝次郎(17)・和田萃(18)・菱田哲郎(19)各氏の研究を取り上げたい。

直木氏は「王朝交替説」[20]にもとづいて論を展開した。すなわち、崇神朝にオオモノヌシが疫病を流行させた伝承などから、三輪山に鎮座する神（以下、大三輪神[21]）は王権と相容れない対立的な存在であると理解し、このような関係が生じたのは、五世紀代に勃興した「河内政権」が大和に侵攻して、四世紀代より大三輪神を祀っていた「初期大和政権」を討ち滅ぼし、大和地域の支配権と大三輪神の祭祀権を奪ったためであると想定した。

一方、こうした「王朝交替説」に拠らない立場から、三輪山祭祀の復元を試みた和田氏は、四・五世紀の三輪山では日神祭祀や国見儀礼が行われていたが、五世紀後半になると三輪山での祭祀は衰退・中断し、その記憶が大三輪神の祟りとして説話化された。そして、六世紀中葉に大王家から大神氏へと祭祀権が委譲され、その後は大神氏によって祟り神に対する祭祀が行われるようになったとする。和田説の特徴は、大三輪神がもつ祟り神としての性質を「王朝交替」ではなく、祭祀の衰退・中断により説明した点、および大神氏が途中から祭祀に関与するようになったとする点にある。

さらに近年、考古学の分野から菱田氏は、オオタタネコが陶邑（『古事記』では河内之美努村、『日本書紀』では茅渟県陶邑）で発見されたとする伝承や、この地域に広がる陶邑窯跡群で焼成された須恵器が三輪山周辺から出土すること、さらに各地の須恵器窯とミワ系氏族の分布が近接することなどから、神部の職掌の一つに須恵器生産があったとし、六世紀後半から七世紀前半にかけて全国の須恵器生産が神部を軸とする体制に「再編」されたと論じている。

以上、三者の説を紹介した。かつては直木氏のように「王朝交替説」を前提とした議論が主流であったが、現在では「王朝交替」の存在自体に疑問が呈されており、祟りの発現についても、それが必ずしも王権との対立性を示すものではないことが指摘されている[22]。それに対して和田説は、三輪山祭祀の問題を「王朝交替説」と切り離し、三輪山麓に点在する遺跡の発掘成果も取り入れて、祭祀の展開過程を文献・考古の両側面から体系的に復元した点で高く評価できるものである。また、菱田説は、これまで祭祀との関連が強調されてきた大神氏の職掌に対して、手工業生産の観点から見直しを迫るものとして注目されよう。

しかし、和田説については、祭祀の衰退・中断が考古学的にはたして確認できるのか、菱田説についても、須恵器窯と神部の関係を全国的にどこまで普遍化できるのかなど、そのままでは是認しがたい点も見受けられる。よって、両説の論拠を再検証し、その成果と意義を批判的・発展的に継承していくことが、現在の大神氏研究における大きな課題であると言える。そこで、第二章「大神氏の職掌」では、三輪山祭祀がどのような展開を辿り、その祭祀に対して大神氏がいかなる形で関与したのか、という点について考察を行った。

第一節「大三輪神の神格とその重層性」では、四～五世紀にかけて三輪山で国見儀礼や日神祭祀が行われていた可能性と、大三輪神が有する複数の神格およびその描かれ方について検討した。

第二節「三輪山祭祀の構造と展開」では、三輪山における祭祀の実施時期とその衰退・中断期間の有無、さらに大神氏の祭祀に対する関与の仕方について、考古資料も活用して分析を加えた。

第三節「大神氏始祖系譜の歴史的背景」では、大神氏と須恵器生産および陶邑窯跡群との関係や、他氏族との間に形成された同祖系譜のあり方を手がかりとして、大神氏の始祖とされるオオタタネコの伝承を読み解いた。

最後に(3)大神氏の系図に関する研究は、これまで述べてきた(1)(2)の前提となるものである。大神氏の世系を記した主要な系図(独立した形で伝存するもの)としては、『粟鹿大明神元記』と『大神朝臣本系牒略』がある。第三章「大神氏の系図」では、この二つの系図を中心的に取り上げた。

このうち『粟鹿大明神元記』は、但馬国朝来郡に本拠を構えた神部氏が編纂したものであり、前半部分は中央の大神氏との共通系譜、後半部分は神部氏の独自系譜となっている。この系図は、是澤恭三氏によって紹介された後、[23] 田中卓氏による詳細な研究が発表された。[24]

田中氏は『粟鹿大明神元記』の記載内容を他史料と比較した上で、かつては神部氏が但馬国造や朝来郡司を輩出していたが、のちに隣郡から勢力を伸ばしてきた日下部氏によってその地位を奪われ、没落していく中で往時の繁栄を後世に伝えるために、この系図（の原史料）が作成されたと推測した。また、この系図の写本には竪系図形式と文章形式のものがあり、是澤氏は竪系図形式を、田中氏は文章形式を、それぞれ原形に近いと主張した。

このように『粟鹿大明神元記』を論じる際には、まず竪系図形式と文章形式のどちらが原形に近いのかを確定する必要がある。また、従来は系図の「史料」としての成立（現状を呈するに至った経緯）に関心が払われており、大神氏と神部氏の関係がいかにして形成されたのかという点については、積極的な言及は見られなかった。

そこで、第一節「『粟鹿大明神元記』の写本系統」では、新出の写本（多和文庫所蔵）を用いて、『粟鹿大明神元記』の写本系統を再考し、その原形を明らかにした。末尾には翻刻を掲載した。

第二節「神部氏の系譜とその形成」では、『粟鹿大明神元記』の書式と成立段階から、大神氏と神部氏が同祖系譜を形成するに至った歴史的背景を考察した。

一方、『大神朝臣本系牒略』は、大神氏の後裔に当たる髙宮氏が近世に編纂したものである。これまで大神氏の系図としては『三輪髙宮家系図』が頻繁に利用されており、この『大神朝臣本系牒略』は前述の『三輪叢書』や『大神神社史料』に載録されなかったためか、長らく等閑に付されてきた。しかし、その記載は『三輪髙宮家系図』と並ぶ情報量を備えており、他史料に見られない独自の内容も含んでいる。したがって『大神朝臣本系牒略』は、『三輪髙宮家系図』の補完・相対化を可能にする史料であると言える。

そこで、第三節「『大神朝臣本系牒略』の史料的性格」では、『大神朝臣本系牒略』の編者と成立年代を確認し、さらに近世・近代に編纂されたほかの系図との比較から、その成立過程と史料的性格を検討した。末尾には翻刻を掲載した。

本書は以上の各論考により、大神氏の実像・実態へのアプローチを試みたものである。三輪山や大神神社を表題に掲げる研究が多いが、本書では特に氏族の軌跡を基軸に据えて体系的に論じることを心がけた。節ごとに完結した内容になるよう努めたため、中心的に取り上げる史資料や先行研究には重なるものもある。また『古事記』『日本書紀』の神話・伝承の解釈では、推測をたくましくした部分も少なくない。諸賢のご叱正を乞う次第である。

※引用史料の〈　〉は割注、（　）は省略や筆者による注記を示す。漢字は原則として常用漢字に統一した。各史料の引用・訓読に当たっては、以下の文献を参考にした。ほかの史料は適宜触れる。

・『古事記』『日本書紀』『風土記』…日本古典文学大系
・『続日本紀』『万葉集』『日本霊異記』…新日本古典文学大系
・『日本後紀』『延喜式』…新訂増補国史大系、訳注日本史料
・『続日本後紀』『日本文徳天皇実録』『日本三代実録』『令集解』『釈日本紀』…新訂増補国史大系
・『新撰姓氏録』…佐伯有清『新撰姓氏録の研究』本文篇（吉川弘文館、一九六二年）
・『先代旧事本紀』巻十「国造本紀」…篠川賢・大川原竜一・鈴木正信編『国造制の研究』（八木書店、二〇一三年）
・『住吉大社神代記』…沖森卓也・佐藤信・矢嶋泉『古代氏文集』（山川出版社、二〇一二年）

・正倉院文書…大日本古文書

・『大三輪神三社鎮座次第』『大倭神社註進状』『大神崇秘書』『大神分身類社抄』『越家古記録』『髙宮氏中興系図』…

大神神社史料

## 注

（1）山田浩之氏は、明治四年（一八七一）に三輪山が上知令の対象となった際、その山域が大神神社の境内地であることを主張するため、信仰上の理由および経済的な理由から「神体山」という語が生み出されたことを指摘している（山田浩之「『神体山』の成立」『神道宗教』一五一、一九九三年）。これを踏まえて本書では、古代における三輪山に対して「神体山」の呼称を用いることはしない。ただし山田氏も触れているとおり、たとえ「神体山」という語が存在しなくとも、神が鎮座する山としての三輪山に対する信仰が、古代にまで遡り得ることは言うまでもない。

（2）大神《おおみわ》氏と同じ表記をとる氏族に、豊後を本拠とする大神《おおが》氏がいる。両氏は『三輪髙宮家系図』などによれば、系譜的な結びつきをもつとされているが、本書では大神《おおみわ》氏を中心的に論じることとし、大神《おおが》氏については直接取り上げることはしない。

（3）周知の通り、漢風諡号は一部を除いて八世紀後半に撰進されたものであるが、本書では便宜的に天皇名は全て漢風諡号を用いる。また、朝廷組織のあり方にかかわらず、某天皇の在位期間を「某朝」と呼称する場合がある。

（4）本書では便宜上、天皇号成立以前についても「某天皇」の呼称で統一する。

（5）第一章第二節参照。

（6）大神神社社務所編『三輪叢書』（大神神社社務所、一九八六年、初版一九二八年）。

（7）奈良県編『大和志料』（臨川書店、一九八七年、初版一九一四年）

（8）出版に当たり、「髙宮氏中興系図」や神宮寺関係文書など一部の史料が追補された。詳細は『三輪叢書』（前掲）所載「新旧叢書対照表」参照。

（9）大神神社史料編修委員会編『大神神社史料』一～十巻・別巻（吉川弘文館、一九六八～九一年）。

（10）中山和敬『大神神社』（学生社、一九九九年、初版一九七一年）。

（11）大神神社史料編修委員会編『大神神社史』（吉川弘文館、一九七五年）。
（12）このほかに、大神神社が年二回刊行している雑誌『大美和』や、毎月開催している文化講座「三輪山セミナー」などの講演内容をまとめた書籍がある。各巻の詳細は以下の通り。
・上野誠・門脇禎二・千田稔・塚口義信・和田萃『三輪山の古代史』（学生社、二〇〇三年）。
・網干善教・石野博信・河上邦彦・菅谷文則・塚口義信・森浩一『三輪山の考古学』（学生社、二〇〇三年）。
・上田正昭・門脇禎二・櫻井治男・塚口義信・和田萃『三輪山の神々』（学生社、二〇〇三年）。
・石野博信・上野誠・岡本健一・菅野雅雄・辰巳和弘・塚口義信・森浩一『三輪山と日本古代史』（学生社、二〇〇八年）。
・小笠原好彦・河上邦彦・菅谷文則・鈴鹿千代乃・平林章仁・広瀬和雄・和田萃『三輪山と古代の神まつり』（学生社、二〇〇八年）。
・笠井敏光・金関恕・千田稔・塚口義信・前田晴人・和田萃『三輪山と卑弥呼・神武天皇』（学生社、二〇〇八年）。
・大神神社編『古代ヤマトと三輪山の神』（学生社、二〇一三年）。
（13）志田諄一「三輪君」（『古代氏族の性格と伝承』雄山閣、一九七四年）。
（14）阿部武彦「大神氏と三輪神」（『日本古代の氏族と祭祀』吉川弘文館、一九八四年、初出一九七五年）。
（15）第一章第三節参照。
（16）第一章第一節参照。
（17）直木孝次郎「応神王朝論序説」（『古代河内政権の研究』塙書房、二〇〇五年、初出一九六四年）、同「天香久山と三輪山」（『古代河内政権の研究』前掲、初出一九七七年）など。
（18）和田萃「ヤマトと桜井」（『桜井市史』上、一九七九年）、同「三輪山祭祀の再検討」（『日本古代の儀礼と祭祀・信仰』下、塙書房、一九九五年、初出一九八五年）など。
（19）菱田哲郎「須恵器の生産者」（『列島の古代史』四、岩波書店、二〇〇五年）、同『古代日本国家形成の考古学』（京都大学学術出版会、二〇〇七年）。
（20）第二章第二節参照。
（21）第二章第一節参照。
（22）第二章第二節参照。
（23）是澤恭三「粟鹿神社祭神の新発見」（『神道宗教』一〇、一九五五年）、同「粟鹿大明神元記の研究（一）」（『日本学士院紀要』一四-三、一九五六年)、同「粟鹿大明神元記の研究(二)」(『日本学士院紀要』一五-一、一九五七年)、同「但馬国朝来郡粟鹿大明神元記に就いて」(『書陵部紀要』九、一九五八年)。

(24)田中卓「一古代氏族の系譜」(『田中卓著作集』二、一九八六年、初出一九五六年)、田中卓「翻刻『粟鹿大神元記』」(『田中卓著作集』二、前掲)。

# 第一章　大神氏の動勢

## 第一節　大神氏の成立と展開

### はじめに

序章でも述べたように、三輪山をめぐる伝承に関しては、文献史学のみならず考古学・文学・神話学など様々な学問領域から研究が蓄積されている。しかし、大神氏という氏族そのものに関する研究は、特定の人物やその事績を取り上げたものが多く、氏族としての全体的な動向を考察の中心に据えたものは、志田諄一[1]・阿部武彦[2]・西山徳[3]各氏の研究など一部に限られる。そこで本章では、大神氏の中でも伝承上の人物と、五世紀代、六世紀代、七世紀前半～中葉、七世紀後半にそれぞれ活躍が伝えられる人物を取り上げ、関連する記事を概観することで、この氏族が歩んだ道程を改めて確認したい。

### 1　伝承上の大神氏

大神氏の人物（始祖）として『古事記』『日本書紀』に最初に登場するのは、オオタタネコである。この人物の伝承ついては、第二章第三節で詳しく取り上げるので、ここではその内容を確認するに留めておく。

『古事記』崇神段には、次のようにある。すなわち、疫病の流行によって多くの死者が出た。天皇はこれを憂いて占いを行うと大物主神が現れ、これは自分の意志であり、オオタタネコに自分を祭らせるならば疫病は収まるだろうと告げた。そこで、天皇は河内之美努村に彼を捜し出し、大物主神を祭らせたところ、無事に疫病が収まった。

一方、『日本書紀』崇神七年二月辛卯条〜崇神八年十二月乙卯条も、話の大筋は共通している。崇神朝に疫病が流行したため、天皇が占いを行うと、大物主神がヤマトトトヒモモソヒメに神懸かりして、これは自分の意志であると告げた。天皇は神託に従って祭祀を行ったが、効験は得られなかった。すると、天皇の夢に大物主神が再び現れ、自分の子孫であるオオタタネコに祭らせるよう告げた（崇神七年二月辛卯条）。天皇が神託を受けたのと同日に、倭迹速神浅茅原目妙姫・大水口宿禰・伊勢麻績君ら三人も同じ夢を見た。そこで、天皇はオオタタネコを茅渟県陶邑に見つけ出し（同八月己酉条）、彼に祭祀を行わせると、神託のとおり疫病が収まった（同十一月己卯条）。さらに翌年には、高橋邑の活日という人物を大神の掌酒に任命し（同八年四月乙卯条）、オオタタネコに再び大物主神を祭らせ、活日は天皇に神酒を献上した（同十二月乙卯条）。

これらは、三輪山における祭祀の起源譚である。と同時に『古事記』には「此意富多多泥古命者、神君（略）之祖」、『日本書紀』には「所謂大田々根子、今三輪君等之始祖也」とあり、三輪山での祭祀を担当したオオタタネコを大神氏の祖としていることから、これらの伝承には大神氏が王権に奉仕することの正統性の主張も含まれていたと理解することができる。

かつて坂本太郎氏は、この伝承が『古事記』『日本書紀』両方に載録されていることに着目し、「古事記の資料は帝紀・旧辞のみであるから、大田々根子の物語はすでに旧辞に存したとしなければならない。したがって書紀も旧辞よりこの物語を取ったのであろう」と述べて、オオタタネコ伝承は「旧辞」の段階から存在していたと推測した(4)。

「旧辞」の性格については現在も議論があるが(5)、『古事記』崇神段に「神君」、『日本書紀』崇神八年十二月乙卯条に「三輪君」とあるように、大神氏のウヂナに「大」が付される以前の古い氏姓表記が、これらの記事で用いられていることは、この伝承の原形が天武朝以前に成立していたことを示唆する。このことからすれば、三輪山における祭祀の伝承やオオタタネコを祖とする大神氏の系譜は、「旧辞」の段階にまで遡る可能性がある。この点については、オオタタネコを始祖とする大神氏の系譜が形成された歴史的背景とあわせて後述することとしたい。

オオタタネコの次に見える大神氏の人物としては、オオトモヌシが挙げられる。[6] この人物は次の記事に見えている。

『日本書紀』垂仁三年三月条

新羅王子天日槍来帰焉。（略）〈一云、初天日槍、乗レ艇泊二于播磨国一、在二於完粟邑一。時天皇遣下三輪君祖大友主、与二倭直祖長尾市一於播磨上、而問二天日槍一曰、汝也誰人、且何国人也。天日槍対曰、僕新羅国主之子也。然聞二日本国有二聖皇一、則以二己国一授二弟知古一而化帰之。（略）〉

『日本書紀』仲哀九年二月丁未条

天皇忽有二痛身一、而明日崩。時年五十二。即知、不レ用二神言一而早崩。（略）於是、皇后及大臣武内宿禰、匿二天皇之喪一、不レ令レ知二天下一。則皇后詔二大臣及中臣烏賊津連・大三輪大友主君・物部膽咋連・大伴武以連一曰、今天下未レ知二天皇之崩一。若百姓知之、有二懈怠一者乎。則命二四大夫一、領二百寮一、令レ守二宮中一。（略）

前者の記事には、新羅から来訪した天日槍を尋問するために、倭直の祖の長尾市とともに播磨へ派遣されたとある。後者の記事には、仲哀天皇が崩じた際、神功皇后と武内宿禰の命を受けて、中臣烏賊津・物部膽咋・大伴武以らとともに宮中を警護したとある。[7]

ここでは、まず後者で「四大夫」の一人として登場している点に注目したい。大化前代の支配組織に関する先行研究では、大神氏が大夫（マエツキミ）層を構成する氏族であったことが指摘されている。(8) 後段で取り上げる逆《さかふ》が、敏達天皇の寵臣として活躍していることなどを踏まえるならば、この理解は妥当である。

ただし、問題となるのは「四大夫」の氏族構成である。ここで「四大夫」とされているのは、中臣・大神・物部・大伴各氏の人物である。それに対して『日本書紀』朱鳥元年（六八六）九月是日条（後掲）では、天武天皇の殯において、石上麻呂が法官、大神高市麻呂が理官、大伴安麻呂が大蔵、藤原大嶋が兵政官の誄をそれぞれ奏上しており、順番は異なるものの大神・物部（石上）・大伴・中臣（藤原）の各氏がそろって見えている。また、この記事には「大三輪」とある。序章でも述べた通り、これは天武朝頃から用いられるようになった後次的な氏姓表記である。

これらの点を踏まえるならば、この記事における「四大夫」の氏族構成には、七世紀末における議政官のそれが反映している可能性が高い。よって、この記事の内容の全てが創作であるとは言い切れないが、少なくともこの「四大夫」の構成には『日本書紀』編纂段階において潤色が加えられていると考えられる。(9)

一方、前者の『日本書紀』垂仁三年三月条には「三輪君」とある。これは先の記事とは異なり、「大」が付される以前の古い氏姓表記を留めている。ちなみに、オオトモヌシと行動をともにしている長尾市は、ここでは「倭直」の祖とされているが、大倭氏の氏姓表記は、「倭直」から「倭連」へ（『日本書紀』天武十年〈六八一〉四月庚戌条、天武十二年〈六八三〉九月丁未条）、ついで「大倭連」から「大倭忌寸」へ（『日本書紀』天武十四年〈六八五〉六月甲午条）と変遷したことが確認できる。このように『日本書紀』垂仁三年三月条は、大神氏・大倭氏ともに古い氏姓表記（三輪君・倭直）で記されていることから、天武朝以前に成立していた大神氏・大倭氏の祖先伝承に依拠しているとみることができる。
さらに『日本書紀』垂仁三年三月条では、オオトモヌシは「三輪君祖」とされているが、『日本書紀』崇神八年十二月乙卯条（前掲）では、オオタタネコも「三輪君等之始祖」と記されている。この「等」の中には、『古事記』崇神段（前掲）によれば、賀茂氏が含まれることが分かる。『日本書紀』神代第八段一書第六にも、
此大三輪之神也。此神之子、即甘茂君等大三輪君等。
とあり、ここでも大神氏と賀茂氏の同祖関係が知られる。また『新撰姓氏録』によれば、賀茂朝臣（大和国神別賀茂朝臣条）、神人（摂津国神別 神人条）、三歳祝（未定雑姓 大和国 三歳祝条）といった複数の氏族が、それぞれオオタタネコに結びつく系譜を有している。[10] つまり、オオタタネコは大神氏と他氏との共通の祖とされているのに対し、オオトモヌシは大神氏単独の祖ということになる。[11]
このことは、大神氏がはじめに祖と仰いでいたのはむしろオオトモヌシであり、のちに大神氏が他氏と同祖系譜を形成するに当たって、各氏族の系譜の結節点（共通の祖）としてオオタタネコという新しい神格が創出されたことを示すと考えられる。これまでの議論では、オオタタネコが『古事記』では「河内之美努村」、『日本書紀』では「茅渟県陶邑」で発見されたとあることから、そのオオタタネコを祖とする大神氏も本来はこの「河内之美努村」あるいは「茅渟県陶邑」の地域を本拠としており、後から三輪山麓に移住してきたとする説も唱えられてきた。しかし、上記のようにオオタタネコを大神氏単独の祖ではなく、各氏族の共通の祖と捉えるならば、こうした見方は成立しないことになる。この点については、第二章第三節で詳しく述べることとする。
さて『三輪高宮家系図』は、オオトモヌシの孫の代に石床という人物を載せている。この人物には尻付が記されておらず、他史料にも見えないため詳しい事績は知られない。ただし「石床」という名前からは、三輪山祭祀

で磐座として用いられた巨石が連想される。

たとえば、大和国平群郡に所在する平群坐石床神社[12]（『延喜式神名帳』）は、かつては崖面に露頭した巨大な岩を御神体としていたと伝えられており、旧社地および現社地には、現在も多数の巨石が確認できる。このように「石床」とは、古代から磐座などの巨石を指す言葉であったことが知られる。

また、第二節で後述するように、大神氏には複姓氏族が多く見られる。たとえば、大神引田氏・大神私部氏・大神波多氏が挙げられる。このうち大神引田氏は大和国城下郡辟田郷（『和名類聚抄』）、大神波多公は大和国高市郡波多郷（同）を本拠としたと見られる。大神私部氏は、皇妃一般の経済基盤として置かれた私部（『日本書紀』敏達六年〈五七七〉二月甲辰条）を、中央で管掌する伴造氏族とされている。[13]これらの氏族について阿部武彦氏は、天武朝に大神氏が朝臣に改姓した際、その範囲に漏れた氏族であり、本宗に近い氏族であったと推測している。[14]

このことは、この三氏族が早い段階で本宗と同じ大神朝臣へ改姓していることからもうかがえる（『続日本紀』神護景雲二年〈七六八〉二月壬午条）。その上で注目されるのは、これらの氏族が『三輪高宮家系図』において、いずれも石床から分岐したことになっている点である。すなわち、石床の孫の猪子に「波多君之祖也」、石床の四世孫の牟良・加古志にそれぞれ「引田君之祖也」・「私部君之祖也」という尻付が記されており、後の時代に活躍が確認できる大神氏の複姓氏族の祖は、すべて石床を起点に分岐している。

とするならば、石床はこれら三つの複姓氏族の系譜が大神氏の本宗と結び付けられた際、三輪山祭祀の象徴とも言える磐座をもとに創出された可能性が高い。その時期は、これらの複姓氏族がそろって大神朝臣に改姓した際に系譜の結合が行われたとするならば、早く見積もっても八世紀後半ということになろう。この頃から九世紀初頭にかけては、本系帳の提出や『新撰姓氏録』の編纂など、氏族再編の動きが活発化した時期に当たる。こうした情勢の中で大神氏の複姓氏族も再編され、その系譜に対しても修正・調整が加えられていったと考えられる。

## 2　五世紀代の大神氏

オオタタネコ・オオトモヌシに続いて、大神氏の人物として見えるのは身狭である。[15]『日本書紀』雄略即位前紀には、

　御馬皇子、以三会善二三輪君身狭一故、思二欲遣レ慮而往。不意、道逢二邀軍一、於二三輪磐井側一逆戦。不レ久被レ捉。臨レ刑指レ井。而詛曰、此水者百姓唯得レ飲焉。王者独不レ能レ飲矣。

とある。この記事は、御馬皇子がかねてから親交のあった身狭のもとに向かおうとしたところ、途中で大泊瀬皇子（のちの雄略天皇）の軍勢に待ち伏せされ、三輪磐井の地で戦ったが、敗れて捕らえられた。そして、処刑されるに及んで近くの井戸を詛ったという内容である。この前段の『日本書紀』雄略即位前紀（安康三年八月是日条・安康三年十月癸未条）には、大泊瀬皇子が皇位継承をめぐって自らの同母兄にあたる八釣白彦皇子・坂合黒彦皇子や、御馬皇子の同母兄にあたる市辺押磐皇子など、同世代の皇子を次々と殺害していったことが記されている。よって、御馬皇子が身狭のもとに向かったのは、自分の身に危険が及ぶことを察知して協力を求めるためであったと推測される。この記事からは、次の二点が指摘される。

第一に、身狭以前に『古事記』『日本書紀』に登場したオオタタネコやオオトモヌシは、ともに大神氏の「祖」とされていた（『古事記』崇神段、『日本書紀』崇神八年十二月乙卯条・垂仁三年三月条）。それに対して、身狭はその記載が見られず、これ以降の人々にも「祖」とは記されなくなる。このことから、身狭とそれ以前の人物との間には、その実在性に段階差が看取される。したがって、この身狭は大神氏（の前身集団[16]）の中で最初に実在した人物の可能性がある。[17]

第二に、この記事には身狭や三輪磐井など具体的な人名・地名が見えている。(18)このことから坂本太郎氏は、この記事は大神氏の「墓記」（『日本書紀』持統五年〈六九一〉八月辛亥条）から出た可能性を指摘している。(19)この点は首肯すべきである。ただし大神氏の「墓記」から出たのであれば、大泊瀬皇子と御馬皇子の皇位継承争いが話の本筋として描かれ、肝心の大神氏の人物が何の活躍も見せず、単なる脇役で登場するというのは不自然に思われる。

そこで、同じく天皇の飲食の禁忌に関わる記事と比較してみよう。『日本書紀』武烈即位前紀は、武烈天皇と大伴金村が平群真鳥を討伐した記事である。大伴金村の兵に邸宅を囲まれた平群真鳥は、もはや逃げられないことを悟り、塩を詛って死んだが、角鹿の塩だけは忘れて詛わなかった。そのため角鹿の塩は天皇の食用となり、ほかの産地の塩は天皇の忌むところとなったとある。ここでは真鳥が塩を詛った後で殺害されており、また真鳥による呪詛行為が、角鹿の塩のみが天皇の食用とされていることの起源の説明になっている。

それに対して『日本書紀』雄略即位前紀は、御馬皇子が三輪磐井の水を詛った結果、天皇にいかなる影響があったのかについて言及していない。それどころか彼は「臨刑」とあるのみで、最終的に処刑されたのかどうかも定かでない。この点については、大泊瀬皇子が討伐したほかの皇子たちの描写と比較するならば、きわめて対照的である。具体的には、八釣白彦皇子は「天皇乃抜㆑刀而斬」、坂合黒彦皇子は「倶被㆓燔死㆒」、市辺押磐皇子は「即射㆓殺市辺押磐皇子㆒」などとあり、いずれも大泊瀬皇子によって殺害されたことが明記されている。

このことからすると、前掲した記事のもとになった原伝承には続きが存在しており、そこに三輪磐井の水の呪詛に関わる顛末や、大神氏に関する具体的な内容（身狭の活躍など）が伝えられていたのではあるまいか。それが『日本書紀』編纂段階で取捨選択が行われた際、皇位継承争いに関わる部分のみが抜粋・載録され、それ以外の部分は削除されてしまったのであろう。このような経緯を想定するならば、身狭が特に何の役割も果たさない脇役として描かれている点についても、整合的に理解できるのである。そして、このことは大神氏（の前身集団）が五世紀後半頃には氏族としてのまとまりを形成し始めており、皇位継承争いにも関わるなど、王権内で一定の地位を占めていたことをうかがわせるものと言える。

さて、身狭の記事が見える雄略朝には、大神氏や三輪山に関係する説話が集中している。以下、三つの記事を取り上げたい。第一に『日本書紀』雄略七年七月丙子条には、

天皇詔㆓少子部連蜾蠃㆒曰、朕欲㆑見㆓諸岳神之形㆒。〈或云、此山之神為㆓大物主神㆒也。或云、菟田墨坂神也。〉汝膂力過㆑人。自行捉来。蜾蠃答曰、試往捉之。乃登㆓三諸岳㆒、捉㆓取大蛇㆒、奉㆑示㆓天皇㆒。天皇不㆓齋戒㆒。其雷虺虺、目精赫赫。天皇畏、蔽㆑目不㆑見、却㆓入殿中㆒。使㆑放㆓於岳㆒。仍改賜㆑名為㆑雷。

とある。これは少子部蜾蠃の説話である。すなわち、雄略天皇が三諸岳（三輪山）の神を見たいと思い、少子部蜾蠃にこれを捕らえて来るように命じた。蜾蠃は三諸岳に登って大蛇を捕らえ、天皇に献上しようとした。しかし、天皇は斎戒していなかったため、大蛇は雷を鳴らし、その目を爛々と光らせた。これを恐れた天皇は殿中に退き、そのまま大蛇を三諸岳に放させた。そして「雷」という名を賜ったとある。

この記事からは、三輪山に神が住んでおり、その神の正身は大蛇であると認識されていたことが分かる。また、ここでは大蛇が天皇に対して威嚇を行い、天皇はその姿を見ることができなかったとされている。このことは『日本書紀』崇神七年二月辛卯条において、崇神天皇が自ら大物主神を祭っても効験が得られなかったことを想起させる。この点からは、大三輪神が持つ祟り神としての性質を読み取ることができよう。

なお、この記事の末尾に見える「雷」について付言しておきたい。この末尾の一文は、一通りの解釈がある。

それは少子部蜾蠃が「少子部雷」に改名したとする解釈と、あるいは三諸岳を「雷丘」に改名したとする解釈である。『新撰姓氏録』山城国諸蕃 秦忌寸条には「小子部雷」と見えることから、前者を採用していることが分かる。一方、『日本霊異記』上巻第一縁 捉雷縁は、同じように少子部蜾蠃が大蛇を捕らえる話が載録されているが、こちらは三諸岳（三輪山）とは関係がなく、飛鳥の「雷丘」の地名起源譚となっており、後者を採用していると見られる。このように、すでに平安時代には二通りの解釈が行われていたことが確認できる。

そこで注目したいのは、『日本書紀』雄略七年七月丙子条の前段に置かれた六年三月丁亥条の内容である。そこには、

天皇欲下使二后妃親桑一、以勧中蠶事上。爰命二蜾蠃一〈蜾蠃、人名也。此云二須我屢一。〉聚二国内蠶一。於是、蜾蠃、誤聚二嬰児一、奉二献天皇一。天皇大咲。賜二嬰児於蜾蠃一曰、汝宜自養。蜾蠃即養二嬰児於宮墻下一。仍賜レ姓為二少子部連一。

とあり、同じく少子部蜾蠃が登場する。この記事によれば、雄略天皇が草香幡梭姫皇后に養蚕を行わせるため、蜾蠃に命じて全国から蚕を集めさせたが、蜾蠃は誤って嬰児を集めて献上した。そこで、天皇は蜾蠃に嬰児を与えて養育させ、少子部連の姓を賜ったという。これを先の記事と比較するならば、末尾の一文が六年三月丁亥条では「賜レ姓為二少子部連一」、七年七月丙子条では「賜レ名為レ雷」となっており、二つの記事は対応関係にあることが分かる。つまり、この二つの記事はともに少子部氏の家記から出たものであり、前者は少子部蜾蠃の「姓」について、後者は「名」についての由来を述べたものと考えることができる。[20] したがって、「雷」という名前を賜ったのは三諸岳（三輪山）ではなく、少子部蜾蠃であることが判明する。『日本霊異記』の説話は、『日本書紀』の成立後、六年三月丁亥条と七年七月丙子条の対応関係が意識されなくなった結果、後者に対して雷丘の地名起

源譚という新たな解釈がなされたものと推測される。

第二に『日本書紀』雄略十四年三月条には、

命二臣連一迎二呉使一。即安二置呉人於檜隈野一。因名二呉原一。以二衣縫兄媛一、奉二大三輪神一。以二弟媛一為二漢衣縫部一也。漢織・呉織衣縫、是飛鳥衣縫部・伊勢衣縫之先也。

とあり、衣縫兄媛なる人物を大三輪神に奉仕させたという。このことから、雄略朝に大三輪神が信仰されていたこと、そして三輪山において祭祀が執り行われていたことがうかがえる。

これ以前の三輪山祭祀に関する記事（『古事記』崇神段、『日本書紀』崇神七年二月辛卯条～崇神八年十二月乙卯条）は、いずれも伝承の域に留まるものであった。しかし、三輪山の山中・山麓に散在する祭祀遺跡群から出土した遺物は、その大半が五世紀後半から六世紀中葉の年代を示すことが報告されている。[21]また、『古事記』『日本書紀』に登場する大神氏の中で実在した可能性が高まるのは、前述した身狭からである。よって、この記事は三輪山での祭祀が実際に行われていたことを伝える最も古い記事ということになる。

第三に『古事記』雄略段には、

亦一時、天皇遊行。到レ於二美和河一之時、河辺有二洗レ衣童女一。其容姿甚麗。天皇問二其童女一、汝者誰子、答白、己名謂二引田部赤猪子一。爾令レ詔者、汝不レ嫁レ夫。今将レ喚而、還二坐於レ宮。故其赤猪子、仰二待天皇之命一、既経二八十歳一。於レ是赤猪子以為、望レ命之間、已経二多年一、姿體痩萎、更無レ所レ恃。然非レ顯二待情一、不レ忍レ於レ悒而、令レ持二百取之机代物一、参出貢献。然天皇、既忘二先所レ命之事一。問二其赤猪子一曰、汝者誰老女。何由以参来。爾赤猪子答白、其年其月、被二天皇之命一、仰二待大命一、至二于今日一経二八十歳一。今容姿既耆、更無レ所レ恃。然顯二白己志一以参出耳。於レ是天皇、大驚、吾既忘二先事一。然汝守レ志待レ命。徒過二

盛年一、是甚愛悲。心裏欲レ婚、憚二其極老一、不レ得二成婚一而、賜二御歌一。其歌曰、

美母呂能。伊都加斯賀母登。賀斯賀母登。由由斯伎加母。加志波良袁登賣。

（御諸の　厳白梼がもと　白梼がもと　ゆゆしきかも　白梼原童女）

又歌曰、

比氣多能。和加久流須婆良。和加久閇爾。韋泥弖麻斯母能。淤伊爾祁流加母。

（引田の　若栗栖原　若くへに　率寝てましもの　老いにけるかも）

爾赤猪子之泣涙、悉濕二其所レ服之丹摺袖一。答二其大御歌一而歌曰、

美母呂爾。都久夜多麻加岐。都岐阿麻斯。多爾加母余良牟。加微能美夜比登。

（御諸に　つくや玉垣　つき余し　誰にかも依らむ　神の宮人）

又歌曰、

久佐迦延能。伊理延能波知須。波那婆知須。微能佐加理毘登。登母志岐呂加母。

（日下江の　入江の蓮　花蓮　身の盛り人　羨しきろかも）

爾多祿給二其老一女以返遣也。故、此四歌、志都歌也。

とある。これは、引田部赤猪子の説話である。その大意は、雄略天皇が美和川を通った際、川辺で衣服を洗っている女性がいた。天皇が名前を問うと、女性は引田部赤猪子と答えた。天皇は赤猪子に対して、まもなく自分の妻に迎えるので未婚のままでいるよう伝えた。その後、赤猪子は天皇からの連絡を待っていたが、何の音沙汰もないまま八十年が過ぎた。赤猪子は自分の思いを伝えるため参内したが、天皇は彼女のことを覚えていなかった。赤猪子が事情を説明すると、天皇はたいそう驚き、自分を長年待っていたことを不憫に思って歌を賜った。その

歌に感動した赤猪子も返歌を送った。そして、天皇は赤猪子に多くの賜物を与えた、というものである。

この説話で天皇と赤猪子が出会った美和川（三輪川）とは、初瀬川の中でも三輪山の南西麓付近の流れを指している（『万葉集』九一―一七七〇・一七七一題詞）。また、引田部赤猪子の「引田」は、前述した大和国城下郡辟田郷に因むと見られる。

ここで留意したいのは、この説話に見える歌謡の中で、赤猪子が巫女にたとえられている点である。天皇と赤猪子がやりとりした計四首のうち、第一首で天皇は赤猪子のことを、御諸山（三輪山）に生えている樫の木のように神聖で近づくことができない「御諸の」「白梼原童女」と詠んでいる。また、第三首では赤猪子が自身のことを、御諸山（三輪山）に玉垣を築き、神のもとを離れず長年奉仕してきた「神の宮人」と詠んでいる。これらの表現からは、雄略朝に三輪山（の樹木）が神聖視されていたこと、さらには三輪山で行われる祭祀に未婚の女性が奉仕していたことが読み取れる[22]。こうした記事が雄略朝にかけられていることは、やはり五世紀後半の三輪山において祭祀が行われていた（と伝えられていた）ことを物語っていると言えよう。

## 3　六世紀代の大神氏

『古事記』『日本書紀』には見えないが、『大神朝臣本系牒略』（『三輪高宮家系図』）には、身狭の子として特牛という人物が見える。両書の尻付には以下のようにある。

『大神朝臣本系牒略』特牛尻付（抜粋）
欽明天皇元年四月辛卯、令㆓大神祭㆒。之四月祭始乎。〈字類抄。〉

『三輪高宮家系図』特牛尻付（抜粋）
金刺宮御宇元年四年辛卯、令㆑祭㆓大神㆒。是四月祭之始也。

ここに見える「四月祭」とは、四月の上卯の日に大神神社で執り行われる大神祭を指している（『延喜式』内蔵寮8大神祭条、中宮職17大神祭条、春宮坊13大神祭条など）。つまり特牛の尻付は、欽明元年（五四〇）に特牛が大三輪神に対する祭祀を行ったことが、のちの大神祭の起源となったとしている。ちなみに、これに対応する記事は『古事記』『日本書紀』には見られない。

かつて、この『三輪高宮家系図』に着目した和田萃氏は、「特牛によって四月祭（大神祭）が開始されたという註記は、三輪君による三輪山祭祀が、欽明朝に始まったことを暗示している」と述べ、三輪山における祭祀は大きく二段階に分けられるとする説を提唱している。[23] すなわち、四世紀から五世紀にかけての三輪山は、王権が行う日神祭祀の祭場であり、また国見儀礼の舞台でもあったが、五世紀後半に伊勢神宮が創祀され、日神祭祀が伊勢の地で行われるようになると、三輪山での祭祀は衰退・中断した。これにより大三輪神は、祟り神としての性格を持つようになった。そして六世紀中葉に至り、三輪山祭祀は大神氏の手によって祟り神に対する祭祀として再興されたという。先に見た特牛の尻付は、大神氏による三輪山祭祀への関与が後次的なものであるとする最大の根拠となっている。

しかしながら、上記の論を立てるにあたって和田氏が引用したのは『三輪高宮家系図』であり、『大神朝臣本系牒略』には何ら言及していない。これまで長い間、大神氏の系譜史料としては『三輪高宮家系図』だけが頻用されており、[24] 一方の『大神朝臣本系牒略』は最近まで存在すら知られていなかったという経緯がある。『三輪高宮家系図』は『大神朝臣本系牒略』を修正・増補したものであり（第三章第三節参照）、両書にほぼ同内容の記載が見られる場合には、むしろ『大神朝臣本系牒略』の方を参照する必要がある。

そこで改めて『大神朝臣本系牒略』における特牛の尻付に目を向けるならば、その末尾には「字類抄」とある

（傍線部）。『大神朝臣本系牒略』には、同じように尻付の後に書名を小字で記した箇所が頻見され、これは出典を示すと見られる。たとえば、オオタタネコの尻付には、

崇神天皇八年十二月卯日祭之始。〈書紀。〉

とあるが、これは明らかに『日本書紀』崇神八年十二月乙卯条を指している。よって『大神朝臣本系牒略』の特牛の尻付は「字類抄」に依拠して記されたと考えられる。

この「字類抄」とは『色葉（伊呂波）字類抄』[25]か、あるいはそのもとになった『世俗字類抄』などを指すと思われるが、これらは同じ書名でも写本によって載録されている内容が大きく異なっていることもあり、特牛の尻付に直接関連する記述は現在のところ検出できない。しかし、当該箇所が何らかの形で他書に拠っているとするならば、大神氏が六世紀中葉から三輪山祭祀に関与するようになったとする上記の推測は、再検討が必要になる（第二章第二節参照）。ここでは、欽明朝に四月の大神祭を行ったという記述は、大神氏による祭祀の開始を示すものではなく、むしろ祭祀はこれ以前から始まっていたのであり、その執行体制などがこの時期から徐々に整備されていったことを意味していると理解しておきたい。

次に見える大神氏の人物は、敏達・用明朝に活躍が知られる逆である。[26]この人物は、以下の記事に登場する。

『日本書紀』敏達十四年（五八五）六月条

馬子宿禰奏曰、臣之疾病、至レ今未レ愈。不レ蒙二参宝之力一、難レ可二救治一。於是、詔二馬子宿禰一曰、汝可三独行二仏法一。宜断二余人一。乃以二三尼一、還二付馬子宿禰一。馬子宿禰、受而歓悦。嘆二未曾有一、頂二礼三尼一。新営二精舎一、迎入供養。〈或本云、物部弓削守屋大連・大三輪逆君・中臣磐余連、倶謀レ滅二仏法一、欲下焼二寺塔一、并棄中仏像上。馬子宿禰、諍而不レ従。〉

『日本書紀』敏達十四年八月己亥条

天皇病彌留、崩二于大殿一。是時、起二殯宮於広瀬一。（略）三輪君逆、使三隼人相二距於殯庭一。穴穂部皇子、欲レ取二天下一。発憤称曰、何故事二死王之庭一、弗レ事二生王之所一也。

『日本書紀』用明元年（五八六）五月条

穴穂部皇子、欲レ奸二炊屋姫皇后一、而自強入二於殯宮一。寵臣三輪君逆、乃喚二兵衛一、重二璅宮門一、拒而勿レ入。穴穂部皇子問曰、何人在レ此。兵衛答曰、三輪君逆在焉。七呼レ開レ門。遂不二聴入一。於是、穴穂部皇子、謂三大臣与二大連一曰、逆頻無レ礼矣。於二殯庭一誄曰、不レ荒二朝庭一、浄如二鏡面一、臣治平奉仕。即是無レ礼。方今天皇子弟多在。両大臣侍。詎得三恣レ情、専言二奉仕一。又余観二殯内一、拒不二聴入一。自呼レ開レ門、七廻不レ応。願欲レ斬之。両大臣曰、随レ命。於是、穴穂部皇子、陰謀下王二天下一之事上、而口詐在三於殺二逆君一。遂与二物部守屋大連一、率レ兵囲二繞磐余池辺一。逆君知之、隠二於三諸之岳一。是日夜半、潜自レ山出、隠二於後宮一。〈謂二炊屋姫皇后之別業一。是名二海石榴市宮一也。〉逆之同姓白堤与二横山一、言二逆君在処一。穴穂部皇子、即遣二守屋大連一〈或本云、穴穂部皇子与二泊瀬部皇子一、相計而遣二守屋大連一。〉曰、汝応三往討二逆君并其二子一。大連率レ兵去。蘇我馬子宿禰、外聞二斯計一、詣二皇子所一、即逢二門底一。〈謂二皇子家門一也。〉将レ之二大連所一。時諫曰、王者不レ近二刑人一。不レ可二自往一。皇子不レ聴而行。馬子宿禰、即便随去二到於磐余一、〈行至二於池辺一。〉而切諫之。皇子乃従レ諫止。仍於二此処一、踞二坐胡床一、待二大連一焉。大連良久而至。率レ衆報命曰、斬二逆等一訖。〈或本云、穴穂部皇子、自行射殺。〉於是、馬子宿禰、惻然頽歎曰、天下之乱不レ久矣。大連聞而答曰、汝小臣所レ不レ識也。〈此三輪君逆者、訳語田天皇之所二寵愛一。悉委二内外之事一焉。由レ是炊屋姫皇后与二蘇我馬子宿禰一、倶発恨二於穴穂部皇子一。〉

はじめに挙げた敏達十四年六月条には、仏教を信仰することを天皇から独占的に認められた蘇我馬子が、精舎を建立して三人の尼を迎え入れたが、物部弓削守屋大連・大三輪逆君・中臣磐余連らがこれに反抗し、馬子の建立した寺や塔を焼いて仏像を廃棄しようとしたとある。

この記事は、いわゆる崇仏論争記事の一つとして位置づけられており、仏教の受容に積極的であった蘇我氏と、否定的であった物部氏・中臣氏との対立の中で、大神氏も後者に与していたという理解が、これまでは広く行われてきた。(27) しかし、近年では崇仏論争そのものの存在が疑問視されており、(28) この記事についても物部・中臣・大神各氏が神祇祭祀に深い関わりを持っていたとする『日本書紀』編者の歴史認識にもとづいて、これらの氏族が排仏派として一括記載された可能性が指摘されている。(29) たしかに、ここで大神氏の氏姓表記が「大三輪」となっていることは、この記事に後から手が加えられたことを示すものである。

それに対して、敏達十四年八月己亥条・用明天皇元年五月条には「三輪」とあることから、これらの記事は天武朝以前に成立した原史料に拠っているか、少なくとも『日本書紀』敏達十四年六月条とは別の経緯で記されたと推測される。これらの記事には、大神氏が物部氏らと連携していた様子は見えず、逆は物部守屋によって攻め滅ぼされている（後述）。さらに、炊屋姫皇后と蘇我馬子が逆を討った穴穂部皇子を恨んだとあることから、逆は敏達天皇だけでなく、この二人とも近い関係にあったと推測される。したがって、かつて言われていたように、大神氏は物部氏や中臣氏とだけ連携していたのではなく、蘇我氏との間にも結びつきを有していたと考えることができる。

次に、敏達十四年八月己亥条・用明元年五月条を見てみよう。これらは、逆が敏達天皇の殯宮を守衛した記事である。前者には、逆が隼人を率いて敏達天皇の殯宮を警護した時、皇位を狙っていた穴穂部皇子は逆に対して、なぜ「死王」(敏達天皇)に奉仕し、「生王」(穴穂部皇子)に奉仕しないのかと憤ったとある。

一方、後者の記事には、穴穂部皇子が敏達天皇の殯宮に侵入を試みたが、逆は兵衛を率いて宮門を警護し、これを防いだ。門の中にいる逆に対して、穴穂部は開門するよう七回叫んだが、逆は応じなかった。そのため穴穂部は蘇我馬子と物部守屋に対して逆の無礼を告げ、物部守屋とともに兵を率いて逆の討伐に向かった。これを聞いた逆は、まず御諸岳(三輪山)の山中に隠れ、ついで後宮(炊屋姫皇后の別業)に身を隠した。しかし、同姓の白堤・横山が逆の居場所を密告した。穴穂部は守屋に逆を殺害するよう命じ、逆のもとに再び軍勢を向かわせた。その後、守屋が戻って来て逆を殺害したことを報告した。そして末尾には、逆は敏達天皇の寵愛するところであり、悉く内外のことを委ねられていた。穴穂部が逆を討ったことによって、炊屋姫皇后と蘇我馬子はともに穴穂部を恨んだ、とある。

このうち特に後者の記事には、逆は敏達天皇の「寵臣」あるいは「譯語田天皇之所寵愛」と記されており、逆が敏達天皇に重用されていたことが知られる。逆の死を聞いた炊屋姫皇后と蘇我馬子が、天下が乱れることを危惧したとあることからも、逆が当時の政局で大きな役割を果たしていたことがうかがえる。

このように大神氏が台頭した背景として、先行研究では内廷との結びつきが指摘されている[30]。先にも触れたように、敏達六年には皇妃一般の経済基盤として私部が設置されており(『日本書紀』敏達六年二月甲辰条)、大神氏の複姓氏族の中には大神私部氏が見える。これらのことから阿部武彦氏は、大神私部氏は私部の中央伴造であるとした上で、大神氏は自らの同族から私部の管理者を輩出することで、内廷と深い関係を結ぶに至ったと推測している[31]。同じく中山薫氏も、逆が私部の設置に関与したと見ている[32]。

付言しておくならば、用明元年五月条において、守屋の軍勢の襲撃を知った逆は、炊屋姫皇后の別業に一旦身を寄せている。これは、炊屋姫皇后が自らにも関係する私部の設置に尽力した逆を信頼しており、そのために逆を一時的にかくまったものと思われる。また、逆は敏達天皇から「内外之事」をことごとく委ねられていたとある。ここに見える「内外」という語は、国内・国外あるいは内官・外官を指して用いられることが多いが、いわゆる内廷と外廷の意味で用いた事例も確認される（『日本書紀』安閑元年〈五三四〉七月辛酉条）。用明元年五月条の「内外」も同様に理解できるならば、このことも大神氏と内廷の関係を示すものとなる。こうした諸点からすれば、大神氏が六世紀中葉に台頭した背景には、私部の設置・管理を通じて敏達天皇や炊屋姫皇后との直接的な関係を形成したことがあったと考えられる。

なお、用明元年五月条では、逆の居場所を密告した人物として、白堤・横山の二人の名が挙げられている。両者は逆の「同姓」とされていることから、六世紀中葉には大神氏は複数の系統に分かれていたことが分かる。横山はほかに見えないが、白堤は推古朝に大神神社の摂社である率川神社を創祀したと伝えられている（『大三輪神三社鎮座次第』[33]、『大倭神社註進状』所引「大神氏家牒」[34]）。これは言うまでもなく、『延喜式神名帳』大和国添上郡条所載の率川神社を指している。

おそらく白堤を輩出した系統は、逆の死後、大神氏を構成する複数の系統の中で一時的に主導権を得たかもしれないが、大神氏の本宗に取って替わるほどの勢力を獲得するには至らず、そのためのちに三輪山麓から大和国添上郡へと本拠を移したのであろう。

## 4　七世紀前半〜中葉の大神氏

逆の後に『日本書紀』に登場する大神氏の人物としては、小鷦鷯が挙げられる。[35]『日本書紀』舒明八年（六三六）三月条には、

悉劾下姧二采女一者上、皆罪之。是時、三輪君小鷦鷯、苦二其推鞫一刺レ頸而死。

とあり、采女を奸した者の取り調べが行われた際、小鷦鷯はその取り調べを苦に自殺したとある。彼は無実の罪を着せられ、身の潔白を証明するために、自ら命を断ったと思われる。

また、逆が殺害されてから小鷦鷯の記事が見えるまで、およそ五十年にわたって大神氏の活躍が全く伝えられていない。このことは、逆の死を契機として大神氏の勢力が衰退し、王権内での大神氏の地位も著しく低下したことをうかがわせる。前掲した『日本書紀』用明元年五月条では、穴穂部皇子が物部守屋に対して「汝応三往討二逆君并其二子一」と命じており、復命した守屋も「斬二逆等一訖」と奏上していることから、逆だけでなくその二人の子までも殺害されたことが分かる。このように後継者を失ったことも、大神氏の勢力が低迷する要因になったと推測される。(36)

小鷦鷯の次に見える大神氏の人物は、山背大兄王に仕えた文屋である。(37)『日本書紀』皇極二年(六四三)十一月丙子条には、

蘇我臣入鹿、遣二小徳巨勢徳太臣・大仁土師娑婆連一、掩二山背大兄王等於斑鳩一。(略)山背大兄、仍取二馬骨一、投二置内寝一。遂率二其妃并子弟等一、得レ間逃出、隠二膽駒山一。三輪文屋君・舎人田目連及其女・菟田諸石・伊勢阿部堅経従焉。(略)由レ是、山背大兄王等、四五日間、淹二留於山一、不レ得二喫飲一。三輪文屋君、進而勧曰、請、移二向於深草屯倉一、従レ茲乗レ馬、詣二東国一、以二乳部一為レ本、興レ師還戦。其勝必矣。(略)於是、山背大兄王等、自レ山還、入二斑鳩寺一。軍将等即以レ兵囲レ寺。於是、山背大兄王、使二三輪文屋君一謂二軍将等一曰、吾起レ兵伐二入鹿一者、其勝定之。然由二一身之故一、不レ欲レ残二害百姓一。是以、吾之一身、賜二於入鹿一、終与二子弟妃妾一一時自経倶死也。

とある。この記事によれば、蘇我入鹿が軍勢を遣わして山背大兄王を襲撃した際、文屋は山背大兄王に従って宮を脱出し、生駒山の山中に隠れた。文屋は山背大兄王に対して、ここから深草屯倉を経由して東国へ逃れ、乳部を集めて兵を興し、引き返して戦うことを進言した。しかし、山背大兄王はこれを却下し、一行は斑鳩に戻った。再び軍勢に囲まれた山背大兄王は、文屋を通して敵兵に「自分が挙兵すれば必ず勝つだろうが、そのために人々を傷つけるわけにはいかないので、自分の身を入鹿に与える」と告げさせた後、一族・妃妾とともに自害したという。文屋の生死は記されていないが、話の展開からすれば山背大兄王とともに自害したのであろう。

ここで文屋は、山背大兄王に付きしたがった臣下の筆頭に置かれている。また、彼は山背大兄王の最期の言葉を敵将に伝える非常に重要な役割を果たしている。にもかかわらず不可解なことに、同じく上宮王家滅亡の様子を載せる『上宮聖徳太子伝補闕記』などには、文屋の活躍は一切記されていない。このことについて坂本太郎氏は、皇極二年十一月丙子条の内容が大神氏の「墓記」から出たと推測しながらも、「山背大兄王遭難の事件の大筋に、三輪文屋君の存在は必然の関係」がなかったとしている。(38)

たしかに、山背大兄王と田村皇子（のち舒明天皇）のどちらが皇位を継承すべきかについて群臣が議論を行った際には、山背大兄王を推した人物として境合部摩理勢・許勢大摩呂・佐伯東人・紀塩手などが見えるほか、三国王・桜井和慈古らが山背大兄王から使者として派遣されているが、こうした人々の中に文屋は登場しない（『日本書紀』舒明即位前紀）。このことからも、文屋が『日本書紀』皇極二年十一月丙子条に限定的に登場することが分かる。よって、山背大兄王を取り巻く勢力の中で、文屋が実際にどのような位置にあったのかは不明である。ただし、少なくとも大神氏の人々の間には彼の事績が伝えられており、その内容が大神氏の「墓記」を経由して皇極二年十一月丙子条に取り入れられたと思われる。

文屋の次に見える大神氏の人物は、利金である。(39)『続日本紀』慶雲二年（七〇六）二月庚辰条には、

左京大夫従四位上大神朝臣高市麻呂卒。以二壬申年功一、詔贈二従三位一。大花上利金之子也。

とある。この記事から、後述する高市麻呂は利金の子であることが知られる。利金が帯びている「大花上」は、大化五年に制定された冠位の第七等であり（『日本書紀』大化五年〈六四九〉二月条）、のちの正四位に相当する。彼の具体的な活躍は知られないが、その冠位から推測するならば、逆が殺害された後、小鷦鷯・文屋と振るわなかった大神氏は、七世紀中葉には再び勢力を盛り返したと見られる。

それは、この時期から大神氏の人物の活躍が多く伝えられるようになることからもうかがえる。具体的には、色夫・大口・甕穂・根麻呂の四人が挙げられる。

色夫は(40)『日本書紀』大化元年（六四五）八月癸卯条に、

遣二使於大寺一、喚二聚僧尼一、而詔曰（略）朕更復思下崇二正教一、光中啓大猷上。故以二沙門狛大法師・福亮・恵雲・常安・霊雲・恵至・寺主僧旻・道登・恵隣・恵妙一、而為二十師一。別以二恵妙法師一、為二百済寺々主一。此十師等、宜能教導二衆僧一、修二行釈教一、要使レ如レ法。凡自二天皇一至二于伴造一、所レ造之寺、不レ能レ営者、朕皆助作。令拝三寺司等二与寺主一。巡二行諸寺一、験二僧尼・奴婢・田畝之実一、而尽顕奏。即以二来目臣〈闕名。〉・三輪色夫君・額田部連甥一、為二法頭一。

とあり、『日本書紀』大化五年（六四九）五月癸卯条にも

遣二小華下三輪君色夫・大山上掃部連角麻呂等於新羅一。

と見えている。前者の記事では、色夫は法頭に任命されている。その直前に置かれた「巡二行諸寺一、験二僧尼・奴婢・田畝之実一、而尽顕奏」という一文は、この法頭にかかっている。また、色夫たちが任命される以前には、

阿曇連某が法頭となった例が確認でき（『日本書紀』推古三二年〈六二四〉四月壬戌条）、それから約五ヶ月後には寺院を建立した由来や僧尼の出家理由・年月日を記録し、さらに寺院と僧尼の数が報告されている（『日本書紀』推古三二年九月丙子条）。この作業には、法頭も重要な役割を担ったと思われる。これらのことから、法頭は諸々の寺院を調査して、これに所属する僧尼・奴婢・田畝などの実態を把握することを職掌としていたと見られる。[41]こうした法頭に色夫が任命されたということは、大神氏が仏教を受容し、仏教政策にも積極的に関与していたことを示すものである。

一方、後者の記事では、色夫は新羅へと派遣されている。直後には新羅から人質やその従者などが日本へやって来ているが（『日本書紀』大化五年是歳条）、これは大化二年（六四六）に派遣された遣新羅使の求めに応じたものである（『日本書紀』大化二年九月条）。同年に新羅へ派遣された色夫らは、人質として来日する金多遂らを送迎する役割を担ったのであろう。

次に、大口[42]は『日本書紀』大化二年（六四六）三月辛巳条に、

> 今問二朝集使及諸国造等一、国司至レ任、奉レ所レ誨不。於是、朝集使等、具陳二其状一。（略）其紀麻利耆拕臣所レ犯者、使二人於朝倉君・井上君、二人之所一、而為牽二来其馬一視之。復使二朝倉君レ作刀。復得二朝倉君之弓・布一。復以二国造所レ送兵代之物一、不二明還レ主一、妄伝二国造一。復於二所任之国一、被二他偸レ刀。復於二倭国一、被二他偸レ刀。是其紀臣・其介三輪君大口・河辺臣百依等過也。

とあり、東国国司の介として派遣された際に過失があったことが記されている。その内容は、朝集使の陳状によれば、長官である紀麻利耆拕臣とともに朝倉君・井上君に馬を牽かせて見物し、朝倉君に刀を作らせてその弓や布を横領し、国造の送った武器を本主に返却せず、さらに任国や大和国において刀を盗まれたという。なお、こ

の記事の後段には、新宮造営のために諸神に奉幣する年に当たることと、農月にもかかわらず民を使役していることを理由に大赦が行われたとあり、最終的に大口の罪が問われることはなかったようである。

甕穂[43]は『日本書紀』白雉元年（六五〇）二月甲申条に、

朝庭隊仗、如二元會儀一。（略）使三三国公麻呂・猪名公高見・三輪君甕穂・紀臣乎麻呂岐太四人一、代執二雉輿一、而進二殿前一。

とある。この直前の戊寅条には、穴戸国司草壁連醜経が白雉を献上し、これが祥瑞であることが確認されたとある。本条はそれを受けて朝廷において行われた瑞賀の儀式の記事である。ここで甕穂は、三国公麻呂・猪名公高見・紀臣乎麻呂岐太らとともに、白雉を載せた輿を内裏の正殿の前へ運ぶ役を担当している。なお、甕穂とともに輿を運んだ紀臣乎麻呂岐太は、前掲した『日本書紀』大化二年三月辛巳条の紀麻利耆拕臣と見られる。

根麻呂[44]は『日本書紀』天智天皇二年（六六三）三月条に、白村江の戦いに際して巨勢神崎臣訳語とともに中将軍に任命され、二万七千人を率いて朝鮮半島へ派遣されている。この根麻呂については、第三章第二節で詳述する。

以上の記事から、この頃の大神氏は祭祀以外の様々な職務に従事していたことが分かる。このことは、すでに王権にとって三輪山で祭祀を執り行うことの意義が薄れてきており、それゆえに大神氏は祭祀以外にも活躍の場を求めざるを得なかったことをうかがわせる。そして、こうした新しい分野での活躍が、前述した利金の冠位に見られるように、大神氏の勢力が再び盛り返すきっかけになったと思われる。

## 5　七世紀後半の大神氏

高市麻呂は前掲した『続日本紀』慶雲三年二月庚辰条（前掲）に、利金の子として見える。[45]彼は壬申の乱で顕著な活躍をしたことが知られている。

『日本書紀』天武元年（六七二）六月己丑条

因乃命二吹負一拝二将軍一。是時、三輪君高市麻呂・鴨君蝦夷等、及群豪傑者、如レ響悉會二将軍麾下一。乃規レ襲二近江一。撰二衆中之英俊一、為二別将及軍監一。

『日本書紀』天武元年七月是日条

三輪君高市麻呂・置始連菟、当二上道一、戦二于箸陵一。大破二近江軍一、而乗レ勝、兼断二鯨軍之後一。鯨軍悉解走、多殺二士卒一。鯨乗二白馬一以逃之。馬墮二泥田一、不レ能二進行一。則将軍吹負、謂二甲斐勇者一曰、其乗二白馬一者、廬井鯨也。急追以射。於是、甲斐勇者馳追之。比レ及レ鯨、々急鞭レ馬。々能抜以出レ泥。即馳之得レ脱。将軍亦更還二本処一而軍之。自レ此以後、近江軍遂不レ至。

このうち前者には、大海人皇子から将軍に任命された大伴吹負のもとに、三輪高市麻呂・鴨蝦夷ら豪傑が集まり、軍議を開いて別将や軍監を任命したことが見える。後者には、三輪高市麻呂と置始菟の軍勢が、上ツ道の箸墓のもとで近江軍の別将である廬井鯨の軍勢を大破し、さらに勝利に乗じて相手の退路を断ち、敵軍に多くの被害を与えた。そしてこれ以後、近江方の軍勢が大和に攻め込むことはなかったという。ここでは次の二点が注目される。

第一に、高市麻呂は鴨蝦夷とともに、大伴吹負の麾下に馳せ参じている。『古事記』崇神段や『日本書紀』神代第八段一書第六、『新撰姓氏録』大和国神別 賀茂朝臣条などによれば、大神氏と鴨氏は同祖関係を形成していたことが知られているが、ここで大神氏と鴨氏が行動をともにしていることは、軍事行動において氏族系譜が一定の役割を果たす場合があったことをうかがわせる。同祖関係が形成される契機としては、職掌や地縁・血縁など日常的な氏族間の交流が想定されるが、[46] それに加えてこうした軍事行動との関係にも留意する必要がある。

第二に、高市麻呂は上ツ道の「箸陵」付近で敵軍と戦闘を行っている。この「箸陵」は奈良県桜井市箸中に所在する箸墓古墳（倭迹迹日百襲媛命大市墓、箸中山古墳）であり、大神氏の本拠地である大和国城上郡大神郷（奈良県桜井市三輪）からほど近い場所である。将軍である大伴吹負は、この付近の地勢をよく心得ていたであろう高市麻呂を上ツ道に配置することで、戦局を優位に進める狙いがあったと見られる。はたして高市麻呂は敵を「大破」することに成功しており、その狙いは的中したと言える。

次に『日本書紀』朱鳥元年九月乙丑条には、

直大参布勢朝臣御主人、誄㆓太政官事㆒。次直広参石上朝臣麻呂、誄㆓法官事㆒。次直大肆大三輪朝臣高市麻呂、誄㆓理官事㆒。次直広参大伴宿禰安麻呂、誄㆓大蔵事㆒。次直大肆藤原朝臣大嶋、誄㆓兵政官事㆒。

とある。これは、天武天皇の殯において高市麻呂が理官の誄を奏上した記事である。前述したように、ここに登場する氏族の構成は、順番は異なるが『日本書紀』仲哀九年二月丁未条（前掲）と一致しており、さらにどちらの記事にも「大三輪」という新しい氏姓表記が用いられていることから、仲哀九年二月丁未条の「四大夫」は、天武朝末年の議政官の構成にもとづいて潤色が加えられた可能性が高い。

ここで高市麻呂は理官の誄を奏上していることから、彼は理官を代表する立場にあったと思われる。理官は周知の通り、律令制下における治部省の前身官司と考えられている。[47] その職掌は、次の史料から推測することができる。

『日本書紀』天武十年九月甲辰条では、氏上が未定の諸氏に対して、それを定めて理官に申し送るように命じていることから、理官は諸氏の氏上を管理していたことが分かる。職員令16治部省条は治部省の職掌を規定した条文であるが、そこには「本姓」「継嗣」「譜第」など氏族に関わる内容が見える。これらの文言は『令集解』職員令16治部省条に「古記云、本姓者、諸人姓氏也」「古記云、継嗣者、五位以上嫡子也」「古記云、譜第者、天下人民本姓之札名也」とあることから、大宝令にも存在したことが明らかであり、治部省は大宝令段階からこれらの職掌を有していたことが分かる。また『続日本紀』天平勝宝三年（七五一）二月己卯条には、雀部真人が自氏の祖先である雀部男人について、系譜に誤って巨勢男人と記載されているので訂正したいと申請し、それが認められたとある。ここでは治部省に下知した上で系譜を改めていることから、治部省には各氏族の系譜が保管されていたことがうかがえる。

　このように、治部省は各氏族の氏姓や系譜を扱っていたことが確認できる。こうした治部省の職掌が、いつの段階まで遡るかについては定かでないが、甲子の宣で諸氏の氏上を定めた際に、それを登録するための台帳が存在したことが知られる（『続日本紀』大宝二年（七〇二）九月己丑条）。この台帳について熊谷公男氏は、諸氏の系譜（氏姓や氏上に関する記載を含む）を記載したものであり、理官によって保管されたとしている。[48] この見解にしたがうならば、先に『続日本紀』天平勝宝三年二月己卯条で見たように、治部省が諸氏の系譜を保管しその内容を管理するという職掌は、理官の段階にまで遡ることになる。

　そこで想起したいのは、身狭や文屋のところで触れた「墓記」との関係である。『日本書紀』持統五年八月辛亥条には、

　　詔㆓十八氏㆒、〈大三輪・雀部・石上・藤原・石川・巨勢・膳部・春日・上毛野・大伴・紀伊・平群・羽田・阿倍・佐伯・采女・穂積・阿曇。〉上㆓進其祖等墓記㆒。

とあり、計十八の氏族に「墓記」の撰進が命じられている。しかも、この十八氏のうちで大神氏は最初に挙げら

れている。

「墓記」の性格については、『日本書紀』持統二年（六八八）十一月戊午条に見える「己先祖等所仕状」のように、それぞれの氏族の祖先たちが代々にわたって王権に奉仕してきたことを記した系譜・伝承の類と見るのが通説であり、[49] 筆者もそのように理解したい。よって、諸氏族から提出された「墓記」の管理は、理官が担当すべき職務であり、その理官を統率していたのが高市麻呂であったことになる。とするならば、持統五年における高市麻呂の立場と、持統五年八月辛亥条における大神氏の位置づけは、無関係とは思われない。

おそらく高市麻呂は「墓記」上進の命が下された際、これを管轄する理官の代表者として、他氏に先駆けて大神氏の「墓記」を編纂・提出したのであり、その結果として、大神氏が十八氏の筆頭に置かれることになったのではあるまいか。つまり、諸氏の掲出順は「墓記」を提出した順番を示していると考えられる。これまで、前掲の十八氏がどのような基準で配列されているのか、さらに言えば、この十八氏の中には石上・藤原・石川・大伴・阿部といった中央有力氏族が含まれているが、これらを差し置いてなぜ大神氏が筆頭に置かれているのか、という点は未詳とされてきた。[50] しかし、上記のように考えるならば、整合的に説明することができる。この点については「墓記」の性格や理官・治部省の成り立ちも含めて、別の機会に詳論することとしたい。

さて、壬申の乱での活躍と並んで、高市麻呂の事績としてよく知られているのが、伊勢行幸の諫止にかかわるエピソードである。関連する記事を列記しよう。

『日本書紀』持統六年（六九二）二月丁未条

詔諸官曰、当以二三月三日一、将レ幸二伊勢一。宜下知二此意一備中諸衣物上。

『日本書紀』持統六年二月乙卯条

是日、中納言直大弐三輪朝臣高市麻呂、上レ表敢直言、諫下争天皇、欲レ幸二伊勢一、妨中於農時上。

『日本書紀』持統六年三月戊辰条

於是、中納言三輪朝臣高市麻呂、脱二其冠位一、擎二上於朝一、重諫曰、農作之節、車駕未レ可二以動一。

『日本書紀』持統六年三月辛未条

天皇不レ従レ諫。遂幸二伊勢一。

この頃、高市麻呂の官職・冠位は「中納言・直大弐」とある。これは太政大臣の高市皇子、右大臣の丹比嶋（『日本書紀』持統四年〈六九〇〉七月庚辰条）、大納言の阿倍御主人・大伴御行（『日本書紀』持統十年〈六九六〉十月庚寅条）に次ぐものであり、大神氏が議政官を構成する高い地位にあったことが知られる。ここに至って大神氏は、かつて逆が敏達天皇の寵臣と称された頃の勢力を取り戻したと言える。

しかし、それも長くは続かなかったようである。持統六年の二月に、翌月三日より伊勢行幸に出立する命が下された。それに対して高市麻呂は、この時期は農繁期であり、行幸を行うと人々の農作業の妨げになるとしてその中止を求めたが、行幸の準備はそのまま進められたため、行幸の出立予定日になって高市麻呂は位冠を脱ぎ、天皇に捧げて重ねて諫言した。それでも高市麻呂の訴えは聞き入れられず、予定より三日遅れで天皇は伊勢に出発した。行程の遅れが高市麻呂の進言を考慮したことによるのかは不明であるが、いずれにしても諫止は失敗に終わったのである。[51]

この一件において高市麻呂は、持統六年三月戊辰条に「脱二其冠位一、擎二上於朝一」とあるように、冠を天皇に捧げて諫奏しており、最終的にその訴えは聞き入れられなかったのであるから、史料には明記されていないが、彼は事件後に中納言の職を辞したと見られる。『懐風藻』九五・九六には、「従三位兵部卿兼左右京大夫藤原朝臣萬

里五首」の中に、

五言。過神納言墟。一首。

（九五）一旦辞栄去。千年奉諫余。松竹含春彩。容暉寂旧墟。

清夜琴樽罷。傾門車馬疎。普天皆帝国。吾帰遂焉如。

（一旦栄を辞びて去りぬ、千年諫を奉りし余に。松竹春彩を含み、容暉旧墟に寂し。

清夜琴樽罷み、傾門車馬疎し。普天は皆帝の国、吾帰きて遂に焉くにか如かむ。）

（九六）君道誰云易。臣義本自難。奉規終不用。帰去遂辞官。

放曠遊嵆竹。沈吟佩楚蘭。天閽若一啓。将得水魚歓。

（君道誰か易きと云ふ、臣義本自難し。規め奉りて終に用ゐらえず、帰り去にて遂に官を辞りぬ。

放曠嵆竹に遊び、沈吟楚蘭を佩ぶ。天閽若し一たび啓かば、将に水魚の歓びを得む。）

とある。これらは後年、高市麻呂の旧居の前を通った藤原麻呂（朝臣萬里）が詠んだ詩であり、その中に「一旦辞栄去」「帰去遂辞官」などとあることからも（傍線部）、やはり高市麻呂は辞職したと理解して間違いない。

そして、それから大宝二年までの十年間、彼に関する事績は全く見えていない。この空白の十年間、高市麻呂は散位のような状態に置かれていたとする見解もあるが、[52] 坂本太郎氏は『万葉集』に見える「大神大夫」なる人物に注目している。『万葉集』九－一七七二の題詞には、

大神大夫任筑紫国時。阿部大夫作歌一首。

とあるが、坂本氏はこの「大神大夫」が高市麻呂、「阿部大夫」が阿部（布施）御主人を指しているとして、高市麻呂が事件の直後に筑紫国へ左遷された可能性を指摘している。[53] もっとも、この歌が詠まれた時期は不明であ

り、高市麻呂が筑紫国に赴任したことも史料には見えない。ただし、この「大神大夫」なる人物は『万葉集』九―一七七〇・一七七一の題詞にも、

大神大夫任二長門守一時、集二三輪河辺一宴歌二首。

と見えている。これは「大神大夫」が長門守に赴任するに当たり、三輪川（初瀬川）のほとりで催された宴会で詠まれたものであるが、高市麻呂はのちに長門守に任命されていることから（『続日本紀』大宝二年正月乙酉条）、この「大神大夫」が高市麻呂を指していることは明らかである。また、「大夫」が四位・五位の人物を指しているとすれば、大神氏の中では利金や安麻呂・狛麻呂なども該当するが、[54] 彼らの中に筑紫国に赴任した経歴を持つ人物は見当たらない。したがって『万葉集』九―一七七二に見える「大神大夫」は、九―一七七〇・一七七一と同じく高市麻呂のことを指していると見て間違いない。彼は行幸を諫止したために持統天皇の怒りを買い、のちに筑紫国へ左遷されたと考えられる。

高市麻呂が筑紫国に何年とどまったのか、また別の官職に転じたのかなど、詳細は不明であるが、その後は『続日本紀』大宝二年正月乙酉条に、

従四位上大神朝臣高市麻呂為二長門守一。

とあり、さらに『続日本紀』大宝三年（七〇三）六月乙丑条に、

以二従四位上大神朝臣高市麻呂一為二左京大夫一。

とあるように、大宝二年に長門守、翌三年に左京大夫に任命されている。このことから、左遷されてから十一年を経て、ようやく中央政界へ復帰したことが知られる。そして『続日本紀』慶雲三年二月庚辰条（前掲）で見たように、慶雲三年に没している。

前掲した『続日本紀』大宝二年正月乙酉条には「従四位上」とあることから、官を辞した後も冠位は剥奪されず、大宝令制定にともなって新しい位階制に移行したことが分かる。しかし、持統六年時に職を辞した時点で彼は直大貳（従四位上相当）であり、かりに十年間で順当に昇進したならば、大宝二年には従四位上より高位についていてもおかしくはない。また、長門国は『延喜式』民部省条では中国とされているが、(55) 中国の守は官位令12正六位条によれば正六位下相当、左京大夫は官位令10正五位条によれば正五位上相当であり、いずれも従四位上相当より低い官職に任命されている。このように、彼は諫止事件によって筑紫国に左遷され、それ以降も位階は据え置かれたまま、位階相当より低い官職に任命されるなど、官人としては不遇の道を歩むこととなった。

なお、没した際には「壬申年功臣」として従三位が追贈されている。これは大神氏の複姓氏族として大神真神田氏を称すようになった子首（第一章第二節参照）に追贈された内小紫位（『日本書紀』天武五年〈七六七〉八月是月条）と並んで、大神氏の人物が得た中での最高位である。ただし『日本書紀』朱鳥元年九月乙丑条（前掲）で、ともに誄を奏上した人々の極位・極官と比較するならば、布勢朝臣御主人は従二位・右大臣、石上朝臣麻呂は正二位（贈従一位）・左大臣、大伴宿禰安麻呂は正三位（贈従二位）・大納言となっており、高市麻呂だけが一段低いことが分かる。このように、持統の伊勢行幸を諫止した一件は、最後まで彼の官途に影を落とすことになった。

では、なぜ高市麻呂は自らの冠を賭してまで、行幸の中止を求めたのであろうか。その理由について『日本書紀』では、人々の農時の妨げになるためということになっている。それに対して、この行幸は伊勢神宮（天照大神）に関わるものであるとした上で、天皇が伊勢に行幸することは、それまで王権を守護してきた大三輪神の神威を疎んじることになるため、大神氏としては認めることができず、それゆえに諫言に及んだとする説もある。

たとえば、守屋俊彦氏は「伊勢神宮祭祀に対抗しようとする三輪山祭祀者としての大三輪氏の氏族意識とエゴイズム」があったとし、[56]西山徳氏は「中納言の官職を辞して強諫しまつった心は、先祖代々大三輪の神の鎮まりたもう土地に根ざした豪族たる自覚の中から生じた」と述べている。[57]また、田村圓澄氏も「「天照大神」を祭神とする伊勢神宮の成立は、「倭王」を支えてきた大三輪神＝御諸山の役割が、「天照大神」＝伊勢神宮に移行することを意味する。大神高市麻呂は、この事態に直面し、危惧と憂慮の念をいだいた」と述べている。[58]このように、行幸諫止の理由を大三輪神と天照大神との対立に求める説が、現在は広く知られている。

しかし、この事件の背後に、こうした対立の構図を読み取ることはできないと考える。なぜなら、当時の三輪山では、かつてのような祭祀は行われなくなっていたと見られるからである。詳しくは第二章第二節で後述するが、三輪山麓の遺跡から出土する祭祀遺物は、六世紀後半から著しい減少傾向を見せており、七世紀に入ると出土地点が大神神社禁足地へと移動していく。[59]このことから、行幸諫止事件が起こった七世紀末には、王権にとって三輪山祭祀の位置づけが変容していたことがうかがえる。また、大宝令では大神神社で行われる祭祀として鎮花祭が規定されていたことが知られるが（『令集解』神祇令3季春条古記）、こうした祭祀のあり方は、おそらく七世紀末にも遡るであろう。とするならば、高市麻呂の頃の三輪山では、のちに鎮花祭として神祇令に規定されることになる祭祀が執り行われていたと考えられるのであり、[60]それらを皇祖神たる天照大神を祭る伊勢神宮の祭祀と同じ土俵に載せて論じることには、無理があると言わざるを得ない。[61]

そもそも、上記のような「氏族意識とエゴイズム」に官を辞したのであれば、ある意味では自業自得であり、時代が下ってから「諒是忠信之至。徳儀之大」（『日本霊異記』上巻二十五縁）などと賞賛されることはないと思われる。やはり、高市麻呂は大神氏の都合ではなく、『日本書紀』などが伝える通り、人々の農作業の妨げになることを憂慮して、中納言という高い地位や自身の官人としての前途を結果的に犠牲にしてまで諫奏を行ったのだと、少なくとも当時の人々には受け止められたのであり、それゆえに彼の行為は顕彰され、後世まで語り継がれることになったと考えられるのである。

## 結　語

本章では、大神氏の人々を便宜的に、伝承上の人物（オオタタネコ・オオトモヌシ・石床）、五世紀代の人物（身狭）、六世紀代の人物（特牛・逆）、七世紀前半〜中葉の人物（小鷦鷯・文屋・利金・色夫・大口・甕穂・根麻呂）、七世紀後半の人物（高市麻呂）に分け、その事績を概観してきた。これまで述べた論点を踏まえて、大神氏の氏族としての動勢を大局的に捉えるならば、勃興期、台頭期、低迷期、再興期、これら四つの時期に区分して理解することができる。

勃興期…身狭の事績が伝えられる雄略朝である。身狭より前に『古事記』『日本書紀』に登場するオオタタネコやオオトモヌシは、大神氏の「祖」とされていたのに対し、身狭からはこの呼称が取れていることから、彼は大神氏（の前身集団）の中で実在した最初の人物である可能性がある。また、『日本書紀』雄略即位前紀の原伝承には続きが存在しており、そこに身狭の具体的な活躍などが伝えられていたと思われることから、大神氏（の前身集団）は雄略朝には氏族としてのまとまりを形成し始めており、王権内で一定の地位を占めていたと見られる。

台頭期…欽明・敏達朝である。『大神朝臣本系牒略』『三輪高宮家系図』には、特牛が欽明元年に四月の大神祭を開始したとあるが、これは三輪山祭祀の執行体制が、この時期から整備されるようになったことを意味していると考えられる。特牛の子とされる逆は『日本書紀』編者によって敏達天皇の「寵臣」や「譯語田天皇之所寵愛」と評されており、当時の政局に大きな影響力を持っていたことがうかがえる。このように逆が権力を握った背景としては、后妃一般の経済基盤である私部の設置・管理を通じて、敏達天皇や炊屋姫皇后との間に直接的な関係を形成したことが想定される。この時期は、いわゆる大化前代における大神氏の最盛期であった。

低迷期…用明朝から舒明・皇極朝にかけてである。逆は敏達天皇の殯宮における一件で穴穂部皇子の恨みを買い、その命を受けた物部守屋によって攻め滅ぼされることとなった。その際には、逆の子供二人も殺害されており、それから約半世紀にわたって大神氏は記録に登場しない。また、小鷦鷯は釆女を奸した嫌疑をかけられて自害しており、文屋も蘇我入鹿の襲撃を受けた山背大兄王に付きしたがって敗死している。このように逆を失ったことで大神氏の勢力は衰退し、それから長期間、王権内での地位も低迷することになった。

再興期…孝徳朝から天武・持統朝にかけてである。利金の具体的な事績は不明であるが、彼は大花上の冠位を得ていることから、この頃には大神氏は勢力を盛り返していたことが分かる。同時期の色夫・大口・甕穂・根麻呂らは、仏教・対外交渉・地方支配など様々な職務に従事していることから、こうした新たな分野へと活躍の場を広げたことが、大神氏の勢力が復調するきっかけになったと推測される。利金の子とされる高市麻呂は、壬申の乱で将軍大伴吹負の麾下に属して戦功を挙げた。天武朝では理官を代表する立場にあり、持統朝では直大弐中納言まで登った。これは太政大臣の高市皇子、右大臣の丹比嶋、大納言の阿倍御主人・大伴御行に次ぐ高位であり、この時期は大神氏にとって第二の最盛期であったと言うことができよう。その後、高市麻呂は農業の妨げになることを理由に、持統天皇の伊勢行幸を諫止したために左遷され、約十年を経て再び中央政界に復帰するも、官人としては不遇のまま一生を終えた。しかし、その功績は後世にまで語り継がれることとなった。

以上のように、大神氏は雄略朝に勃興し、欽明・敏達朝に台頭したが、逆の殺害を契機に衰退することとなり、孝徳朝から天武・持統朝になって再び勢力を伸ばした、という道程を辿ったことが分かる。ここで留意しておきたいのは、三輪山周辺で出土する祭祀遺物の年代との関連である。その出土量は五世紀後半から増え始め、六世紀代にはピークを迎るが、これは大神氏が勃興・台頭した時期と重なる。また、祭祀遺物は七世紀に入ると急激に減少するが、大神氏も用明元年に逆が殺害されたことを転機として、その勢力はしばらく低迷する。つまり、三輪山祭祀の盛衰と大神氏の動向には、共通する点が見受けられるのである。このことは、大神氏が三輪山における祭祀の執行を職掌としていたこと、さらには五世紀後半から六世紀後半に至るまで、一貫してその職務に従事していたことを示唆するものである。この点については、第二章第二節で詳しく述べることとする。

注

(1) 志田諄一「三輪君」(『古代氏族の性格と伝承』雄山閣、一九七四年)。

(2) 阿部武彦「大神氏と三輪神」(『日本古代の氏族と祭祀』吉川弘文館、一九八四年、初出一九七五年)。

(3) 西山徳「律令制と大神神社」(『上代神道史の研究』国書刊行会、一九八三年、初出一九七五年)。

(4) 坂本太郎「纂記と日本書紀」(『坂本太郎著作集』二、吉川弘文館、一九八八年、初出一九四六年)。

(5) 「帝紀」「旧辞」については、前者を系譜、後者を物語とし、継体・欽明朝頃に原「帝紀」・「旧辞」が成立したとする理解が広く行われてきた(津田左右吉『日本古典の研究』上・下〈『津田左右吉全集』一・二、岩波書店、一九六三年、初出一九四六・五〇年〉)。しかし、「帝紀」・「旧辞」を系譜・物語に峻別する議論は再検討の必要があり、また原「帝紀」・「旧辞」が『記』『紀』の原史料とされるまでの加筆・修正の過程についても不明な点が多いことが、近年改めて指摘されている。仁藤敦史「帝紀・旧辞と王統譜の成立」(新川登亀男・早川万年編『史料としての『日本書紀』』勉誠出版、二〇一一年)など参照。

（6）『粟鹿大明神元記』（第三章第二節参照）ではオオタタネコの子、『先代旧事本紀』巻四「地祇本紀」（以下『地祇本紀』）ではオオタタネコの孫、『大神朝臣本系牒略』『三輪高宮家系図』ではオオタタネコの三世孫となっている。このうち『地祇本紀』では、オオタタネコの子にオオミケモチという人物がおり、オオトモヌシはその子となっている。ただし、このオオミケモチについては事績が全く伝えられていない。また『粟鹿大明神元記』ではオオミケモチの二代前、『地祇本紀』『大神朝臣本系牒略』『三輪高宮家系図』では三代前に、オオミケヌシという人物がおり、さらにその一代前にはトヨミケヌシという人物も見える。これらの人名はいずれも類似しており、しかも抽象的な名義である。よって、オオミケモチは大神氏の系譜が整備される際にトヨミケヌシ・オオミケヌシらとともに創作されたか、あるいは元来は一つの人格であったものが、後から複数に分けられたと考えられる。また『大神朝臣本系牒略』『三輪高宮家系図』には、オオミケモチの子に大部主という人物がおり、オオトモヌシはその子となっている。しかし、大部主も「おおともぬし」と読めることや、大部主は『大神朝臣本系牒略』『三輪高宮家系図』にしか見えないことから、大部主はオオトモヌシをもとに創出された人格と考えられる。『日本書紀』ではオオトモヌシは垂仁朝から仲哀朝にかけて活躍したことになっているが、これでは生存期間が長すぎると考えた後世の人物が、一つの人格を二代に分割したのであろう。

（7）このほか『地祇本紀』に「次大友主命。此命、同朝（磯城水籬朝―筆者注）御世賜大神君姓」と見える。ただし、ここでも「大神」という後次的な表記が用いられている。また「大神君」というウヂナとカバネの組み合わせは、他史料に見えない。この記事は、オオトモヌシが『日本書紀』で最初に「大三輪君」という氏姓を付して登場する人物であることを踏まえて記されたと考えられる。

（8）代表的なものとして、佐伯有清「貴族文化の発生」（『岩波講座日本歴史』二　古代二、岩波書店、一九七五年）、加藤謙吉「大夫制と大夫選任氏族」（『大和政権と古代氏族』吉川弘文館、一九九一年、初出一九八六年）、倉本一宏「氏族合議制の成立」（『日本古代国家成立期の政権構造』吉川弘文館、一九九七年、初出一九九一年）など。

（9）志田諄一氏は、この記事を「欽明・敏達朝ごろかそれ以後に作られた」とするが、筆者はより時代を降らせて『日本書紀』編纂段階と見ておきたい。志田諄一「三輪君」（前掲）。

（10）上記した『古事記』『日本書紀』『新撰姓氏録』に見える氏族系譜は、形成された時期がそれぞれ異なる可能性がある。ただし、『日本書紀』ではほかの箇所（神代第八段一書第六）でも大神氏と鴨氏の同祖関係が示されていることから、少なくとも『日本書紀』編者は、この「等」に鴨氏を含めて理解していたと思われる。

(11) 竹本晃氏は、『日本書紀』における「始祖」の用語には「一つの氏の『始祖』」と「複数の氏の『始祖』」の二種類があり、「複数の氏の『始祖』を作ることは、氏と氏との系譜を結ぶ行為につながる」と述べている（竹本晃「『日本書紀』における『始祖』と氏」〈『古代文化』五八、二〇〇六年〉）。筆者も以前、紀氏の系譜を取り上げて、同様の傾向を指摘をしたことがある（拙著『日本古代氏族系譜の基礎的研究』東京堂出版、二〇一二年）。

(12) 現在の石床神社（奈良県生駒郡平群町越木塚に所在）に比定されている。

(13) 阿部武彦「大神氏と三輪神」（前掲）、中山薫「三輪君逆についての一考察」（『日本書紀研究』二四、二〇〇二年）。

(14) 阿部武彦「大神氏と三輪神」（前掲）。

(15) 『大神朝臣本系牒略』では志多留の子、『三輪高宮家系図』では石床の子とされている。

(16) ウヂ・カバネの成立については、近年ではおおむね六世紀前半頃と見るのが一般的であり（熊谷公男『日本の歴史』三〈講談社、二〇〇一年〉、中村英重「ウヂの成立」〈佐伯有清編『日本古代中世の政治と宗教』吉川弘文館、二〇〇二年〉、中村友一『日本古代の氏姓制』〈八木書店、二〇〇九年〉など）、筆者もこのように理解したい。したがって、雄略朝（五世紀後半）には、大神氏という氏族（正確には「三輪」のウヂナや、「君」のカバネを名乗る集団）は未成立であったことになるが、少なくとも大神氏の「前身集団」（のちに「三輪君」として組織化されることになる集団）は存在していたと考えられる。

(17) この時期に、実際に身狭と呼ばれる人物が生存していたかは不明であるが、何らかのモデルになった人物が存在し、その人物に後世の人々が「身狭」という呼称を付して事績を伝えることは、十分にあり得ると思われる。

(18) 旧大和国城上郡岩坂村（現在の奈良県桜井市岩坂）に比定されている。並河永『大和志』（享保二十一年〈一七三六〉成立、正宗敦夫編纂校訂『日本古典全集 五畿内志』中〈日本古典全集刊行会、一九三〇〉所収）。なお、この「三輪磐井」を「三輪にある聖なる井」と解し、大神氏にとって「神聖な祭祀対象」であったとする説もある。辰巳和弘「三輪の磐井」（『大美和』一〇〇、二〇〇一年）、同「水と古代王権」（石野博信・上野誠・岡本健一・菅野雅雄・辰巳和弘・栂口義信・森浩一『三輪山と日本古代史』学生社、二〇〇八年）。

(19) 坂本太郎「纂記と日本書紀」（前掲）。なお、坂本氏はこの論文では「纂記」としていたが、古写本が「墓記」に作ることから、正しくは「墓記」であるとする丸山二郎氏の指摘を踏まえて（丸山二郎『日本書紀の研究』吉川弘文館、一九五五年）、のちに見解を修正し、「墓記」（墓誌の類）とともに、各氏族の祖先伝承の提出が命じられたと解釈した（坂本太郎『六国史』〈『坂本太郎著作集』三、吉川弘文館、一九八九年、初出一九七〇年〉）。それに対して加藤謙吉氏は、

「纂記」の場合も「ツギブミ（継文・続文）のことで、氏文・系図の意」であるとし、「墓記・纂記のどちらの場合も、氏族伝承を記した家記の類」であるとする（加藤謙吉「『日本書紀』とその原史料」『日本史研究』四九八、二〇〇四年）。ここでは加藤氏の理解にしたがいたい。

（20）こうした視点からの言及は、佐佐木隆「三輪山伝承の再検討」（『大美和』一一六、二〇〇九年）にも見られる。

（21）佐々木幹雄「三輪と陶邑」（大神神社史料編修委員会編『大神神社史』吉川弘文館、一九七五年）、寺沢薫「三輪山の祭祀遺跡とそのマツリ」（和田萃編『大神と石上』筑摩書房、一九八八年）、小池香津江「三輪山周辺の祭祀遺跡」（三輪山文化研究会編『神奈備・大神・三輪明神』東方出版、一九九七年）など。第二章第二節参照。

（22）上記の四首は、天皇と赤猪子が互いに婚姻できなかった理由を、あくまでも比喩的に詠んだものに過ぎない。また、これらの歌は実際に両者の間で交わされたのではなく、本来は独立して詠まれた歌であった可能性がある。しかし、たとえそうであったとしても、これらの歌謡の内容が、この説話の時代設定や登場人物と全く無関係であったとは思われない。むしろ、三輪山（の樹木）に対する神聖視や、祭祀に携わる女性への禁忌の念が、雄略朝から存在していたと『古事記』編者が認識しており、そうした認識が読み手にも共有されていたからこそ、上記の四首はこの説話に挿入されたと考えられる。

（23）和田萃「三輪山祭祀の再検討」（『日本古代の儀礼と祭祀・信仰』下、塙書房、一九九五年、初出一九八五年）など。

（24）『三輪高宮家系図』を利用した主な研究としては、田中卓「豊前国薦神社の創祀」（『田中卓著作集』一一―一、国書刊行会、一九九四年、初出一九九三年）、溝口睦子『日本古代氏族系譜の成立』（学習院、一九八二年）、中野幡能「三輪高宮系図と大神比義」（『八幡信仰と修験道』吉川弘文館、一九九八年、初出一九八九年）などがある。

（25）『色葉字類抄』は、平安時代末に橘忠兼が編纂した古辞書である。写本には、早くに成立した二巻本・三巻本のほかに十巻本（『伊呂波字類抄』）もあり、それぞれ改訂増補がなされている。和語・漢語を第一拍によって伊呂波の四十七部門に分類し、さらに部・類などの下位項目を設定しており、その中には諸社部・姓氏部などもあることから、おそらく大神氏や大神神社に関する項目に、特牛の尻付のもとになった記述が存在したものと推測される。

（26）『大神朝臣本系牒略』『三輪高宮家系図』では、特牛の子となっている。

（27）塚口義信「敏達天皇と三輪山信仰」（上田正昭・門脇禎二・桜井治男・塚口義信・和田萃『三輪山の神々』学生社、二〇〇三年）など。

（28）加藤謙吉『蘇我氏と大和王権』（吉川弘文館、一九八三年）、北條勝貴「祟・病気・仏神」（あたらしい古代史の会編『王権と信仰の古代史』吉川弘文館、二〇〇五年）など。
（29）篠川賢『物部氏の研究』（雄山閣、二〇〇九年）。
（30）東野治之氏は、古代には内廷的要素と外廷的要素が未分化であったとしている（東野治之「内廷と外廷」『長屋王家木簡の研究』塙書房、一九九六年、初出一九八〇年）。また、古瀬奈津子氏も、古代日本の内廷・外廷という概念が、古代中国のそれとは異なることを指摘している（古瀬奈津子「中国の「内廷」と「外廷」」『東洋文化』六八、一九八八年）。ただし、内廷という明確な形ではなくても、古代において大王家の家産を管理するための組織が存在したことは想定されるのであり、本書ではこうした組織を指して「内廷」の語を用いることとする。
（31）阿部武彦「大神氏と三輪神」（前掲）。
（32）中山薫「三輪君逆についての一考察」（前掲）。
（33）『大神神社史料』一（吉川弘文館、一九六八年）所収。その史料的性格については、西田長男「大神・大和・石上三社の縁起の偽作」（『大神神社史料』三、吉川弘文館、一九七一年、初出一九六〇年）、向村九音「『大美和神三社鎮座次第』の成立と位相」（『叙説』三九、二〇一二年）など参照。
（34）『大神神社史料』一（前掲）所収。
（35）『大神朝臣本系牒略』では逆の弟、『三輪高宮家系図』では逆の子となっている。
（36）大神氏が築造した古墳としては、三輪山麓に点在する茅原大塚古墳・狐塚古墳・弁天社古墳（以上、桜井市茅原）、馬塚古墳（同市箸中）などが、その候補とされている。これらの被葬者は必ずしも明らかでないが、ここでは狐塚古墳に注目したい。この古墳は、一辺が約四〇mの方墳であり、全長一七・三二m、玄室の長さ六・〇三m、高さ三・二mという全国屈指の巨大石室をもつ。盗掘を受けているため副葬品は少ないが、須恵器杯や直刀片などが残されていた。石室内部には計三基の石棺が置かれており、さらに羨道中央部から長さ約二三～二六cmの鉄釘計六本が出土していることや、羨道入口東側面が三・五二mにわたって小石積みとなっていることから、築造後に木棺が追葬され、その際に羨道が延長されたと推測されている（網干善教「大和三輪狐塚古墳について」〈『古代学』八‐三、一九五九年〉、寺沢薫「三輪山の祭祀遺跡とそのマツリ」〈前掲〉、橋本輝彦「近年の調査成果から見た三輪山祭祀・三輪氏について」〈『大美和』九一、一九九六年〉、網干善教「三輪山周辺の古墳文化」〈網干善教・石野博信・河上邦彦・菅谷文則・塚口義信・森浩一『三輪山の考古学』学生社、二〇〇三年〉など）。とするならば、この古墳のあり方は、逆の殺害や小鷦鷯の自死との関連を想起させる。すなわち、穴穂部皇子は物部守屋に対して逆とその二人の子供のあわせて三人を殺害するよう命じたが、このことは石室内に三基の石棺が合葬されていることと奇しくも合致する。敏達天皇の寵臣として権力の中枢にあった逆であれば、蘇我馬子の石舞台古墳に比肩する巨大石室に埋葬されることも、十分にあり得よう。また、小鷦鷯の場合は自殺という突発的な事態であり、大神氏も権力の座から離れて半世紀が経過していたため、新たな古墳を築造せずに羨道を急遽延長し、木棺に遺骸を納めて追葬したのではなかろうか。以上のことから、あくまでも一案ではあるが、狐塚古墳の被葬者は逆とその二人の子供であり、のちに小鷦鷯が追葬された可能性を指摘しておきたい。

(37)『大神朝臣本系牒略』では逆の子、『三輪高宮家系図』では小鷦鷯の子となっている。
(38)坂本太郎「纂記と日本書紀」（前掲）。
(39)『大神朝臣本系牒略』『三輪高宮家系図』ともに文屋の子としている。
(40)『大神朝臣本系牒略』は文屋の弟、『三輪高宮家系図』は逆の孫としている。
(41)井上光貞『日本古代の国家と仏教』（『井上光貞著作集』八、岩波書店、一九八六年、初版一九七一年）、同「日本における仏教統制機関の確立過程」（『井上光貞著作集』一、岩波書店、一九八五年）、新川登亀男『日本古代文化史の構想』（名著刊行会、一九九四年）。
(42)『大神朝臣本系牒略』には見えず、『三輪高宮家系図』は特牛の曾孫としている。
(43)『大神朝臣本系牒略』『三輪高宮家系図』も含め、他史料に見えない。
(44)『大神朝臣本系牒略』には見えず、『三輪高宮家系図』は色夫の子としている。
(45)『大神朝臣本系牒略』『三輪高宮家系図』ともに利金の子としている
(46)溝口睦子『日本古代氏族系譜の成立』（前掲）など。
(47)内藤乾吉「近江令の法官・理官について」（『法学雑誌』四－一、一九五八年）、熊谷公男「治部省の成立」（『史学雑誌』八八－四、一九七九年）など。
(48)熊谷公男「治部省の成立」（前掲）。
(49)坂本太郎「纂記と日本書紀」（前掲）、野口武司「「墓記」と『日本書紀』」（『梅澤伊勢三先生追悼　記紀論集』続群書類従完成会、一九九二年）、加藤謙吉「『日本書紀』とその原史料」（前掲）、中村友一『日本古代の氏姓制』（八木書店、二〇〇九年）など。なお近年、笹川尚紀氏は「墓記」を祖先の墓の所在を記したものとする見解を示している（笹川尚紀「『日本書紀』編修論序説」『史林』九五－五、二〇一二年）。筆者は前述の通り「墓記」を氏族伝承と理解しているが、かりに笹川氏の言うように墓の所在を示した書物であったとしても、治部省の職掌に「喪葬」が含まれていることから（職員令16治部省条）、やはりその管理は理官の担当であったと考えられる。

(50)『日本古典文学大系 日本書紀』（岩波書店、一九六五年）頭注など。

(51) なお、この事件は『万葉集』一－四四左注、『日本霊異記』上巻二十五縁、『今昔物語集』二十－四一などでも取り上げられている。これらの記事と『日本書紀』との比較については、黒沢幸三「霊異記説話の成立事情」（『同志社国文学』二、一九六七年）、守屋俊彦「上巻第二十五縁考」（『日本霊異記の研究』三弥井書店、一九七四年、初出一九六八年）、阿部猛「大神高市万呂伝」（『日本歴史』二四二、一九六八年）、倉本一宏「『日本霊異記』の大神高市麻呂説話をめぐって」（小峰和明・篠川賢編『日本霊異記を読む』吉川弘文館、二〇〇四年）など参照。また、前述の『今昔物語集』には、高市麻呂の死後にその邸宅を「三輪寺」（大神寺・大御輪寺）としたとあり、これに該当すると思われる建物の遺構が、大神神社の摂社である大直禰子神社（若宮社）の下層から出土している。奈良県文化財保存事務所編『重要文化財大神神社摂社大直禰子神社社殿修理工事報告書』（奈良県教育委員会、一九八九年）、前園実知雄「大神寺と大直禰子神社」（『奈良・大和の古代遺跡を掘る』二〇〇四年、初出一九九四年）、同「大直禰子神社と前身遺構」（『大美和』一一二、二〇〇七年）など参照。

(52) 土佐秀里「大神高市麻呂の復権」（『国文学研究』一二八、一九九九年）。

(53) 坂本太郎「大神氏と万葉集」（『坂本太郎著作集』四、吉川弘文館、一九八八年、初出一九七〇年）。

(54) 利金は大花上（『続日本紀』慶雲三年二月庚辰条）、安麻呂は従四位上（『続日本紀』和銅七年〈七一四〉正月甲子条）、狛麻呂は正五位上（『続日本紀』霊亀元年〈七一五〉四月丙子条）とある。

(55)『日本書紀』天武五年正月甲子条には「詔曰、凡任二国司一者、除二畿内及陸奥・長門国一、以外皆任二大山以位下人一」とあり、この頃には長門国が重視されていたことがうかがえる。しかし、大国の守が従五位上相当であったことからしても（官位令11従五位条）、長門守への任官が従四位上に相応しいものであったとは考えられない。

(56) 守屋俊彦「上巻第二十五縁考」（前掲）。

(57) 西山徳「律令制と大神神社」（前掲）。

(58) 田村圓澄『伊勢神宮の成立』（吉川弘文館、一九九六年）参照。

(59) 佐々木幹雄「三輪と陶邑」（前掲）、寺沢薫「三輪山の祭祀遺跡とそのマツリ」（前掲）、小池香津江「三輪山周辺の祭祀遺跡」（前掲）など。

（60）のちに大神祭として整備される大神氏の氏族的な祭祀も行われていたと思われる。

（61）この点については菅野雅雄氏も、大三輪神は大神氏が祭るのに対して、伊勢の天照大神は天皇家が祭るものであり、それが「氏神の姿であり、古い神の姿であり、古い祭祀の姿」であるとした上で、高市麻呂はあくまでも「助の物申す司」たる中納言としての立場から諫言したと述べている。菅野雅雄「天武・持統朝の大三輪氏」（石野博信・上野誠・岡本健一・菅野雅雄・辰巳和弘・栂口義信・森浩一『三輪山と日本古代史』学生社、二〇〇八年）。

# 第二節　大神氏の複姓氏族

## はじめに

前節では、大神氏の人物を時系列的に取り上げて、この氏族の成立・展開過程を概観した。これを踏まえて本節では、大神氏の複姓氏族に関係する記事を確認することで、本宗との関係やその編成・分布状況について検討を加えることとしたい。大神氏の複姓氏族としては、大神引田氏、大神私部氏、大神波多氏、大神真神田氏、三輪栗隈氏、神宮部氏、大神大網氏、大神掃石氏、大神楉田氏、これら計九氏が知られている。以下、順に見ていこう。(1)(2)(3)(4)

## 1　大和の複姓氏族

はじめに、大和に本拠を構えたと推測される大神引田氏、大神私部氏、大神波多氏、大神真神田氏、これら四氏を取り上げる。

大神引田氏は、大和国城上郡辟田郷(5)（『和名類聚抄』）を本拠とした氏族と推定される。『延喜式神名帳』大和国城上郡条には、曳田神社(6)が所載されている。この氏族の人物としては『日本書紀』天武十三年（六八四）五月戊寅条に、

三輪引田君難波麻呂為二大使一、桑原連人足為二小使一、遣二高麗一。

とあり、三輪引田君難波麻呂が高句麗に大使として派遣されたことが見える。また、天平勝宝七歳（七五五）九月二十八日「班田司歴名(7)」には、山代班田司として列記されている計七十五人の中に、大神曳田老人が挙げられている。

大神私部氏の「私部」は、后妃一般の経済基盤として設置された部であり[8]（『日本書紀』敏達六年〈五七七〉二月甲辰条）、全国に置かれた私部を中央で管掌した伴造が、この大神私部氏であると考えられている。[9]大神波多氏は、大和国高市郡波多郷[10]（『和名類聚抄』）を本拠とした氏族と推定される。『延喜式神名帳』大和国高市郡条には、波多神社[11]も見えている。

これらの三氏は『続日本紀』神護景雲二年（七六八）二月壬午条に、

大和国人従七位下大神引田公足人・大神私部公猪養・大神波多公石持等廿人、賜二姓大神朝臣一。

とあり、大神引田公足人・大神私部公猪養・大神波多公石持ら計二十人に対して、一斉に大神朝臣が賜姓されたことが見える。この三氏は他氏に比べて大神朝臣への改姓が特に早いことから、[12]複姓氏族の中でも本宗と比較的近い関係にあったと考えられる。[13]前述の通り、大神引田氏と大神波多氏の本拠地は、同じ大和国の中でも近接していることから、両者は地縁的な結びつきもあったと思われる。おそらく大神私部氏の本拠も、その近傍に所在したと見てよいであろう。

大神真神田氏の「真神田」は、『日本書紀』崇峻元年（五八八）是年条に法興寺を建立した場所を「飛鳥真神原」[14]と名付けたことが見えており、この地名に由来すると考えられている。この氏族の人物では、壬申の乱で顕著な活躍をした子首が著名である。『日本書紀』天武元年（六七二）六月甲申条には、

越二大山一、至二伊勢鈴鹿一。爰国司守三宅連石床・介三輪君子首、及湯沐令田中臣足麻呂・高田首新家等、参二遇于鈴鹿郡一。則且発二五百軍一、塞二鈴鹿山道一。

とあり、『日本書紀』天武元年七月辛卯条にも、

天皇遣二紀臣阿閉麻呂・多臣品治・三輪君子首・置始連菟一、率二数萬衆一、自二伊勢大山一、越之向レ倭。

とある。ここでは、壬申の乱が勃発した際、子首が伊勢介として大海人皇子（のち天武天皇）を鈴鹿関に迎え、伊勢から大和へ侵攻したことが見える。次に『日本書紀』天武五年（六七六）八月是月条には、

大三輪真上田子人君卒。天皇聞之大哀。以二壬申年之功一、贈二内小紫位一。仍諡曰二大三輪神真上田迎君一。

とある。この記事は子首の卒伝である。天武天皇は子首の死を大いに悲んで内小紫位を追贈し、「迎」という諡を与えたという。この「迎」とは、大海人皇子を鈴鹿関で「迎」えた功績に由む名称と思われる。壬申年の功臣として褒賞を受けた人物は多いが、諡を賜ったのは彼が唯一の例であり、天武が子首の活躍を高く評価していたことをうかがわせる。

なお、この『日本書紀』天武五年八月是月条には「大三輪真上田子人君」「大三輪神真上田迎君」とあるが、天武元年六月甲申条・天武元年七月辛卯条（前掲）には、単に「三輪君子首」と記されていることから、子首を輩出した系統は、もとは大神氏の支流として「三輪君」を名乗っており、壬申の乱の後に「大神真神田君」を称すようになったと推測される(15)。

さらに、子首については『続日本紀』大宝元年（七〇一）七月壬辰条にも、

勅、親王已下、准二其官位一賜二食封一。又壬申年功臣、随二功第一亦賜二食封一。並各有レ差。又勅、先朝論レ功行レ封時、賜二村国小依百廿戸、當麻公国見・郡犬養連大侶・榎井連小君・書直知徳・書首尼麻呂・黄文造大伴・大伴連馬来田・大伴連御行・阿倍普勢臣御主人・神麻加牟陀君児首一十人各一百戸、若桜部臣五百瀬（略）四人各八十戸一。凡十五人、賞雖二各異一、而同居二中第一。宜二依レ令四分之一伝レ子。（略）

と見えている。ここには、天武朝の論功行賞で食封百戸を賜ったとあり、大宝令の施行後に改めて戦功の査定が行われ、四分の一を子に伝世することが認められている。禄令13功封条には、「中功」として同様の規定が設けら

れており、この規定は大宝令も同文と推定されていることから、前述した大宝元年（七〇一）の措置は、大宝令にもとづく査定によるものと考えられる。(16)

さて、子首以降の大神真神田氏は、約二百年間にわたって史料上に見えず、ようやく貞観から仁和年間にかけて全雄と良臣の兄弟が見える。まず『日本三代実録』貞観四年（八六二）三月己巳条には、

　右京人左大史正六位上真神田朝臣全雄賜二姓大神朝臣一。大三輪大田田根子命之後也。

とあり、全雄に大神朝臣が賜姓されたことが見えている。前述した子首の頃には「君」姓を名乗っていたことから、時期は不明であるが、この氏族は貞観四年までの間に「君」から「朝臣」へ改姓したことが分かる。また、ここには単に「真神田朝臣」とあるが、これは「大神」を省略したに過ぎず、正式な氏姓は『日本三代実録』仁和三年（八八七）三月乙亥条（後掲）の通り「大神真神田朝臣」であったと思われる。

その後、全雄は正六位上→外従五位下→従五位下と昇進しているが（『日本三代実録』貞観五年〈八六三〉正月七日庚午条・二月十日癸卯条、貞観六年〈八六四〉三月八日甲午条、貞観八年〈八六六〉正月八日乙酉条、貞観十年〈八六八〉二月十七日辛巳条）、それに対して、良臣には外従五位下が与えられている（『日本三代実録』仁和二年〈八八六〉正月七日丁亥条・十六日丙申条・二月廿一日辛未条）。そして『日本三代実録』仁和三年（八八七）三月乙亥条には、

　授二豊後介外従五位下大神朝臣良臣従五位下一。先レ是、良臣向官披訴。清御原天皇壬申年入二伊勢一之時、良臣高祖父三輪君子首、為二伊勢介一従レ軍有レ功、卒後贈二内小紫位一。古之小紫位准二従三位一。然則、子首子孫、不レ可レ叙二外位一。於レ是、下二外記一而考二実之一。外記申明云、贈従三位大神朝臣高市麻呂・従四位上安麻呂・正五位上狛麻呂兄弟三人之後、皆叙二内位一。大神引田朝臣・大神楉田朝臣・大神掃石朝臣・大神真神田朝臣等、遠祖雖レ同、派別各異、不レ見下応レ叙二内位一之由上。加之、神亀五年以降、有レ格、諸氏先叙二

外位一、後預二内叙一。良臣姓大神真神田朝臣也。子首之後、至二于全雄一、无下預二五位一者上。今請叙二内一品、事乖二格旨一。勅、毀二良臣及故兄全雄外位告身一、特賜二内階一。

とあり、外位を不服とした良臣が、自分の祖先である子首が「内小紫位」を賜ったことを引き合いに出して官に訴え、それが認められて特に内階を賜ったことが見えている。

ここで注目されるのは、大神引田・大神楉田・大神掃石・大神真神田ら四氏の遠祖を同じとしている点である。この「遠祖」とは、貞観四年三月己巳条で大神真神田氏が「大三輪大田田根子命之後」とされていることから、オオタタネコを指すと見られるが、大神真神田氏以外の三氏は『古事記』『日本書紀』などには始祖に関する記事が見られない。また、この四氏のうち大神楉田氏については、本来は楉田勝を名乗っており（『続日本紀』天平十二年〈七四〇〉九月己酉条・天平十三年〈七四一〉閏三月乙卯条）、のちに大神楉田朝臣へ改姓している（『続日本紀』宝亀七年〈七七六〉十二月庚戌条）。よって、これら四氏の間に見られる同祖観念は、楉田氏が大神氏の複姓氏族に加わった後で形成された可能性が高い。八世紀後半から九世紀初頭は氏族再編の動きが活発になる時期であるが、こうした時代背景の中で大神氏においても本宗・支流・複姓氏族などの再編が行われ、大神引田・大神楉田・大神掃石・大神真神田ら四氏の系譜がオオタタネコに結び付けられたと考えられる。

## 2　畿内（大和以外）の複姓氏族

次に、畿内でも大和以外の地域に本拠を構えていたと推測される三輪栗隈氏、神宮部氏、大神大網氏、これらの三氏を取り上げたい。

三輪栗隈氏の「栗隈」は、山城国久世郡栗隈郷[17]（『和名類聚抄』）を本拠とした氏族と推定される。この地は『日本書紀』仁徳十二年十月条に「栗隈県」、『日本書紀』推古十五年（六〇七）是歳条に「栗隈大溝」、『続日本後紀』

承和元年（八三四）十月戊子条に「栗隈野」なども見えている。この氏族の人物としては『日本書紀』大化元年七月丙子条に、

又詔二於百済使一曰、明神御宇日本天皇詔旨、始我遠皇祖之世、以二百済国一、為二内官家一、譬如二三絞之綱一。中間以二任那国一、属二賜百済一。後遣二三輪栗隈君東人一、観二察任那国堺一。是故、百済王随レ勅、悉示二其堺一。而調有レ闕。由レ是、却二還其調一。任那所出物者、天皇之所二明覧一。夫自レ今以後、可四具題三国与二所レ出調一。汝佐平等、不易面来。早須明報。今重遣二三輪君東人・馬飼造一〈闕レ名。〉

とあり、百済と任那の境界を観察するために派遣された三輪栗隈君東人が知られる。(18)ここで東人は「三輪栗隈君東人」とも、「三輪君東人」とも記されている。後者は重複を避けるための省略と思われるが、表記の面で「三輪君」と「三輪栗隈君」が通用されるのであれば、実際の呼称としても両者の区別は厳密ではなかった可能性がある。少なくとも庚午年籍以前は、この氏族は「三輪君」とも「三輪栗隈君」とも称しており、のちに後者の呼称が固定化されたのであろう。

神宮部造については『新撰姓氏録』山城国神別 神宮部造条に、

葛城猪石岡天下神天破命之後也。六世孫吉足日命、磯城瑞籬宮御宇〈諡崇神。〉天皇御世、天下有レ災。因遣二吉足日命一、令レ斎祭大物主神一、災異即止。天皇詔曰、消二天下災一、百姓得レ福。自レ今以後、可レ為二宮能売神一。仍賜二姓宮能売公一。然後庚午年籍注二神宮部造一也。

とある。また、天平宝字五年十一月二日「矢田部造麻呂家地売券」(19)には、神宮部造安比等が山城国宇治郡主政として署名している。ここから、この氏族の本拠は山城国宇治郡と見られる。

前掲の『新撰姓氏録』では、崇神朝に吉足日命が大物主神を祭ったことから、宮能売公の姓を与えられ、のち

に庚午年籍の段階で神宮部造と記されたと伝えている。その内容は『古事記』崇神段、『日本書紀』崇神七年二月辛卯条~八年十二月乙卯条に見える、いわゆるオオタタネコ伝承を想起させるものである。佐伯有清氏は「宮能売」とは「女性の神官」を表す語であり、この氏族を大神神社の祝であるとする。[20]そこまで断定できるかは定かでないが、この氏族が三輪山での祭祀に何らかの形で関与していたことは認めることができよう。

なお、吉足日命による祭祀の伝承は、後世の史料にも散見する。たとえば『大三輪神三社鎮座次第』[21]では、吉足日命が神託にしたがって三輪山に瑞籬を立て、大己貴命・大物主神を祭ったことになっている。時代は崇神朝ではなく、孝元朝のこととされている。さらに、元永二年（一一一九）に成立した『大神崇秘書』[22]によれば、大国主命を祭ったとされる吉川比古命は、吉足日命と同一人物と見られており、高宮神主（神坐日向神社の神主の意か）に任じられたという。このように、吉足日命の事績は後世の史料ほど叙述が具体的になるが、この点については『日本書紀』や『古語拾遺』などの所伝をもとにして、後世に潤色が加えられた可能性が指摘されている。[23]

また『大神崇秘書』に高宮神主のことが見えることからすれば、神坐日向神社との関係も想定される。詳しくは第二章第一節で述べるが、中世以降の大神神社では、『延喜式神名帳』所載の神坐日向神社が三輪山の山頂に鎮座していたとして、日神信仰との関係が説かれるようになる。吉足日命（吉川比古）の伝承は、こうした日神信仰に関する言説とも結びつきながら、後世の人々が『新撰姓氏録』の記事を再解釈していった結果であると理解すべきであろう。

次に、大神大網氏は『続日本紀』文武元年（六九七）九月丙申条に、

京人大神大網造百足家、生二嘉稲一。

とあり、大神大網造百足が「嘉稲」を献上したことが見える。『延喜式』治部省式祥瑞条によれば「嘉禾」は下

瑞に当たる。この氏族の改姓前の氏姓は不明であるが、造姓を称していることからすれば、後述の大神楉田朝臣（楉田勝）の場合と同じく、本来は大神氏とは別の氏族（大網造か）であったと考えられる。また、大神大網造百足は「京人」とあることから、この時にはすでに京（藤原京）に居住していたようであるが、『延喜式神名帳』摂津国住吉郡条には大依羅神社[24]が見えることから、その本拠はここに所在したと推測される。

## 3　畿外の複姓氏族

これまで見てきたように、大神氏の複姓氏族の大半は畿内に本拠を構えていたが、中には畿外に所在したものもいる。それは大神掃石氏と大神楉田氏である。

大神掃石氏は『続日本紀』神護景雲二年八月癸卯条に、

出雲国嶋根郡人外従六位上神掃石公文麻呂・意宇郡人外少初位上神人公人足・同郡人神人公五百成等廿六人、賜二姓大神掃石朝臣一。

とあり、出雲国嶋根郡の人である神掃石公久比麻呂と、同国意宇郡の人である神人公人足ら二十六人が、大神掃石朝臣に改姓したことが見えている。この記事から、大神掃石氏は出雲国に分布していたことが確認できる。

なお『三輪高宮家系図』[25]では、石床の弟である牟自古の尻付に「是掃部君等之祖也」とあるが、掃部（掃守）氏には連・宿禰姓（『紀』大化五年（六四九）五月癸卯条・天武天皇十三年十二月己卯条）や、首姓（天平十一年（七三九）「出雲国大税賑給歴名帳[26]」）が見えるものの、君姓は確認できない。おそらく『三輪高宮家系図』の尻付は「掃石君」の誤りであろう。

大神楉田氏は『日本後紀』延暦十八年（七九九）二月乙未条に「豊前国宇佐郡楉田村[27]」が見えており、この地を本拠としたと推定される。この氏族の人物としては、勢麻呂と愛比が挙げられる。勢麻呂は『続日本紀』天平

十二年（七四〇）九月己酉条に、

豊前国京都郡大領外従七位上楉田勢麻呂将二兵五百騎一、仲津郡擬少領无位膳東人兵八十人、下毛郡擬少領无位勇山伎美麻呂・築城郡擬少領外大初位上佐伯豊石兵七十人一、来二帰官軍一。

とあり、『続日本紀』天平十三年（七四一）閏三月乙卯条には、

外従七位上楉田勝麻呂（略）並外従五位下。

とある。(28) 前者には、藤原広嗣の乱の鎮圧に参加したことが見えており、この時に彼は豊前国京都郡の大領であった。後者には、乱後に外従七位上から外従五位下に昇進したことが見える。また、愛比は『続日本紀』宝亀七年十二月庚戌条に、

豊前国京都人正六位上楉田勝愛比、賜二姓大神楉田朝臣一。

とあり、『続日本紀』延暦三年（七八四）十二月己巳条には、

正六位上（略）大神楉田朝臣愛比（略）並外従五位下。

とある。前者によれば、この人物は勢麻呂と同じく豊前国京都郡の楉田勝の出身であり、大神楉田朝臣に改姓したことが知られる。後者の記事では、外従五位下に叙されている。この氏族は改姓前には楉田勝を称していることから、本来は大神氏とは別の氏族であったものが、のちに大神氏の複姓氏族に組み入れられたと推測される。

## 結　語

以上、大神氏の複姓氏族に関する記事を概観してきた。各氏族の氏姓の変遷を整理するならば、次のようになる。

引田　三輪引田君→大神引田公→大神引田朝臣→大神朝臣
私部　大神私部公→大神朝臣
波多　大神波多公→大神朝臣
真神田　三輪君→神麻加牟陀君→大三輪真上田君→大神真神田君→大神真神田朝臣→大神朝臣
栗隈　三輪君→三輪栗隈君
宮部　宮能売公→神宮部造
大網　大網造？→大神大網造
掃石　神掃石公→大神掃石朝臣
椙田　椙田勝→大神椙田朝臣

ここから、次の二点を指摘することができる。第一に、大神引田公・大神私部公・大神波多公から大神朝臣への改姓は神護景雲二年、神掃石公・神人公から大神掃石朝臣への改姓も同年、椙田勝から大神椙田朝臣への改姓は宝亀七年というように、各氏族の改姓記事はおよそ八世紀後半に集中している。先にも少し触れたが、これは氏族再編の動きが活発化した時期に当たる。

すなわち、諸氏族は天平勝宝年間（七四九～七五七）頃から本系帳を提出しており（『弘仁私記』序文）、天平宝字五年（七六一）には『氏族志』の編纂が企図された（『中臣氏系図』所引「延喜本系解状」）。この計画は途中で頓挫するものの、延暦年間に至って再び本系帳の提出が命じられ（『日本後紀』延暦十八年十二月戊戌条）、これが弘仁六年（八一五）に『新撰姓氏録』として結実した。こうした情勢の中で大神氏を構成する諸氏族の関係性が変化し、本宗と複姓氏族との間で氏姓や系譜が再編されていったと理解することができる。

第二に、各氏族が本拠を構えた地域は、大神引田氏は大和国城上郡辟田郷、大神波多氏は大和国高市郡波多郷、大神真神田氏は同じく大和国高市郡、三輪栗隈氏は山城国久世郡栗隈郷、大神掃石氏は出雲国嶋根郡・意宇郡、大神楉田氏は豊前国京都郡、大神大網氏は摂津国住吉郡と推定されるが、これらはいずれも畿内以西に分布している。このうち大神引田氏・大神波多氏・大神真神田氏の本拠地は、大神氏の本宗が本拠を構える大和国城上郡大神郷と近接しており、おそらくは大神私部氏も含めて、地縁的な結びつきを有していたと考えられる。

また、大神大網氏の本拠地は、大和川の河口地域に位置しているが、大神氏の本宗あるいは複姓氏族の中には、前述した三輪引田君難波麻呂（『日本書紀』天武十三年五月戊寅条）や三輪栗隈君東人（同大化元年七月丙子条）のほかにも、新羅へ派遣された色夫（同大化五年〈六四九〉五月癸卯条）、白村江の戦いに中将軍として出兵した根麻呂（同天智二年〈六六三〉三月条）、遣唐使として入唐した末足・宗雄（『続日本紀』宝亀七年〈七七六〉十二月丁酉条、『続日本後紀』承和六年〈八三九〉八月己巳条など）のように、対外交渉の分野で活躍した人物が数多く見受けられる。

詳しくは第三章第二節で後述するが、特に七世紀以前において、中央の大神氏（本宗や複姓氏族）が対外交渉に従事する際には、それ以前から大神氏との関係を構築していた各地の勢力に動員がかけられ、その関係が強化される場合や、軍事行動をともにした他氏族との間に、新たな関係が構築される場合があったと推測される。(29) そうした中で、初瀬川・大和川水系と瀬戸内海の結節点に本拠を構える勢力と、対外交渉に従事した中央の大神氏との間に交流が生じ、やがてその集団が大神氏の複姓氏族に加えられ、大神大網氏を名乗るようになったと考えられる。大神掃石氏・大神楉田氏については未詳であるが、出雲国嶋根郡・意宇郡と豊前国京都郡は、いずれも西日本の沿岸地域であることから、やはり海上交通を介して中央の大神氏と結びついた可能性を想定しておきたい。

注

（1）氏上の継承は特定の系統に固定化されておらず、実際にはいくつかの（複姓）氏族が一つの大きな氏族を構成していたことから、竹本晃氏は「本宗」を設定することの問題点を指摘している（竹本晃「律令成立期における氏姓制」『ヒストリア』一九三、二〇〇五年）。筆者も以前、紀氏が複数の系統で構成されており、かなりの広範囲で傍系継承が行われていたことや、その中から紀伊国造に就任した人々が、結果的に系譜史料に記載されたのであり、その範囲内の人々を後世の我々が後付けで「本宗」と呼んでいるに過ぎないことを指摘した（拙著『日本古代氏族系譜の基礎的研究』東京堂出版、二〇一二年）。ただし、本節では複姓氏族のあり方について検討を加えることを目的としているため、大神氏という氏族を構成する複数の系統の中でも、早い段階から「神」「三輪」「大三輪」「大神」の氏姓を名乗り、中央での活躍が知られる系統を「本宗」とし、「三輪＋某」あるいは「大神＋某」という氏姓を名乗る系統を複姓氏族として、両者を便宜的に区別して扱うことにする。

（2）「曳田」にも作るが、以下では「引田」で統一する。

（3）「真上田」「麻加牟陀」などにも作るが、以下では「真神田」で統一する。

（4）先行研究の中には、神依田氏を大神氏の複姓氏族に含める見方もあるが（前田晴人『三輪山―日本国創世神の原像』学生社、二〇〇六年）、この神依田公は賀茂氏に改姓しており（『続日本紀』神護景雲二年〈七六八〉十一月戊子条）、大神氏との直接的な関係はうかがえない。よって、この氏族はウヂナに「神」を冠してはいるが、大神氏の複姓氏族とは区別すべきであろう。

（5）現在の奈良県桜井市白河に比定されている。

（6）現在の乗田神社（奈良県桜井市白河）に比定。

（7）『大日本古文書』四―八一。

（8）岸俊男「光明立后の指摘意義」（『日本古代政治史研究』塙書房、一九六六年、初出一九五七年）。

（9）阿部武彦「大神氏と三輪神」（『日本古代の氏族と祭祀』吉川弘文館、一九八四年、初出一九七五年）など。

（10）現在の奈良県高市郡明日香村冬野に比定されている。

（11）現在の波多神社（奈良県高市郡明日香村冬野）に比定されている。

（12）大神真神田氏も大神朝臣に改姓しているが、その時期は貞観四年であり、大神引田氏・大神私部氏・大神波多氏らが改姓した神護景雲二年からは約一〇〇年ほど遅れる。

(13) 阿倍武彦氏は、大神氏の本宗が天武十三年に君から朝臣に改姓していることを踏まえて、大神引田氏・大神私部氏・大神波多氏は本宗と近い関係にあるが、この時の改姓には漏れた氏族であるとする。阿部武彦「大神氏と三輪神」(前掲)。
(14) 現在の奈良県高市郡明日香村飛鳥付近に比定。
(15) 加藤謙吉「複姓成立に関する一考察」(『大和政権と古代氏族』吉川弘文館、一九九一年、初出一九七三年)。
(16) 佐藤信「「壬申功封」と大宝令功封制の成立」(『日本古代の宮都と木簡』吉川弘文館、一九九七年、初出一九七六年)。
(17) 現在の京都府宇治市大久保付近に比定。
(18) 平城京の二条大路濠状遺構からは、「大神東人」と記した木簡が二点出土している(『平城宮発掘調査出土木簡概報』二四―二二下〈一九六〉、三〇―一一下〈五九七〉)。ただし、二条大路木簡の年代は天平七～八年(七三五～七三六)のものが中心であり、大化元年からは約九十年の隔たりがあることから、『日本書紀』に見える三輪栗隈君東人と、この木簡に見える大神東人は別人と考えられる。
(19) 『大日本古文書』十五―一一七。
(20) 佐伯有清『新撰姓氏録の研究』考証編三(吉川弘文館、一九八二年)。
(21) 『大神神社史料』一(吉川弘文館、一九六八年)所収。
(22) 『大神神社史料』一(前掲)所収。
(23) 佐伯有清『新撰姓氏録の研究』考証編三(前掲)。
(24) 現在の大依羅神社(大阪府住吉区庭井)に比定。
(25) 『三輪高宮家系図』のもとになった『大神朝臣本系牒略』には、牟自古は見えず、ほかの複姓氏族に関する注記の末尾に「大神石《マヽ》朝臣。在二三代実録文中一。祖未レ詳。何流矣」と記されているのみである。
(26) 『大日本古文書』二―二〇一。
(27) 現在の大分県宇佐市和気付近に比定。
(28) 前者には「椋田勢麻呂」、後者には「椋田勝麻呂」とあるが、前者は「勝」、後者は「勢」がそれぞれ脱落したものであり、両者は同一人物であると見ておきたい。『新日本古典文学大系 続日本紀』二(岩波書店、一九九〇年)補注参照。
(29) たとえば、ヤマト王権の対外交渉で活躍した紀氏は、西日本の沿岸地域に本拠を構える複数の国造と同祖関係を形成している〈篠川賢『日本古代国造制の研究』〈吉川弘文館、一九九六年〉、拙著『日本古代氏族系譜の基礎的研究』〈前掲〉)。

中央の大神氏と各地の複姓氏族の場合も、これに準じて捉えることができよう。

## 第三節　大神氏の分布とその背景

### はじめに

大神氏には、本宗や複姓氏族のほかにも、神直・神部直・神人・神人部・神部などのように、ウヂナに「ミワ」の呼称を共有し、[1]中央の大神氏と関係を持った氏族が確認される。本節では、これらの諸氏族を「ミワ系氏族」と総称することとし、その全国における分布状況を確認した上で、こうしたミワ系氏族が列島各地に展開するに至った歴史的背景について考察を加えることとしたい。

### 1　全国分布の諸相

古代の史資料から、「ミワ」に関係する地名（郡名・郷名・里名・駅名など）を抽出したものが表1、神社（神戸・封戸含む）を抽出したものが表2、氏族を抽出したものが表3である。[2]

表1　「ミワ」に関係する地名の分布

| 地方 | 国 | 郡 | 地名 | 出　典 |
|---|---|---|---|---|
| 畿内 | 大和国 | 城上郡 | 大神里 | 平城京出土木簡 |
| | 〃 | 〃 | 大神郷 | 和名抄 |
| | 〃 | 〃 | 大神郷 | 寛平三年大神郷長牒案 |
| | 〃 | 〃 | 三輪郷 | 今昔物語集 |
| | 摂津国 | 有馬郡 | 大神郷 | 和名抄 |

| | | | | |
|---|---|---|---|---|
| | 〃 | 河辺郡 | 大神郷 | 和名抄 |
| | 和泉国 | 大鳥郡 | 三輪里 | 住吉大社神代記 |
| | 〃 | 〃 | 上神郷 | 延喜二十二年和泉国大鳥神社流記帳 |
| | 〃 | 〃 | 上神郷 | 和名抄 |
| 東海道 | 尾張国 | 中島郡 | 美和郷 | 和名抄 |
| | 三河国 | 八名郡 | 神里 | 平城京出土木簡 |
| | 〃 | 〃 | 美和郷 | 和名抄 |
| | 遠江国 | 浜名郡 | 大神郷 | 和名抄 |
| | 駿河国 | 安倍郡 | 美和郷 | 和名抄 |
| | 常陸国 | 新治郡 | 巨神郷 | 和名抄 |
| | 〃 | 〃 | 大神駅 | 常陸国風土記逸文 |
| | 〃 | 久慈郡 | 美和郷 | 和名抄 |
| 東山道 | 美濃国 | 賀茂郡 | 美和郷 | 和名抄 |
| | 〃 | 席田郡 | 美和郷 | 和名抄 |
| | 〃 | 大野郡 | 美和郷 | 平城宮出土木簡 |
| | 〃 | 〃 | 大神郷 | 和名抄 |
| | 信濃国 | 諏訪郡 | 美和郷 | 和名抄 |
| | 下野国 | 那須郡 | 三和郷 | 和名抄 |
| 山陰道 | 丹波国 | 氷上郡 | 美和郷 | 和名抄 |
| | 因幡国 | 邑美郡 | 美和郷 | 和名抄 |
| | 伯耆国 | 久米郡 | 上神郷 | 和名抄 |

| | | | | |
|---|---|---|---|---|
| | 〃 | 〃 | 下神郷 | 和名抄 |
| 山陽道 | 播磨国 | 賀茂郡 | 三和里 | 平城宮出土木簡 |
| | 〃 | 〃 | 大神郷 | 和名抄 |
| | 美作国 | 苫東郡 | 美和郷 | 和名抄 |
| | 〃 | 大庭郡 | 美和郷 | 和名抄 |
| | 備中国 | 窪屋郡 | 美和郷 | 天平十一年備中国大税負死亡人帳 |
| | 周防国 | 熊毛郡 | 美和郷 | 和名抄 |
| 西海道 | 筑後国 | 山門郡 | 大神郷 | 和名抄 |
| | 豊後国 | 速見郡 | 大神郷 | 和名抄 |

表2　「ミワ」に関係する神社の分布

| 地方 | 国 | 郡 | 神社 | 出典 |
|---|---|---|---|---|
| 畿内 | 大和国 | 城上郡 | 大神神戸 | 天平二年大倭国正税帳 |
| | 〃 | 〃 | 大神社 | 続紀 |
| | 〃 | 〃 | 大神大物主神 | 文実、三実 |
| | 〃 | 〃 | 大神神四十五戸 | 新抄格勅符抄 |
| | 〃 | 〃 | 佐為神二戸 | 新抄格勅符抄 |
| | 〃 | 〃 | 大神大物主神社 | 延喜式神名帳、特選神名牒 |
| | 〃 | 〃 | 三輪大明神 | 勧請神名帳、海住山寺修正神名帳、恒例修正二月御行勧請神名帳 |

| | | | |
|---|---|---|---|
| 〃 | 〃 | 大神大明神 | 清滝宮勧請神名帳、花鎮奉読神名帳、恒例修正月勧請神名帳、東大寺戒壇院公用神名帳、東大寺二月堂修二月勧請神名帳 |
| 〃 | 〃 | 狭井坐大神荒魂神社 | 延喜式神名帳、特選神名牒 |
| 〃 | 〃 | 神坐日向神社 | 延喜式神名帳、特選神名牒 |
| 〃 | 添上郡 | 率川坐大神御子神社 | 延喜式神名帳、特選神名牒 |
| 〃 | 〃 | 率川阿波神社 | 延喜式神名帳 |
| 河内国 | ― | 三輪高安大明神 | 御薬師神名帳 |
| 摂津国 | 有馬郡 | 湯泉神社 | 延喜式神名帳 |
| 〃 | 〃 | 大神湯泉鹿舌三像大明神 | 伊呂波字類抄 |
| 〃 | 〃 | 三輪の神 | 千載和歌集 |
| 〃 | 〃 | 三輪の明神 | 千載和歌集 |
| 〃 | ― | 大神神二十五戸 | 新抄格勅符抄 |
| 〃 | ― | 大神神神戸三十烟 | 保安元年摂津国正税帳案 |
| 〃 | ― | 大神神戸三十八烟 | 保安元年摂津国租帳 |
| 〃 | ― | 大神封戸三十烟 | 保安元年摂津国調帳案 |
| 和泉国 | 大鳥郡 | 国神社 | 延喜式神名帳 |
| 〃 | 〃 | 三輪国神社 | 大神分身類社抄 |
| 〃 | 〃 | 神氏社 | 和泉国神名帳 |
| 〃 | 〃 | 下神国津社 | 和泉国神名帳 |
| 〃 | 〃 | 神山口社 | 和泉国神名帳 |
| 〃 | 〃 | 神道神宅社 | 和泉国神名帳 |

| | | | | |
|---|---|---|---|---|
| | 〃 | 〃 | 上神須佐社 | 和泉国神名帳 |
| | 〃 | 〃 | 神之神宅社 | 和泉国神名帳 |
| | 〃 | 〃 | 神神本社 | 和泉国神名帳 |
| | 〃 | 〃 | 神三宅社 | 和泉国神名帳 |
| | 〃 | 〃 | 上神宇賀玉社 | 和泉国神名帳 |
| 東海道 | 伊勢国 | 飯高郡 | 大神社 | 延喜式神名帳 |
| | 〃 | 〃 | 大神神社 | 特選神名牒 |
| | 〃 | 朝明郡 | 太神社 | 延喜式神名帳 |
| | 尾張国 | 中島郡 | 大神神社 | 延喜式神名帳 |
| | 〃 | 〃 | 大神明神 | 尾張国神名帳 |
| | 〃 | 〃 | 大神明神 | 尾張国神名帳 |
| | 〃 | 海部郡 | 大神大明神 | 尾張国神名帳 |
| | 遠江国 | 浜名郡 | 大神神社 | 延喜式神名帳、特選神名牒 |
| | 〃 | 〃 | 弥和山神社 | 延喜式神名帳、特選神名牒 |
| | 〃 | — | 大神神十戸 | 新抄格勅符抄 |
| | 駿河国 | 安倍郡 | 神部神社 | 延喜式神名帳 |
| | 〃 | 〃 | 美和明神 | 駿河国神名帳 |
| | 〃 | 〃 | 美和谷地祇 | 駿河国神名帳 |
| | 〃 | 益頭郡 | 神神社 | 延喜式神名帳、特選神名牒 |
| | 〃 | 〃 | 三輪明神 | 駿河国神名帳 |
| | 〃 | 〃 | 美和天神 | 三実 |

| | | | | |
|---|---|---|---|---|
| | 甲斐国 | 山梨郡 | 神部神社 | 延喜式神名帳 |
| | 〃 | 巨麻郡 | 神部神社 | 延喜式神名帳 |
| | 〃 | 〃 | 美和神 | 三実 |
| 東山道 | 美濃国 | 賀茂郡 | 美和明神 | 美濃国神名帳 |
| | 〃 | 席田郡 | 美和明神 | 美濃国神名帳 |
| | 〃 | 大野郡 | 大国主大神 | 美濃国神名帳 |
| | 〃 | 〃 | 神三御子明神 | 美濃国神名帳 |
| | 〃 | 山県郡 | 美和大明神 | 美濃国神名帳 |
| | 〃 | 各務郡 | 美和都明神 | 美濃国神名帳 |
| | 〃 | 多芸郡 | 大神神社 | 延喜式神名帳、特選神名牒 |
| | 〃 | — | 大神神五十戸 | 新抄格勅符抄 |
| | 信濃国 | 水内郡 | 美和神社 | 延喜式神名帳、特選神名牒 |
| | 〃 | 〃 | 三和神 | 三実 |
| | 〃 | 〃 | 神部神 | 三実 |
| | 上野国 | 山田郡 | 美和神社 | 延喜式神名帳、特選神名牒 |
| | 〃 | 〃 | 美和神 | 後紀、三実 |
| | 〃 | 〃 | 美和名神社 | 長元元年上野国交替実録帳 |
| | 〃 | 〃 | 美和大明神 | 上野国神名帳 |
| | 下野国 | 那須郡 | 三和神社 | 延喜式神名帳、特選神名牒 |
| | 〃 | 〃 | 三和神 | 続後紀、三実 |
| | 〃 | 都賀郡 | 大神社 | 延喜式神名帳、特選神名牒 |

| | | | | |
|---|---|---|---|---|
| 北陸道 | 若狭国 | 遠敷郡 | 弥和神社 | 延喜式神名帳、特選神名牒 |
| | 〃 | 〃 | 御和明神 | 若狭国神名帳 |
| | 〃 | 〃 | 御和大明神 | 若狭国神名帳 |
| | 越前国 | 敦賀郡 | 大神下前神社 | 延喜式神名帳、特選神名牒 |
| | 加賀国 | 加賀郡 | 三輪神社 | 延喜式神名帳、特選神名牒 |
| | 越後国 | 頸城郡 | 大神社 | 延喜式神名帳、特選神名牒 |
| | 〃 | 〃 | 大神神 | 三実 |
| 山陰道 | 但馬国 | 朝来郡 | 粟鹿神戸 | 天平九年但馬国正税帳 |
| | 〃 | 〃 | 粟鹿神二戸 | 新抄格勅符抄 |
| | 〃 | 〃 | 粟鹿神 | 続後紀、三実 |
| | 〃 | 〃 | 禾鹿神 | 三実 |
| | 〃 | 〃 | 粟鹿神社 | 延喜式神名帳 |
| | 因幡国 | 巨濃郡 | 大神社 | 延喜式神名帳、特選神名牒 |
| | 〃 | ― | 多神 | 三実 |
| | 伯耆国 | 会見郡 | 大神山神社 | 延喜式神名帳、特選神名牒 |
| | 〃 | ― | 三輪神 | 三実 |
| | 〃 | ― | 大神大明神 | 修正神名帳、諸国神名帳、千手堂恒例勧請神名帳 |
| 山陽道 | 播磨国 | 宍粟郡 | 大倭物代主神社 | 延喜式神名帳 |
| | 備前国 | 邑久郡 | 美和神社 | 延喜式神名帳、備前国神名帳、特選神名牒 |
| | 〃 | 〃 | 美和明神 | 備前国神名帳 |
| | 〃 | 〃 | 美和大明神 | 備前国神名帳 |

| | | | | |
|---|---|---|---|---|
| | 〃 | 上道郡 | 大神神社 | 延喜式神名帳、特選神名牒 |
| | 〃 | 磐梨郡 | 神神社 | 備前国神名帳 |
| | 〃 | 〃 | 神大明神 | 備前国神名帳 |
| | 〃 | 津高郡 | 神神社 | 備前国神名帳 |
| | 〃 | 〃 | 神大明神 | 備前国神名帳 |
| | 備中国 | 下道郡 | 神神社 | 延喜式神名帳、特選神名牒 |
| | 備後国 | ― | 大神神 | 三実 |
| | 安芸国 | 佐西郡 | 三輪明神 | 安芸国神名帳 |
| | 〃 | 高田郡 | 三輪明神 | 安芸国神名帳 |
| | 〃 | 豊田郡 | 三輪明神 | 安芸国神名帳 |
| | 長門国 | ― | 大神神三十戸 | 新抄格勅符抄 |
| 南海道 | 阿波国 | 名方郡 | 大御和神社 | 延喜式神名帳 |
| 西海道 | 筑前国 | 夜須郡 | 大三輪社 | 紀 |
| | 〃 | 〃 | 於保奈牟智神社 | 延喜式神名帳 |
| | 〃 | 〃 | 大三輪社 | 筑前国風土記逸文 |
| | 〃 | ― | 大神神六十二戸 | 新抄格勅符抄 |
| | 筑後国 | 山門郡 | 大神社 | 筑後国神名帳 |
| | 〃 | 〃 | 大神神 | 筑後国神名帳 |
| | 〃 | 御井郡 | 大神神社 | 筑後国神名帳 |
| | 〃 | 三瀦郡 | 大神社 | 筑後国神名帳 |
| | 〃 | 〃 | 大神国玉神 | 筑後国神名帳 |

| | | | | |
|---|---|---|---|---|
| | 〃 | 〃 | 大神神 | 筑後国神名帳 |
| | 〃 | — | 大神神社 | 筑後国神名帳 |
| | 〃 | — | 大神八佐賀美男神 | 筑後国神名帳 |
| | 〃 | — | 大神小寝古天社 | 筑後国神名帳 |

表3 「ミワ」に関係する氏族の分布

| 地方 | 国 | 郡 | 郷ほか | 氏族 | 出典 |
|---|---|---|---|---|---|
| 畿内 | 大和国 | 城上郡 | 辟田郷 | 三輪引田君 | 紀 |
| | 〃 | 〃 | 辟田郷 | 大神曳田 | 天平勝宝七年班田司歴名 |
| | 〃 | 〃 | 辟田郷 | 大神引田公 | 続紀 |
| | 〃 | 〃 | 辟田郷 | 大神引田朝臣 | 三実 |
| | 〃 | 〃 | — | 大神朝臣 | 姓氏録 |
| | 〃 | 高市郡 | 波多郷 | 大神波多公 | 続紀 |
| | 〃 | 〃 | — | 大三輪真上田君 | 紀 |
| | 〃 | 〃 | — | 神麻加牟陀君 | 続紀 |
| | 〃 | 〃 | — | 大神真神田朝臣 | 三実 |
| | 山城国 | 愛宕郡 | 出雲郷雲上里 | 神直 | 神亀三年山背国愛宕郡雲上里計帳 |
| | 〃 | 久世郡 | 栗隈郷 | 三輪栗隈君 | 紀 |
| | 〃 | 宇治郡 | — | 神宮部造 | 姓氏録 |
| | 摂津国 | 能勢郡 | — | 神人 | 続紀 |

| | | | | | |
|---|---|---|---|---|---|
| | 〃 | ― | ― | 神人 | 姓氏録 |
| | 〃 | ― | ― | 神人 | 姓氏録 |
| | 〃 | 住吉郡 | ― | 大神大網造 | 続紀 |
| | 河内国 | ― | ― | 神人 | 姓氏録 |
| | 和泉国 | ― | ― | 神直 | 姓氏録 |
| | 〃 | ― | ― | 神人 | 姓氏録 |
| | 〃 | ― | ― | 神 | 大野寺土塔文字瓦銘 |
| 東海道 | 伊勢国 | 安濃郡 | ― | 神人部 | 三実 |
| | 尾張国 | 葉栗郡 | 村国郷 | 神人 | 平城宮出土木簡 |
| | 〃 | 智多郡 | 入見里 | 神部 | 藤原宮出土木簡 |
| | 遠江国 | 浜名郡 | 新居郷 | 神直 | 天平十二年浜名郡輸租帳 |
| | 〃 | 〃 | 新居郷 | 神人 | 天平十二年浜名郡輸租帳 |
| | 〃 | 〃 | 新居郷 | 神人部 | 天平十二年浜名郡輸租帳 |
| | 〃 | 〃 | 津築郷 | 神人部 | 天平十二年浜名郡輸租帳 |
| | 〃 | 〃 | ― | 神人 | 天平十二年浜名郡輸租帳 |
| | 〃 | ― | ― | 神人部 | 伊場遺跡出土木簡 |
| | 伊豆国 | 田方郡 | 吉妾郷 | 神人部 | 平城宮出土木簡 |
| | 相模国 | 大住郡 | ― | 大神朝臣 | 三実 |
| | 武蔵国 | ― | ― | 神人部 | 武蔵国分寺古瓦銘 |
| | 常陸国 | ― | ― | 神部 | 鹿の子C遺跡出土墨書土器 |
| 東山道 | 近江国 | 犬上郡 | ― | 神人 | 三実 |

| | | | | | |
|---|---|---|---|---|---|
| | 〃 | ― | ― | 神人 | 宮町遺跡出土木簡 |
| | 美濃国 | 賀茂郡 | 半布里 | 神人 | 大宝二年御野国加毛郡半布里戸籍 |
| | 〃 | 〃 | 〃 | 神人部 | 大宝二年御野国加毛郡半布里戸籍 |
| | 〃 | 大野郡 | 美和郷 | 神直 | 平城宮出土木簡 |
| | 〃 | 〃 | ― | 神人 | 続紀 |
| | 〃 | 山県郡 | 出磯郷田井里 | 神人 | 平城宮出土木簡 |
| | 〃 | 〃 | ― | 神直 | 天平勝宝二年美濃国司解 |
| | 〃 | 各務郡 | 中里 | 神直族 | 大宝二年御野国各務郡中里戸籍 |
| | 〃 | 〃 | 中里 | 神人 | 大宝二年御野国各務郡中里戸籍 |
| | 〃 | 安八郡 | ― | 大神 | 天喜三年美濃国大井荘住人等解文 |
| | 信濃国 | 高井郡 | 穂科郷 | 神人 | 平城宮出土木簡 |
| | 〃 | 埴科郡 | ― | 神人部 | 万葉集 |
| | 〃 | ― | ― | 神人部 | 屋代遺跡出土木簡 |
| | 上野国 | ― | ― | 神人 | 三実 |
| | 〃 | 利根郡 | ― | 神人 | 戸神諏訪遺跡出土刻書土器 |
| | 〃 | 群馬郡 | ― | 神人 | 国分二寺中間地域出土刻書瓦 |
| | 陸奥国 | ― | ― | □〔神カ〕人 | 多賀城跡出土木簡 |
| | 出羽国 | ― | ― | 神人部 | 秋田城跡出土木簡 |
| | 〃 | ― | ― | 神人 | 秋田城跡出土木簡 |
| 北陸道 | 越前国 | 敦賀郡 | 与祥郷 | 大神 | 天平十七年貢進文 |
| | 〃 | 〃 | 〃 | 神人 | 天平十七年貢進文 |

| | | | | | |
|---|---|---|---|---|---|
| | 〃 | 〃 | 質覇郷 | 神 | 天平神護二年越前国司解 |
| | 〃 | 〃 | 鹿蒜郷 | 大神部 | 平城宮出土木簡 |
| | 〃 | 〃 | 〃 | 大神 | 平城宮出土木簡 |
| | 加賀国 | 江沼郡 | 幡生村 | 神 | 大治五年東大寺諸荘文書 |
| | 〃 | 〃 | □□駅 | 神人 | 平城京出土木簡 |
| | 〃 | ― | ― | 大神 | 三実 |
| | 〃 | ― | ― | 大神 | 上荒屋遺跡出土木簡 |
| | 越中国 | ― | ― | 三和 | 辻遺跡出土木簡 |
| | 越後国 | ― | ― | 神人 | 八幡林遺跡出土木簡 |
| | 〃 | ― | ― | 神人 | 中谷内遺跡出土墨書土器 |
| | 〃 | ― | ― | 神 | 中谷内遺跡出土墨書土器 |
| | 〃 | ― | ― | 神人部 | 中倉遺跡出土木簡 |
| | 佐渡国 | 賀茂郡 | ― | 神人 | 三実 |
| 山陰道 | 丹波国 | 氷上郡 | 沼貫郷朝鹿里 | 神人 | 平城宮出土木簡 |
| | 〃 | 〃 | 石前里 | 神人 | 市辺遺跡出土木簡 |
| | 〃 | ― | ― | 神直 | 山垣遺跡出土木簡 |
| | 〃 | ― | ― | 神人 | 山垣遺跡出土木簡 |
| | 〃 | ― | ― | 神人部 | 山垣遺跡出土木簡 |
| | 丹後国 | 熊野郡 | 田村郷 | 神人 | 平城宮出土木簡 |
| | 但馬国 | 朝来郡 | 粟鹿郷 | 神部直 | 粟鹿大明神元記 |
| | 〃 | 〃 | 〃 | 神□〔部カ〕 | 粟鹿遺跡出土墨書土器 |

| | | | | | |
|---|---|---|---|---|---|
| | 〃 | 〃 | ― | □□〔神部ヵ〕 | 加都遺跡出土木簡 |
| | 〃 | 出石郡 | ― | 神部 | 宮内黒田遺跡出土木簡 |
| | 因幡国 | 気多郡 | 勝見郷 | 神部直 | 平城宮出土木簡 |
| | 〃 | 高草郡 | 高庭庄 | 神 | 延喜五年東大寺領因幡国高庭庄坪付注進状案 |
| | 〃 | 〃 | 高庭庄 | 神部 | 延喜五年東大寺領因幡国高庭庄坪付注進状案 |
| | 〃 | ― | ― | 神部直 | 養老五年因幡国戸籍 |
| | 〃 | ― | ― | 神部 | 養老五年因幡国戸籍 |
| | 出雲国 | 神門郡 | 朝山郷加夜里 | 神人部 | 天平十一年出雲国大税賑給歴名帳 |
| | 〃 | 〃 | 滑狭郷池井里 | 神人部 | 天平十一年出雲国大税賑給歴名帳 |
| | 〃 | 〃 | 多伎駅 | 神人部 | 天平十一年出雲国大税賑給歴名帳 |
| | 〃 | 嶋根郡 | ― | 神掃石公 | 続紀 |
| | 〃 | 〃 | ― | 大神掃石朝臣 | 続紀、類史 |
| | 〃 | 意宇郡 | ― | 神人公 | 続紀 |
| | 〃 | 〃 | ― | 大神掃石朝臣 | 続紀 |
| | 石見国 | 大市郡 | ― | 神直 | 粟鹿大明神元記 |
| | 〃 | 〃 | ― | 的大神直 | 粟鹿大明神元記 |
| 山陽道 | 播磨国 | 宍粟郡 | 三方里 | 神人 | 飛鳥池遺跡出土木簡 |
| | 〃 | 〃 | 〃 | 神人（部ヵ） | 飛鳥池遺跡出土木簡 |
| | 〃 | 揖保郡 | ― | 神人 | 播磨国風土記 |
| | 〃 | 赤穂郡 | 神戸里 | 神人 | 延暦十二年播磨国坂越神戸両郷解 |
| | 〃 | ― | ― | 大神 | 続紀 |

| | | | | | |
|---|---|---|---|---|---|
| | 美作国 | 大庭郡 | ― | 神直 | 粟鹿大明神元記 |
| | 備中国 | 窪屋郡 | 美和郷菅生里 | 美和首 | 天平十一年備中国大税負死亡人帳 |
| | 〃 | 〃 | 〃 | 神首 | 天平十一年備中国大税負死亡人帳 |
| | 〃 | 〃 | 〃 | 神人部 | 天平十一年備中国大税負死亡人帳 |
| | 〃 | 浅口評 | ― | 神部 | 藤原宮出土木簡 |
| | 周防国 | 玖珂郡 | 玖珂郷 | 神人 | 延喜八年周防国戸籍 |
| | 長門国 | ― | 佐美里 | 神部 | 長登銅山跡出土木簡 |
| | 〃 | ― | ― | 大神直 | 長登銅山跡出土木簡 |
| | 〃 | ― | ― | 大神部 | 長登銅山跡出土木簡 |
| | 〃 | ― | ― | 下神部 | 長登銅山跡出土木簡 |
| 南海道 | 淡路国 | 三原郡 | 幡多郷 | 神人部 | 粟鹿大明神元記 |
| | 讃岐国 | 山田郡 | 田井郷 | 神人 | 平城京出土木簡 |
| 西海道 | 筑前国 | 嶋郡 | 川辺里 | 大神部 | 大宝二年筑前国嶋郡川辺里戸籍 |
| | 〃 | 志摩郡 | 久米郷 | 大神部 | 元岡・桑原遺跡群出土木簡 |
| | 〃 | 那珂郡 | 手東里 | 大神君 | 牛頸ハセムシ窯跡群出土刻書土器 |
| | 〃 | 〃 | 〃 | 大神部 | 牛頸ハセムシ窯跡群出土刻書土器 |
| | 〃 | 〃 | ― | 大神部 | 牛頸本堂遺跡出土刻書土器 |
| | 〃 | 〃 | ― | 大神部 | 牛頸井出四号窯跡群出土刻書土器 |
| | 〃 | 夜須郡 | ― | 大神部 | 大宰府跡出土木簡 |
| | 〃 | ― | ― | 神部 | 大宰府跡出土木簡 |
| | 豊前国 | 仲津郡 | 丁里 | 大神部 | 大宝二年豊前国仲津郡丁里戸籍 |

| | | | | | |
|---|---|---|---|---|---|
| | 〃 | 京都郡 | — | 大神楉田朝臣 | 続紀 |
| | 〃 | 宇佐郡 | — | 大神朝臣 | 続紀、宇佐八幡託宣集、扶桑略記 |
| | 〃 | — | — | 神部 | 長登銅山跡出土木簡 |
| | 豊後国 | — | — | 大神朝臣 | 続紀 |
| | 肥前国 | 高来郡 | — | 神 | 肥前国風土記 |
| | 〃 | — | — | 大神部 | 多田遺跡出土木簡 |
| | 〃 | — | — | 神人 | 志波屋二ノ坪遺跡出土墨書土器 |
| | 薩摩国 | 高城郡 | 新多郷 | 神部 | 大宰府跡出土木簡 |
| 不明 | — | — | □木郷 | 神直□ | 平城宮出土木簡 |
| | — | — | □部里 | 神人部 | 藤原宮出土木簡 |
| | — | — | 大坂里 | 神 | 藤原宮出土木簡 |
| | — | — | 真野郷 | 神人部□ | 石神遺跡出土木簡 |

〔凡例〕

・拙稿「大神氏の分布とその背景」（『彦根論叢』三九五、二〇一三年）掲載表を基礎とし、その後に得られた知見をもとに、データの追加・修正を行った。

・作成に当たっては、以下の文献を参考にした。中山和敬『大神神社』（学生社、一九七一年）、阿部武彦「大神氏と三輪神」（日本古代の氏族と祭祀』吉川弘文館、一九八四年、初出一九七五年）、今井啓一「大神神社の分祀」（大神神社史料編修委員会編『大神神社史』吉川弘文館、一九七五年）、大神神社史料編修委員会編『大神神社史料』九（吉川弘文館、一九七八年)、和田萃「三輪山祭祀の再検討」(『日本古代の儀礼と祭祀・信仰』下(塙書房、一九九五年、初出一九八五年)、池辺彌「古代における地方の大神神社」(『古代神社史論攷』吉川弘文館、一九八九年)、三橋健『国内神名帳の研究』史料編(おうふう、一九九九年)、前田晴人『三輪山―日本国創世神の原像』学生社、二〇〇六年)。
・データの検索には、奈良時代古文書・平安遺文フルテキストデータベース(東京大学史料編纂所)、木簡データベース(奈良文化財研究所)、墨書・刻書土器データベース(明治大学日本古代学研究所)などを利用した。
・「〃」は前項と共通、「―」は不明を示す。
・表記は、原則として出典にしたがった。
・史資料の略称は、以下の通りである。紀＝日本書紀、続紀＝続日本紀、後紀＝日本後紀、続後紀＝続日本後紀、文実＝日本文徳天皇実録、三実＝日本三代実録、姓氏録＝新撰姓氏録、和名抄＝和名類聚抄

さて、各史料を逐一確認することは紙幅の都合から割愛するが、その分布状況を概観するならば、特定の地域に大きく偏ることなく、ほぼ全国的に分布していることが分かる。また、国あるいは郡ごとに見た場合、地名・神社・氏族の分布が重なる事例が散見する。たとえば、遠江国浜名郡には、大神郷があり(『和名類聚抄』遠江国浜名郡条)、大神神社が鎮座し(『延喜式神名帳』遠江国浜名郡条)、神人・神人部が分布している(天平十二年〈七四〇〉「遠江国浜名郡輸租帳」(3))。

こうした事例から類推するならば、現状では地名しか確認できない場合でも、古代にはミワ系氏族が居住しており、そのために郷や里の名称に「大神」や「美和」などが採用されたと考えられる。神社についても、池辺彌氏が指摘しているように(4)、中央の大神氏とは無関係に勧請されたのではなく、当該地域に居住したミワ系氏族よっ

て勧請・奉祭されたと見ることができよう。

## 2　大三輪神の分祀・勧請

では、こうしたミワ系氏族は、いかなる経緯で各地に分布するに至ったのであろうか。この点について先行研究では、特に神社の分布を手がかりに検討がなされてきた。阿部武彦氏は、大和王権が東国・西国に進出していく際、さらには朝鮮半島への出兵など対外交渉を行う際に、大三輪神[5]を奉じて各地の勢力の平定が進められ、それにともなってミワ系氏族も地方に分布するようになったと述べている[6]。また、和田萃氏は大三輪神が「軍神」としての神格を有していることを指摘した上で、大和王権が特に東国へ勢力を伸張していく際に、この「軍神」としての大三輪神が各地に勧請されたと論じている[7]。

このように、大三輪神の分祀・勧請とミワ系氏族の分布を関連づける理解は、現在でも広く受け入れられている[8]。そこで、これらの先行研究の根拠となっている史料を改めて確認してみよう。まず、西国進出と対外交渉に関する史料を取り上げる。

『日本書紀』神功皇后摂政前紀（仲哀九年九月己卯条）

令㆓諸国㆒、集㆓船舶㆒練㆓兵甲㆒。時軍卒難㆑集。皇后曰、必神心焉、則立㆓大三輪社㆒、以奉㆓刀矛㆒矣。軍衆自聚。

『筑前国風土記』逸文（『紀略本紀』所引）

筑前国風土記曰、気長足姫尊、欲㆑伐㆓新羅㆒。整㆓理軍士㆒、発行之間、道中遁亡。占㆓求其由㆒、即有㆓祟神㆒。名曰㆓大三輪神㆒。所以樹㆓此神社㆒、遂平㆓新羅㆒。

『続日本紀』天平九年（七三七）四月乙巳条

遣二使於伊勢神宮、大神社、筑紫住吉・八幡二社及香椎宮一、奉レ幣、以告二新羅无レ礼之状一。

『粟鹿大明神元記』太多彦命尻付

右多太彦（太多彦カ）、磯城瑞籬宮御宇初国所知御間城入彦五十瓊殖天皇御世、国々荒振人等令二平服一。以二大国主神術魂・荒（魂脱カ）一、召著二於桙・楯・大刀・鏡一、遣二於西国一。于時、初貢二男女之調物一。即但馬国朝来郡粟鹿村宿住矣也。

『粟鹿大明神元記』奥書

右、根・氏大明神天美佐利命者、神氏最初之天降人、皇治化之崇基也。此境山陰道、但馬州朝来郡粟鹿郷也。尓時、山海混沌、煙雲闇靄。庶民漸事二人王一、神霊未レ入二皇帰一。吾親皇命、振固洲天下御坐。名曰二粟鹿大明神一也。花夷未レ頒之時、荊樹点レ瑞之処、天下俄陰、霖雨久洪水、饑餓疾癘、生者流亡。時焉、朝廷驚奇、便下勅二宣天文陰（陽脱カ）家一、勘奏占諮。大田彦（大国主命カ）子天美佐利、依レ未レ受二公崇一、忽致二此怪災一也云々。仍下二勅宣一、忽建二宝殿一、十二箇所別社、神戸二烟、神田七十五町五段百八十歩、則定二神立（直カ）氏一、并祝部氏請二下大和国大神明神氏人等一也。

このうち『日本書紀』神功皇后摂政前紀（仲哀九年九月己卯条）には、神功皇后が新羅に出兵しようとしたが、軍卒が集まらなかったため、皇后はこの状況を「神心」によるものと判断し、「大三輪社」を建立して刀・矛を奉納したところ、多くの兵士が集まったとある。『筑前国風土記』逸文の内容もほぼ同じであるが、こちらは大三輪神を「祟神」と明記しており、神の社を建てて祭ったところ、新羅を平定することができたとある。

ここに見える神社は、『延喜式神名帳』筑前国夜須郡条の於保奈牟智神社[9]を指すと見られる。大三輪神は、山林・樹木の神、雷神・蛇神、祟り神、人間と婚する神、光を発する神、国家の守護神など、様々な神格を有していることが先行研究によって指摘されているが、[10]詳しくは第二章第一節で述べるように、それらは古くから不可分なものであり、時と場合によって特定の側面がクローズアップされることはあったとしても、基本的には重層的な形で人々に認識されていたと考えられる。『筑前国風土記』逸文では、大三輪神は「祟神」として描かれているが、その祟りを鎮めることが対外交渉を成功に導くことにつながっているのであり、その意味で大三輪神は（重層的な神格の一つとして）「軍神」としての神格を有していると言うことができる。

また、この伝承には大神氏の人物が直接登場するわけではないが、たとえば『日本書紀』神功皇后摂政前紀（仲哀九年十二月辛亥条）では、新羅出兵で神功皇后が住吉三神の託宣を受けた際、津守連氏の祖である田裳見宿禰が祭祀を行うべきことを進言している。同様に『肥前国風土記』三根郡物部郷条でも、推古朝に来目皇子が新羅へ派遣された際、その途上で物部若宮部に物部経津主之神を祭らせている。

これらに共通しているのは、各地で神社を創祀する際には、その神を奉祭する氏族が必ず関与している点である。もっとも『日本書紀』神功皇后摂政前紀（仲哀九年九月己卯条）や『筑前国風土記』逸文の場合は、神功皇后の時代のこととされており、そのまま史実であったと見ることはできないが、ある時期の対外交渉に実際に大神氏の人物、あるいはミワ系氏族の人物が従軍しており、そうした人物の手によって筑前国に大三輪社が創祀されたと考えられる。

次に『続日本紀』天平九年四月乙巳条には、大神神社をはじめとする諸社に新羅の無礼を報告したとある。この頃、新羅は唐との国交を回復したことで、日本に対してそれまでの従属的な態度を改めて対等外交を行うようになっており、同年正月に帰国した遣新羅使は、新羅が常礼を失していることを報告した（『続日本紀』天平九年二月己未条）。そこで、朝廷では対新羅関係について官人を召して意見を徴したところ、使者を派遣して問い糾すべきであるという意見や、派兵して征伐すべきであるとの意見が出された（『続日本紀』天平九年二月丙寅条）。前掲した諸社への奉幣は、こうした状況を受けて実施されたものである。

ここで列挙されている諸社は、皇祖神としての伊勢神宮を除けば、神功皇后の新羅出兵に関する伝承を持つ神社（大神社・住吉社）、または応神天皇・仲哀天皇・神功皇后などを祭った神社（八幡社・香椎宮）であり、対新羅外交に霊験が期待できる諸社に対して、奉幣を行ったものと考えられる。

次に『粟鹿大明神元記』太多彦命尻付では、崇神天皇の時代に、諸国の荒ぶる人々を平伏させるため太多彦が西国へ派遣され、のちに但馬国朝来郡粟鹿村に宿住したとある。太多彦はこの地に鎮座する粟鹿神社を奉祭した神部直氏の祖とされている。その派遣の際には、大国主神の術魂・荒魂を桙・楯・大刀・鏡に取り付けたという。このように、神器を奉戴しながら地方へ進出することは、『日本書紀』仲哀八年正月壬午条などにも見えており、古代には広く行われていたと推測される。また『同』奥書では、自然災害や疫病が流行したため、陰陽家に占わせたところ、粟鹿大明神である天美佐利命が朝廷の祭祀を受けていないため祟りを起こしていることが判明した。そこで朝廷は社殿・神戸・神田を奉納し、神職を定め、中央の大神神社から氏人を派遣させた。

これらの記事で注目されるのは、大三輪神ではなく大国主神が登場していることである。周知の通り、大国主神は大物主神・大己貴神・八千矛神・葦原醜男・大国魂大神など様々な別名を持っているが、大神氏との関係が明確に示されるようになるのは、『新撰姓氏録』大和国神別　大神朝臣条に「素佐能雄命六世孫大国主之後也」とあるように、『新撰姓氏録』の段階になってからである。また、文中の「男女之調」という語は、『日本書紀』神功皇后摂政前紀（仲哀九年十月辛丑条）にも見えているほか、『日本書紀』崇神十年九月己丑条にも「男之弭調、女之手末調」という類似表現が用いられている。よって『粟鹿大明神元記』太多彦命尻付の中でも「大国主神」や

「男女の調」など個々の語については、後次的な要素が含まれている可能性がある。ただし、神部直氏の祖が何らかの神（原伝承では大三輪神であったか）を奉じて西国の平定に派遣され、粟鹿の地に留まったことや、粟鹿神社の祭神である天美佐利命を奉祭するため、中央の大神氏の人々が派遣されたことは、全くの創作とは思われないのであり、おそらくは但馬国の神部直氏の祖先伝承や、粟鹿神社の起源譚であろう。

以上の記事からは、大三輪神がたしかに「軍神」としての神格を有しており、大和王権の西国進出や対外交渉の際に、そうした役割を期待されていたことが読み取れる。次に、東国進出に関する史料を見てみよう。

『日本書紀』崇神四十八年正月戊子条

天皇勅二豊城命・活目尊一曰、汝等二子、慈愛共斉。不レ知、曷為レ嗣。各宜レ夢。朕以レ夢占之。二皇子、於是、被レ命、浄沐而祈寐。各得レ夢也。会明、兄豊城命以二夢辞一奏二于天皇一曰、自登二御諸山一向レ東、而八廻弄槍、八廻撃刀。弟活目尊以二夢辞一奏言、自登二御諸山之嶺一、縄絙二四方一、逐二食レ粟雀一。則天皇相夢、謂二二子一曰、兄則一片向レ東。当治二東国一。弟是悉臨二四方一。宜継二朕位一。

『日本書紀』景行五十一年八月壬子条

於是、所二献神宮一蝦夷等、昼夜喧譁、出入無レ礼。時倭姫命曰、是蝦夷等、不レ可レ近二就於神宮一。則進二上於朝庭一。仍令レ安二置御諸山傍一。未レ経二幾時一、悉伐二神山樹一、叫二呼隣里一、而脅二人民一。天皇聞之、詔二群卿一曰、其置二神山傍一之蝦夷、是本有二獣心一。難レ住二中国一。故随二其情願一、令レ班二邦畿之外一。是今播磨・讃岐・伊予・安芸・阿波、凡五国佐伯部之祖也。

『日本書紀』敏達十年（五八一）閏二月条

蝦夷数千、寇二於辺境一。由レ是、召二其魁帥綾糟等一。〈魁帥者、大毛人也。〉詔曰、惟、儞蝦夷者、大足彦天皇之世、合レ殺者斬、応レ原者赦。今朕遵二彼前例一、欲レ誅二元悪一。於是、綾糟等懼然恐懼、乃下二泊瀬中流一、面二三諸岳一、歃レ水而盟曰、臣等蝦夷、自レ今以後、子々孫々、〈古語云二生児八十綿連一。〉用二清明心一、事二奉天闕一。臣等若違レ盟者、天地諸神及天皇霊、絶二滅臣種一矣。

まず『日本書紀』崇神四十八年正月戊子条は、いわゆる夢占説話である。すなわち、崇神天皇が豊城命と活目尊のどちらを後継者とするかを決めるため、両者の見た夢によって占うことにした。両者は身を清めて床に就き、翌朝、自分の見た夢を天皇に報告した。兄の豊城命は御諸山（三輪山）に登って東の方角を向き、槍を八回突き出し、刀を八回振るう夢を見た。一方、弟の活目命は同じく御諸山の頂上に登って縄を四方に引き渡し、粟を食べに来た雀を追い払う夢を見た。これを聞いた天皇は、両者の夢を比較した上で、東の方角を向いた豊城命には東国を治めさせ、四方に臨んだ活目尊には皇位を嗣ぐように命じたという。

この説話は三輪山が舞台となってはいるが、大三輪神は直接登場しておらず、この記事から大三輪神の「軍神」としての神格が積極的に見て取れるわけではない。ただし、豊城命はこの夢占いによって、天皇から東国の統治を命じられている。言い換えるならば、三輪山の山頂から東を向いて槍や刀を振ることが、豊城命の後裔による東国支配の正統性の淵源となっている。ここから、大三輪神が大和王権の東国進出に重要な役割を担っていたという点は認めてよいであろう。

次に『日本書紀』景行五十一年八月壬子条には、伊勢神宮に献上された蝦夷が昼夜騒いで礼を欠いているので、三輪山の麓に移されたが、またすぐに山中の樹木を伐採して近隣の人々を脅かすようになったため、最終的には畿外に移され、播磨・讃岐・伊予・安芸・阿波の佐伯部の祖になったとある。

この記事では、蝦夷たちは伊勢神宮においても、三輪山の麓においても「獣心」を失わなかったと描かれている。しかし、それはこの説話が諸国に分布する佐伯部の起源を説くことに主眼を置いているためであり、実際にこうした史実があったわけではなかろう。むしろ注目されるのは、蝦夷が三輪山の麓に安置される（大三輪神に献上される）ことがあったという点であり、ここからは蝦夷の服属に対して大三輪神の霊験が期待されていたことがうかがえる。

『日本書紀』敏達十年閏二月条には、蝦夷が辺境に侵寇したため、敏達天皇は魁帥である綾糟を召喚し、景行天皇の時代の前例を引き合いに出して、その首謀者を誅殺することを告げた。すると綾糟は恐れ畏まり、初瀬川の中流で御諸岳（三輪山）に向かって、子孫の代まで清明な心をもって朝廷に奉仕することを誓い、もしそれに背いた場合は天地諸神と天皇霊が自分たちの子孫を絶やすだろうと言ったという。

この記事は、律令制以前における服属儀礼の形態を伝えるものとして注目されているが[11]、ここで問題となるのは、文中に見える「天皇霊」である。これに関しては折口信夫以来[12]、様々な分野から発言がなされているが[13]、特に三輪山との関係については、岡田精司氏[14]と熊谷公男氏[15]の説が広く知られてきた。岡田氏は、天皇霊とは「天皇の威力・権威の根源」であり、三輪山はそうした「天皇霊のこもる聖地」であったとする。一方、熊谷氏は天皇霊を「皇祖の諸霊」すなわち「歴代の天皇の諸霊全体がもつ霊力」とした上で、三輪山には天地諸神や天皇霊が「飛来」「降臨」するという観念が存在しており、綾糟はそれらに対して王権への服属を誓ったと述べている。

このように、かつては三輪山と天皇霊を結び付ける理解が主流であったが、こうした見方を批判したのが、田中卓氏[16]と小林敏男氏[17]である。田中氏は、三輪山に天皇霊が鎮祭されているのであれば、天地諸神も全て三輪山に存在したことになるが、それは不自然であると指摘し、「天皇之神霊」（『日本書紀』景行二十八年二月乙丑条）、「天皇之霊」（『日本書紀』欽明十三年〈五五二〉五月乙亥条、天武元年〈六七二〉六月丁亥条）など、ほかの類例との比較から、天皇霊とは一定の場所に留まるものではなく、三輪山とも本来は直接的に関係しないものであり、綾糟の誓約はあくまでも三輪山に鎮座する大三輪神に対して行われたと論じている。

また、小林氏も三輪山と天皇霊を結び付ける必然性はないとした上で、「皇霊之威」（『日本書紀』景行四十年七月戊戌条）、「皇祖之霊」（『日本書紀』神功皇后摂政前紀）などの用例から、熊谷氏が言うところの「皇祖の諸霊」は『日本書紀』においては天皇霊と明確に区別して用いられているのであり、綾糟が誓約の対象としたのは祟り神としての大三輪神であったとする。

たしかに、天皇霊が三輪山に籠もる、あるいは飛来・降臨するとした場合には、その天皇霊と大三輪神がいかなる関係にあるのかが整合的に説明できないことからしても、綾糟が誓約を行った対象は大三輪神であったと見るのが穏当である。とするならば、大三輪神は蝦夷を服属させる役割が期待されていたのであり、それは「軍神」としての神格に通じるであろう。

以上の記事からは、西国進出や対外交渉の場合と同様、東国進出においても大三輪神が「軍神」としての役割を担っていたことが確認できる。したがって、こうした「軍神」としての大三輪神が大和王権の勢力拡大とともに各地に勧請・分祀され、それにともなってミワ系氏族が全国に分布するに至ったことは十分にあり得ると言える。

## 3　地方支配制度との関係

前項で見たように、ミワ系氏族の全国分布と大三輪神の分祀・勧請を関連づける先行研究の理解は、おおむね首肯できる。ただし当然のことではあるが、各地に分布しているミワ系氏族の全てが、大神氏の東国・西国進出や対外交渉にともなって中央から広がっていったとは限らない。上記の場合は、あくまでも一つのパターンとして捉えるべきであろう。

では、ほかにいかなる経緯が想定されるであろうか。先掲した表1の氏族を細かく見てみると、中央の大神氏と近い関係にあると思われる「三輪」や「大神」をウヂナとする氏族や複姓氏族を除けば、第一に神人・神人部・神部が大半を占めていること、そして第二に神直・神部直など「直」のカバネを持つ氏族が多いことが指摘できる。後者は各地域において、神人・神人部・神部を直接管掌した地方伴造であったと推測される。(18)

第一の点は、ミワ系氏族の地方における分布が、人制や部民制と深い関わりを持って展開したことを物語っている。人制は、かつては六世紀代に行われた制度であると見られていたが、(19) 現在はむしろ部民制に先行して五世紀代に行われ、やがて部民制の中に解消された制度であるという見方が主流である。(20) 厳密には、王権に奉仕する人々を「杖刀人」「典曹人」といった武官・文官に大別する原初的な段階と、「倉人」「酒人」「宍人」など具体的な職掌に細分化する段階とがあり、同じ人制の中でも若干の年代的な隔たりが想定される。(21) ここで問題となる神人は、後者に属する名義であることから、人制が行われていた時期の中でも比較的新しく、その成立年代の上限はおよそ五世紀後半と見ておきたい。

一方、部民制については膨大な研究の蓄積があるが、(22) 百済の部司制・五部制の影響を受けて、およそ五世紀末から六世紀前半に導入されたと考えられている。(23) よって、神部が設置されたのは早くても五世紀末ということになる。神人部については、人制と部民制の両方の要素を含んでいるが、かりに部民制導入後に新たに置かれたのであれば、神部と呼称される(「人」は付さない)はずであることから、これはすでに設定されていた神人が、部民制の導入にともなって名称変更したものと理解できる。

さて、人制から部民制への移行は、単なる名称の変化に留まるものではなく、人制の段階では中央に奉仕する人々だけが「某人」として組織されたのに対して、部民制の段階ではそうした人々だけでなく、彼らを輩出した地方の集団も「某部」として編成されたことが指摘されている。とするならば、人制の段階では各地に神人が分布するという状況は存在しなかったのであり、部民制が導入されたことによって、各地の集団が神人部あるいは神部として編成されたことになる。

もっとも、こうした呼称はあくまでも原則であり、実際には柔軟に用いられていたようである。吉村武彦氏は、『日本書紀』雄略七年是歳条に「漢手人部・衣縫部・宍人部」とあり、その箇所に「皆不レ読レ部」との古訓を付した写本があることから、「人制に前史をもつような職業部」の「部」は読まれなかったことを指摘している。(24)ミワ系氏族で言うならば、延喜五年（九〇五）「東大寺領因幡国高庭庄坪付注進状案」(25)には「神部牛丸」という人物が登場するが、同じ文書の別の箇所では「神牛丸」にも作っていることから、「部」が省略され「神」と「神部」が通用される場合があったことが分かる。

したがって、各地に分布が確認される「神人」は、厳密には「神人部」であったが、どちらも「みわひと」と読まれたために「部」の文字が省略される場合もあったと推測される。いずれにしても神人・神人部・神部は、人制を前提とし、さらに部民制の導入を契機として、全国に広く分布するようになったのであり、それは五世紀後半から五世紀末にかけてのことであったと考えられる。

次に、第二の点については、国造制との関係が注目される。大倭直・葛城直・紀直などの例を挙げるまでもなく、国造を輩出した氏族に「直」のカバネを持つものが極めて多いことは、周知の通りである。(26)

これに関連して『日本書紀』允恭十一年三月丙午条には、藤原宮に居した衣通郎姫の名を後世に伝えるため、允恭天皇が諸国の国造に命じて藤原部を設置したとある。また『日本書紀』雄略二年十月丙子条には、大倭国造が狭穂子鳥別という人物を宍人部として献上し、これに続けてほかの国造らも宍人部を献上したことが見えている。こうした事例から篠川賢氏は、国造を通して部が設置される場合があったことを指摘している。[27]

ならば、このことは先に見た神人部・神部の場合にも当てはまるであろうか。再び表1を概観するならば、「直」のカバネを持つ氏族としては、神直（山城・和泉・遠江。美濃・丹波・石見・美作国）、神直族（美濃国）、神部直（但馬・因幡国）、的大神直（石見国）、大神直（長門国）が挙げられる。それに対して、これらの国々に所在した国造の輩出氏族のうちで「直」のカバネを称したと推定されるものは、山城国造＝山代直（『日本書紀』神代上第六段本文など）、凡河内国造＝凡河内直[28]（『日本書紀』神代上第六段本文など）、美濃国造＝美濃直（『続日本紀』神護景雲二年〈七六八〉六月戊寅条）、丹波国造＝丹波直（『続日本紀』延暦四年〈七八五〉正月癸亥条）・海部直（『海部氏系図』）、但馬国造＝神部直（『粟鹿大明神元記』）、穴門国造＝穴門直（『日本書紀』神功皇后摂政前紀）などがある。[29]

このように、各地に分布するミワ系氏族には「直」のカバネを名乗るものが多く、さらに、その地域に所在した国造の輩出氏族も「直」のカバネを称している。このことは、地方におけるミワ系氏族の分布が、先に見た人制や部民制と同様に、国造制の展開とも密接な関わりを持っていたことを示すものである。つまり、各地に分布が確認できる神直・神部直は、これに先行して設置されていた神人・神人部・神部を在地で管掌する地方伴造として、当該地域の国造勢力の一部を割いて設置されたものであり、その際、国造の輩出氏族が「直」のカバネを称していたために、そこから分出した地方伴造も同じく「直」のカバネを名乗るようになったと考えられるのである。

国造制の成立時期に関しては、研究者によって見解が分かれるところであるが、[30]ここでは西日本には六世紀中葉に、東日本には六世紀末に、それぞれ施行されたとする説を支持したい。[31]したがって、上記のように国造を通じて各地に神直・神部直などが設置されていったのは、六世紀中葉から六世紀末以降のことであったと考えられる。

ちなみに、こうした神直・神部直と国造制との関係については前田晴人氏も着目しているが、[32]筆者の見解と大きく異なる点があるので、最後に付言しておきたい。前田氏は、神直・神部直が地方に分布するようになった経緯として、「その地方はえぬきの国造を三輪氏の擬制的な同族関係に編入」し、さらに「国造の姓を神部直・神直とし、国造配下の農民集団の一部を神部や田部として組織」することによって、「神部直―神部という地方にそれまで存在していた首長配下の共同体の秩序構造をそのまま利用した」場合があったとし、美濃・駿河・甲斐・信濃・但馬・丹波・因幡・美作・石見・備後・長門・筑前・豊前などの各国では、こうした方法がとられたと述べている。

しかし、少なくとも現存史料による限り、大神氏と同祖関係を形成し、かつ神部直の氏姓を称しているのは、但馬国造を輩出したと伝えられる神部直だけであり、ほかにそのような国造は見当たらない。また、国造の側に何らかのメリット（中央氏族である大神氏との政治的なパイプが形成されるなど）があったにしても、中央の大神氏が各地の国造の系譜や氏姓を主導的に変更するほどの求心力を有していたかどうかは疑問が残る。もちろん地域によっては大神氏の影響力が強く働いたケースや、ある程度まとまった範囲の人々が一括して神部などに編成されるケースはあったかもしれないが、基本的には前述の通り、国造を輩出した氏族から地方伴造（神直・神部直）が分出され、それが当該地域に設置された神人・神人部・神部を管掌する形で、ミワ系氏族が地方に分布していったと考えるのが妥当であろう

## 結　語

本節では、神直・神部直・神人・神人部・神部などのように「ミワ」の呼称を共有し、中央の大神氏と関係を持ったミワ系氏族が、全国に分布するに至った歴史的背景を考察した。

第一項では、大神氏に関係する地名・神社・氏族の分布状況を概観した。これらは、列島各地にほぼ偏りなく分布している。また、国あるいは郡ごとに見た場合、これらが重なる事例が多く見受けられる。よって、現状では地名しか確認できない場合でも、その地域にはミワ系氏族が居住しており、そのために郷や里の名称に「大神」や「美和」などが採用されたと推測される。同じように神社しか確認できない場合も、中央の大神氏と全く無関係に勧請されたのでなく、その地域に分布していたミワ系氏族が神社を勧請したものと思われる。

第二項では、大三輪神が持つ「軍神」としての神格に着目した。蝦夷の魁帥綾糟が三輪山（大三輪神）に向かって服従を誓約した例や、祟りをなす但馬国の天美佐利命を鎮撫するために大神神社から氏人が派遣された例、さらに朝鮮半島への派兵時に軍卒が集まらなかったために、駐留先で大三輪社を創祀した例などからは、大三輪神が（重層的な神格の一つとして）「軍神」としての神格を有しており、大和王権が東国・西国へ進出する際、あるいは軍事行動をともなう対外交渉を行う際に、そうした役割を期待されていたことが読み取れる。「軍神」としての大三輪神が、大和王権の勢力拡大とともに各地に勧請・分祀され、それにともなってミワ系氏族も全国に広がったと考えられる。

第三項では、律令制以前における地方支配制度との関係を検討した。全国に分布するミワ系氏族は、その大半を神人・神人部・神部が占めている。また、これらを管掌した地方伴造である神直・神部直が分布する地域では、国造を輩出した氏族も「直」のカバネを称している場合が多い。これらのことからすれば、神人・神人部・神部の編成は人制・部民制と、神直・神部直の編成は国造制と、それぞれ密接に関係していたことがうかがえる。つまり、人制を前提として神人が、部民制の導入を契機として神人部・神部が各地に編成され、それらを在地で管掌する地方伴造として、当該地域の国造勢力（「直」のカバネを称する）の一部を割いて、神直・神部直が設置されたという経緯が想定される。

このように、ミワ系氏族の地方展開には、「軍神」としての大三輪神の勧請・分祀にともなう場合と、人制・部民制・国造制などの地方支配制度の展開にともなう場合の、少なくとも二つのパターンが存在したと考えられる。そして、この二つのパターンは決して無関係ではなく、たとえば大三輪神を勧請した人々がのちに神部に編成される、あるいは逆に神部として編成された人々がのちに大三輪神を勧請するなど、互いに連関していた可能性がある。これまでの先行研究では、特に「軍神」としての大三輪神の神格が強調されてきたが、そこに地方支配制度の展開という観点を加えることで、信仰と制度の両側面から、ミワ系氏族が列島各地に広がった過程をより具体的に説明することができるのである。

注

（1）先行研究では、賀茂氏や宗像氏など、大神氏と同祖関係を形成する氏族も含めて「ミワ系氏族」と総称する場合がある。しかし、これらは大神氏とは別個の氏族であり、「ミワ系氏族」に含めるのは適切ではない。本節では、神直・神部直・神人・神人部・神部などの諸氏族を「ミワ系氏族」と総称する。

（2）表1～3は「三輪」「神」「大三輪」「大神」など、「ミワ」に関係する語をその名義に含む地名・神社・氏族を載録したものである。明らかに無関係と思われるものは除外したが、中には大神氏と関係するかどうか検討を要するものも含まれている。精査は今後の課題としたい。

（3）『大日本古文書』二―二五八。

（4）池辺彌「古代における地方の大神神社」（『古代神社史論攷』吉川弘文館、一九八九年、初出一九七二年）。

（5）「大三輪神」（『日本書紀』雄略十四年三月条）、「大物主神」（『日本書紀』神代上第八段一書第六、崇神七年二月辛卯条、崇神十年九月条）、「坐御諸山上神」（『記』上巻）、「美和之大物主神」（『記』神武段）、「大物主大神」（『記』崇神段、『日本書紀』崇神七年十一月己卯条）、「意富美和之大神」（『記』崇神段）などに作るが、本書では「大三輪神」に統一する。

(6) 阿部武彦「大神氏と三輪神」(『日本古代の氏族と祭祀』吉川弘文館、一九八四年、初出一九七五年)。
(7) 和田萃「三輪山祭祀の再検討」(『日本古代の儀礼と祭祀・信仰』下、塙書房、一九九五年、初出一九八五年)。
(8) 前川明久「大和政権の東国経営と伊勢神宮」(『日本古代氏族と王権の研究』法政大学出版局、一九八六年)、前田晴人『三輪山―日本国創世神の原像』(学生社、二〇〇六年)など。
(9) 現在の大己貴神社(福岡県筑前町弥永)に比定。
(10) 池田源太「三輪の神の諸形態と保護精霊」(『古代日本民族文化論考』学生社、一九七九年、初出一九七一年)、和田萃「三輪山祭祀の再検討」(前掲)など。
(11) 熊谷公男「蝦夷の誓約」(『奈良古代史論集』一、真陽社、一九八五年)、同「蝦夷と王宮と王権と―蝦夷の服属儀礼からみた倭王権の性格―」(『奈良古代史論集』二、真陽社、一九九一年)。
(12) 折口信夫「大嘗祭の本義」(『折口信夫全集』三、中央公論社、一九九五年、初出一九三〇年)。
(13) たとえば、中路正恒氏は、綾糟にとっての三輪山は「故国の土着の神々への〈通路〉」であり、その三輪山に向かうことで「故国の神々に服属の運命の〈ゆるし〉を乞うた」とし、また、佐々木聖使氏は、綾糟は「天地諸神」と「天皇霊」に対して盟約を行ったのであり、大三輪神はその盟約の「証人」として選ばれたに過ぎないとしているが、ともに成立しがたいと思われる。中路正恒『古代東北と王権』(講談社、二〇〇一年)、佐々木聖使『天皇霊と皇位継承儀礼』(新人物往来社、二〇一〇年)。
(14) 岡田精司「河内大王家の成立」(『古代王権の祭祀と神話』塙書房、一九七〇年、初出一九六六年)。なお、岡田氏は「天地諸神」について、文飾かあるいは引き合いに出されたに過ぎないと述べている。
(15) 熊谷公男「古代王権とタマ(霊)」(『日本史研究』三〇八、一九八八年)。
(16) 田中卓「大神神社の創祀」(『田中卓著作集』一、国書刊行会、一九八七年)。
(17) 小林敏男「天皇霊と即位儀礼」(『古代天皇制の基礎的研究』校倉書房、一九九四年)。
(18) 直木孝次郎「人制の研究」(『日本古代国家の構造』青木書店、一九五八年)、大山誠一「大化前代遠江国浜名郡の史的展開」(『日本古代の外交と地方行政』吉川弘文館、一九九九年、初出一九七五年)。
(19) 直木孝次郎「人制の研究」(前掲)。
(20) 吉村武彦「倭国と大和王権」(『岩波講座日本通史』二、岩波書店、一九九三年)。
(21) 篠川賢『日本古代国造制の研究』(吉川弘文館、一九九六年)。

(22) 研究史の整理は、武光誠『研究史部民制』(吉川弘文館、一九八一年)、狩野久「部民制・国造制」(『岩波講座日本通史』二、前掲)など参照。

(23) 津田左右吉『日本上代史の研究』(『津田左右吉全集』三、岩波書店、一九六三年、初出一九四七年)、平野邦雄『大化前代社会組織の研究』(吉川弘文館、一九六九年)。

(24) 吉村武彦「倭国と大和王権」(前掲)。

(25)『大日本古文書』家わけ第十八 東大寺文書 東南院文書二―五三七。

(26) 阿部武彦「国造の姓と系譜」(『日本古代の氏族と祭祀』前掲、初出一九五〇年)、井上光貞「国造制の成立」(『井上光貞著作集』四、岩波書店、一九八五年、初出一九五一年)。なお、国造には「直」のカバネだけでなく、「君」や「臣」などのカバネを持つものも存在することから、かつては国造制の「地域的多様性」を重視して、こうしたカバネの相違は、各国造の独立性や隷属性を示すものと理解されてきた。それに対して篠川氏は、国造のカバネの多様性は、国造制の内容の相違を示すものではないとした上で、「直」以外のカバネを称する国造は、国造任命以前からそのカバネが与えられていたが、任命時点でカバネを持っていなかった国造に対しては、「直」のカバネが統一的に賜与されたと論じており(篠川賢『日本古代国造制の研究』前掲)、筆者はこの見解にしたがいたい。

(27) 篠川賢『物部氏の研究』(雄山閣、二〇〇九年)。

(28) 和泉国は河内国から分立したため(『続日本紀』天平宝字元年〈七五七〉五月乙卯条)、ここでは凡河内国造を挙げた。

(29) 遠江国造・石見国造の氏姓は不明である。和泉国・美作国は八世紀以降に新設された国であり(『続日本紀』天平宝字元年五月乙卯条、和銅六年〈七一三〉四月乙未条)、律令制以前に国造は置かれていなかったと考えられる。因幡国造は、国造・因幡国造(『続紀』宝亀二年〈七七一〉二月丙申条など)、あるいは伊福部臣(『因幡国伊福部臣古志』)を称したと推定されており、ここでは唯一の例外である。因幡国気多郡の神部直については、他地域からの移住などを想定しておきたい。

(30) 研究史の整理は、新野直吉『研究史国造』(吉川弘文館、一九七四年)、篠川賢『日本古代国造制の研究』(前掲)など参照。

(31) 篠川賢『日本古代国造制の研究』(前掲)。

(32) 前田晴人『三輪山―日本国創世神の原像』(前掲)。

# 第二章　大神氏の職掌

## 第一節　大三輪神の神格とその重層性

### はじめに

三輪山は古来より大三輪神[1]の鎮座する山として信仰を集めてきた。『古事記』や『日本書紀』には、そのことを物語る多くの伝承が載録されている。また、三輪山の山中・山麓には磐座などの祭祀遺跡が散在しており、大量の祭祀遺物も発見されている。そこで第二章では、文献史料と考古資料を手がかりとして、三輪山における祭祀（以下、三輪山祭祀）と大神氏との関係を考察する。

三輪山祭祀のあり方については、これまで様々な分野から言及がなされている。その中でも広く知られているのは、序章でも取り上げた通り、和田萃氏による一連の研究である[2]。和田氏は三輪山祭祀を大きく二段階に分け、次のように理解している。四世紀から五世紀にかけての三輪山は、ヤマト王権の大王が行う日神祭祀の祭場でもあり、また三輪山の頂上は国見儀礼の舞台でもあった。しかし、五世紀後半に伊勢神宮が創祀され[3]、日神祭祀が伊勢の地で行われるようになると、三輪山での祭祀は衰退・中断した。このことが契機となり、大三輪神は祟りを引き起こす神として認識されるようになった。そして、六世紀中葉になると、王権から大神氏に祭祀権が委譲され、大神氏の手によって祭祀が再興されたが、この段階の祭祀は従来の王権によるものとは大きく異なり、もっぱら祟り神に対するものへと変容を遂げていた。

和田説以前の三輪山祭祀に関する研究は、王朝交替説にもとづく議論が主流であった。(4) それに対して和田氏は、こうした議論とは一線を画す立場から、三輪山祭祀の展開過程を時系列に復元した点で高く評価することができる。ただし、詳しくは後述するように、細部については十分な論拠が示されていない点も少なくない。そこで本節では、和田説を批判的に継承するために、四〜五世紀にかけて三輪山で国見儀礼や日神祭祀が行われていたとする点と、五世紀後半から六世紀中葉にかけて三輪山祭祀が中断したことにより、大三輪神が祟り神として認識されるようになったとする点について、再検討を試みることとしたい。

## 1　国見儀礼の再検討

はじめに、三輪山において国見儀礼が行われていた可能性を検証する。その最大の論拠とされているのは、いわゆる夢占説話である。『日本書紀』崇神四十八年正月戊子条(5)には、次のようにある。

崇神天皇が豊城命と活目尊のどちらを後継者とするかを決めるため、両者の見た夢によって占うことにした。両者は身を清めて床に就き、翌朝、自分の見た夢を天皇に報告した。兄の豊城命は御諸山（三輪山）に登って東の方角を向き、槍を八回突き出し、刀を八回振るう夢を見た。一方、弟の活目命は同じく御諸山の頂上に登って縄を四方に引き渡し、粟を食べに来た雀を追い払う夢を見た。これを聞いた天皇は、両者の夢を比較した上で、東の方角を向いた豊城命には東国を治めさせ、四方に臨んだ活目尊には皇位を嗣ぐように命じたという。

和田氏は、この説話で活目尊が三輪山の山頂から四方に臨んだと描かれていることから、六世紀以降に天香久山(6)で国見儀礼が行われるようになる以前には、三輪山の山頂でも国見儀礼が行われていたと推測した。そして、その時期は三輪山の西麓に大王の宮が集中して営まれた四世紀代にまで遡る可能性があるとして、「四〜五世紀には（略）三輪山が大王の国見の舞台であった」と述べている。

たしかに、天香久山において国見儀礼が行われていたことは、「天皇登二香具山一望国之時御製歌」（『万葉集』一－二）などからもうかがえる。この歌に登場する天皇は、舒明天皇を指していることから、少なくとも舒明朝（六二九～六四一）には、天香久山において国見儀礼が行われたことが確認できる。

また『日本書紀』神武即位前紀戊午年九月戊辰条、および崇神十年九月壬子条も注目される。前者は、神武天皇による大和平定の場面である。天皇が菟田の高倉山から大和の国中を見渡すと、墨坂周辺には八十梟帥の軍勢が、磐余邑には兄磯城の軍勢がそれぞれ陣を構えており、容易に進軍できなかった。天皇が夢占いを行うと、その夢に天神が現れて、天香久山の土を取って天の平瓮と厳瓮をつくり、天神地祇に対する祭祀を行えば、敵は自ずから平伏するだろうと告げた。翌朝には弟猾も同様に、天香山の埴土を取って天平瓮をつくり、天社国社の神を祭るべきであると進言した。これを受けて天皇は、椎根津彦と弟猾に命じて天香久山の土を取りに行かせ、天平瓮などを造って丹生川上において天神地祇を祭ったという。そして、この後に続く神武即位前紀戊午年十月癸巳条・十一月己巳条には、神武天皇は八十梟帥や兄磯城の討伐に成功したことが見えている。

一方、後者は武埴安彦の反乱伝承である。乱の顛末は省略するが、武埴安彦の妻の吾田媛が天香久山を「倭国の物実」として密かに持ち帰ったことを知ったヤマトトトヒモモソヒメは、武埴安彦が反乱を企てていることを予知し、そのことを天皇に奏上したとある。

これらの記事について和田氏は、神武即位前紀戊午年九月戊辰条で天香久山の土が呪力を持つとされていることや、崇神十年九月壬子条で天香久山の土が「倭国の物実」として描かれていることは、この山が大王の国見儀礼の舞台であったことによると説明している。前掲した『万葉集』の国見歌も考え合わせるならば、天香久山が神聖視された点や、国見儀礼の舞台になることがあったという点は認めてよいであろう。

しかし、それ以前の時期に三輪山において国見儀礼が行われていたことについては、『日本書紀』崇神四十八年正月戊子条のほかに、特に根拠が示されているわけではない。和田氏は傍証として、四世紀代に三輪山の西麓地域に多くの宮が置かれたことを指摘しているが、この点については、天皇の実在性も含め、宮の所在地に関する記載をそのまま史実と見ることはできない。そもそも三輪山周辺に宮が置かれたからといって、必ずしも三輪山で国見儀礼が行われるとは限らない。

また、寺沢薫氏も夢占説話を大王による国見儀礼を示すものとして解釈しているが、[7] 三輪山の頂上は標高が高く、樹木や尾根筋の関係からも周囲を見渡すには相応しくないことや、三輪山頂から祭祀遺物が出土していないことから（後述）、むしろ「檜原神社付近こそ国見儀礼には適した位置と地勢をもっている」と述べている。ただし、この解釈にしたがうならば、『日本書紀』崇神四十八年正月戊子条に、

弟活目尊以二夢辞一奏言、自登二御諸山之嶺一、縄絙二四方一、逐二食レ粟雀一。

とあることと様相が大きく異なってしまう。この「嶺」は山頂と解すべきであり、山麓や山の中腹ではなく山頂であるからこそ「悉臨二四方一」と言うことができるのである。寺沢氏は三輪山周辺で国見儀礼が行われていたとする前提に立ち、その場所はどこが相応しいかを推定しているが、その前段階の問題として、三輪山において国見儀礼が行われていたかどうかが問われなければならない。

そこで、次の二点を指摘したい。第一に、夢占説話の内容を改めて辿ってみるならば、豊城命と活目尊が三輪山に登ったのは、あくまでも夢の中の話であり、現実の世界において三輪山に登ったわけではない。一方、崇神天皇も両者の夢を聞いて皇位継承者を決定したに過ぎないのであり、夢の世界でも、現実の世界でも、三輪山に足を踏み入れてはいない。このことは、三輪山が国見儀礼の舞台というよりも、むしろ通常は容易に立ち入るこ

とのできない領域であったことを示していると見られる。

これに関して参考になるのは、廬城部枳莒喩の報復を恐れた阿閇国見が石上神宮に逃げ隠れた例（『日本書紀』雄略三年四月条）や、謀反の計画が露呈した和気王が率川神社に逃げ込んだ例（『続日本紀』天平神護元年（七六五）八月庚申条）などから、祭祀を行う場が「聖域（アジール）」として機能していたという指摘である。(8)

これと同じことが、三輪山においても確認できる。『日本書紀』用明元年（五八六）五月条には、三輪逆が敏達天皇の殯宮を警護していた際、宮への侵入を試みた穴穂部皇子を制止した。これに怒った穴穂部は物部守屋に逆を討つように命じた。この時、守屋の軍勢が到来したことを聞いた逆は、三輪山に身を隠したと記されている。これは単に樹木が生い茂っていて、敵の軍勢に発見されにくいという理由だけではなく、先に挙げた石上神宮や率川神社と同じように、三輪山の山中も祭祀を執り行う場として一種の「聖域」と見なされ、平時はたやすく立ち入ることが許されていなかった。こうした信仰が背景となって、のちに大神神社の禁足地が整備されてくるものと推察される。したがって、夢占説話において豊城命と活目尊が三輪山に登っているのは、あくまでも夢の中であることが重要なのであり、現実に三輪山の頂上で国見儀礼が行われていたことを示すものではないと考えられる。

第二は、前掲した武埴安彦の叛乱伝承が、崇神天皇の時代のこととして語られている点である。崇神天皇は前掲した夢占説話のみならず、『古事記』崇神段や『日本書紀』崇神七年二月辛卯条～崇神八年十二月乙卯条に見えるオオタタネコ伝承からも知られるように、三輪山との関係が特に深い天皇である。その崇神天皇の時代に、三輪山の土ではなく、天香久山の土が「倭国の物実」として支配の象徴のように描かれていることは不可解である。かりに崇神天皇の時代に三輪山で国見儀礼が行われていた（と伝えられていた）ならば、吾田媛は三輪山の土を「倭国の物実」として採取した（と伝えられた）であろう。

以上のことを踏まえるならば、天香久山での国見儀礼が確認される舒明朝以前に、三輪山の山頂・山麓が国見儀礼の舞台であったことを示す明確な根拠は見当たらないのである。

## 2　日神祭祀の再検討

次に、四〜五世紀代の三輪山において、日神祭祀が行われていた可能性を検証する。その根拠としては、現在の三輪山頂に鎮座する高宮《こうのみや》神社（桜井市大字三輪字神峯）を、延喜式内社の神坐日向《みわにますひむかの》神社に比定する説が存在すること、そして『日本書紀』の中に三輪山西麓の倭笠縫邑に天照大神を祭ったとする記事が見られること、これらの二点が挙げられる。

まず、前者について取り上げたい。『延喜式神名帳』大和国城上郡条には、大和国城上郡の冒頭に大神大物主神社（大神神社）が置かれ、それに続いて神坐日向神社が記されている。この神社は現在、大神神社の南に鎮座する同名の神坐日向神社（桜井市大字三輪字御子宮）に比定されているが、その論社がもう一つ存在する。それが前述の高宮神社である。（9）この二社について和田氏は、大神神社所蔵『三輪山古図』（10）に描かれた三輪山の頂上に「神在日向社」と記されていることから、古代においては神坐日向神社が三輪山頂に鎮座しており、そこでは「「日向」の語からも推測されるように、日神信仰の要素の濃い祭祀」が行われていたと推測している。

ここで問題となるのは、古代における神坐日向神社の鎮座地である。この神社については、古代の史料には前掲した『延喜式』のほか、『日本三代実録』貞観元年（八五九）正月二十七日条に、

京畿七道諸神進レ階及新レ叙。惣二百六十七社。（略）従五位下（略）【神脱カ】坐日向神。（略）並従五位上。

とあり、この時に従五位上が与えられたことが知られるのみである。それに対して、少し年代が降った元永二

年（一一一九）成立の『大神崇秘書』[11]は、「三輪山峯青垣山」に「高宮」または「上宮」が鎮座していると記した上で、これが神坐日向神社に該当するとしている。文永二年（一二六五）成立の『大神分身類社抄』[12]も、「三輪上神社」が神坐日向神社であるとしている。よって、神坐日向神社が三輪山の山頂に鎮座していたとする言説は、十二世紀から十三世紀頃にかけて現れてきたことが分かる。また、これらの史料では、三輪山頂に「高宮」「上宮」や「三輪上神社」が鎮座していたと記されており、これに神坐日向神社を比定している。このことは、十二世紀から十三世紀頃には、古代における神坐日向神社の鎮座地が分からなくなっていたことをうかがわせる。

この点について、前述した『三輪山古図』以外の絵画資料でも確認してみたい。三輪山を描いた絵画資料は、管見に入った限り、前述の『三輪山古図』に加えて、大神神社所蔵『三輪山絵図』『和州三輪大明神絵図』『三輪社絵図』『和州大三輪社絵図』、天理大学図書館所蔵『大和国三輪神社之図』、宮内庁所蔵『大和国三輪神社図』、これらの七種類を挙げることができる[13]。このうち『三輪山古図』に描かれた三輪山頂の部分に「神在日向社」と記されていることは先に述べたが、ほかに『三輪山絵図』には「高峯」、『和州三輪大明神絵図』には「神上ノ宮」、『三輪社絵図』には「高宮」、『大和国三輪神社之図』には記載なし、『大和国三輪神社図』には「上ノ宮」、『和州大三輪社ノ絵図』にも「上ノ宮」とある。おそらく「高峯」は「こうのみね」と読み、そこに鎮座する宮が「こうのみや」であり、それに様々な漢字を当てて「神上ノ宮」「高宮」「上ノ宮」などと表記しているものと思われる。

これらの成立年代は、『三輪山絵図』は室町時代、『三輪山古図』は文政十三年（一八三〇）、『三輪社絵図』は正保二年（一六四五）、『大和国三輪神社図』は慶応四年（一八六八）の成立であることが分かっている。ほかは不明であるが、これらを分析した景山春樹氏は『三輪山絵図』を現存最古のものと位置づけ、『三輪山古図』『和州三輪大明神絵図』『三輪社絵図』は、いずれも『三輪山絵図』を基礎として作成されたものと推定している[14]。

とするならば、現存する七種類の絵画資料のうち、三輪山頂と神坐日向神社の直接的な関係を示すものは、『三輪山古図』のわずか一例のみである。そして、それより早くに成立した『三輪山絵図』には「高峯」と記されており、そこには神坐日向神社との関係は示されていない。『三輪山古図』は『三輪山絵図』を基礎として、江戸時代に入ってから作成されたものであることから、『三輪山古図』の作者は底本に「高峯」とあった箇所を、意図的に「神在日向社」と書き換えたことになる。この作業が何を根拠に行われたのかは定かでないが、鎌倉時代に成立した『倭姫命世記』御間城入彦五十瓊殖天皇五十八年辛巳条には、天照大神を奉戴して各地を転々とした豊鍬入姫命が「倭弥和乃御室嶺上宮」に戻って来て、ここに二年間滞在し、その際に倭姫命（倭比売命）を新たな御杖代としたとある。こうした中世以降の言説の影響を受けて、前述した『大神崇秘書』や『大神分身類社抄』のように、神坐日向神社が三輪山頂に鎮座していたとする説が行われるようになったのではなかろうか。

これまで『三輪山古図』に描かれた三輪山の頂上部分に「神在日向社」と記されていることが、古代において神坐日向神社が三輪山頂に鎮座していたとする説の有力な根拠とされてきた。しかし『三輪山古図』の記述は、その基礎となった『三輪山絵図』に「高峯」とあったものを、作者が何らかの意図で書き換えたものであることが確認できる。よって、このことは古代の三輪山頂に神坐日向神社が鎮座していたことを示す根拠にはなり得ない。『大神崇秘書』や『大神分身類社抄』の記述も踏まえるならば、おそらく神坐日向神社は貞観元年に従五位上の神階を授与されたのちに、ほどなくして荒廃したか、あるいは大神神社に関係する神社と統廃合されるなどして、院政期にはすでに（神坐日向神社という神社名では）存在しておらず、そのために鎮座地の捜索が行われるようになったと考えられる。少なくとも、現在残されている手がかりからは、式内社の神坐日向神社が古代の三輪山頂に鎮座していたと論証することは困難である。

なお、このことに関連して付言しておきたいのは、和田氏や寺沢氏も注目しているが、三輪山の頂上から祭祀遺物が出土したという報告が全くないことである。もちろん、三輪山は現在でも入山に許可が必要であり、発掘調査も原則として禁じられているが、これまで三輪山の山中や山麓で発見された祭祀遺物には、多くの表採資料が含まれている。かつて大神神社の禁足地には容易に入ることができ、臼玉などが採集されていたとも伝えられている。(15)にもかかわらず、三輪山頂で祭祀遺物が発見されていないことは、やはりこの場所で古代の祭祀が行われていなかったことを傍証するものである。

さて次に、日神祭祀が行われていたとする第二の根拠を検証したい。『日本書紀』崇神五・六年条には、三輪山西麓の笠縫邑において天照大神を祭ったとする、いわゆる笠縫邑説話が見える。その概略は、崇神天皇の時代に疫病が流行して数多くの死者が出た。これ以前、天照大神と倭大国魂神を天皇が住む殿舎内に並祭していたため、天照大神を豊鍬入姫命に託して倭笠縫邑に磯堅城の神籬を立てて祭らせ、倭大国魂神は渟名城入姫命に託して祭らせたが、渟名城入姫命は体が衰弱し、祭祀を行うことができなかった、というものである。ここに登場する笠縫邑は、先に触れた檜原神社(16)の付近に比定されている。

和田氏はこの崇神六年条の記事から、三輪山の「山麓には祭場が設けられて、素朴な日神祭祀が行われていた」と述べている。ただし、この理解には疑問が残る。先に和田氏は現在の髙宮神社を式内社の神坐日向神社に比定して、三輪山頂における日神祭祀の存在を想定していたのであるが、ここで挙げた檜原神社は三輪山の麓に鎮座している。つまり、日神祭祀が行われた場所が三輪山の山頂なのか山麓なのか、あるいは両方なのかが判然としないのである。

また、冒頭でも触れたように和田氏は、四～五世紀の三輪山では日神祭祀が実施されていたが、五世紀後半に祭祀が中断し、六世紀中葉に祟り神に対する祭祀として復活（変容）したと述べている。それに対して、三輪山周辺で出土した祭祀遺物の年代は、少し異なった様相を見せている。詳しくは第二章第二部で後述するので、ここでは概略のみ触れておこう。

三輪山周辺から出土した祭祀遺物については、大場磐雄[17]・樋口清之[18]両氏の先駆的研究を基礎とし、その後、寺沢薫[19]・小池香津江[20]両氏による整理が行われている。これらの先行研究によれば、祭祀遺物の年代は一部に四世紀代に遡る可能性を持つものもあるが、遺物の中心的位置を占める滑石製模造品・土製模造品は五世紀後半から六世紀前半、子持勾玉は五世紀後半から六世紀代と考えられている。須恵器については佐々木幹雄氏による一連の研究があり、大神神社に所蔵されている陶邑窯跡群焼成の須恵器は、五世紀後半のものが二一％、六世紀前半のものが三五％、六世紀後半のものが二四％、七世紀前半のものが〇％、七世紀後半のものが三％、不明一七％と分析されている。[21]

このように三輪山周辺の祭祀遺跡群から出土した遺物は、五世紀後半から六世紀前半には出土量がピークに達し、六世紀後半以降は減少傾向を見せるようになる。ここから、祭祀は五世紀後半から六世紀前半にかけて盛んに行われ、六世紀後半以降には衰退した、という大まかな流れを復元することができる。これがそのまま祭祀の実態を示すわけではないが、一つの指標にはなり得るであろう。

そして、この結果を踏まえるならば、五世紀後半に日神に対する祭祀が中断し、六世紀中葉に祟り神に対する祭祀として復活した場合には、その間の祭祀遺物の種類や分量に何らかの変化が見られるはずである。しかし、三輪山周辺では五世紀後半から六世紀前半にかけて祭祀が継続しており、遺物の性格に大きな変化も確認できない。むしろ、六世紀前半には遺物の出土量が増加していることから、祭祀は最盛期を迎えていたと推測されるのであり、この時期に祭祀の中断を見出すことはできないのである。したがって、日神祭祀の根拠とされてきた第二の点は、再検討の余地がある。かりに笠縫邑説話に何らかの史実が反映されているとしても、そこから三輪山における日神祭祀の痕跡を読み取ることはできないと考えられる。

## 3　神格の重層性

三輪山において国見儀礼や日神祭祀が行われていなかったとするならば、いかなる祭祀が行われていたのであろうか。古くから三輪山に鎮座すると観念され、人々によって祭祀の対象となった大三輪神は、多様な性質（神格）を有していることが指摘されている。たとえば、池田源太氏は『古事記』や『日本書紀』の記述を手がかりとして、大三輪神が持つ神格を、（a）山林と共にある神、（b）雷神、（c）蛇神の正身を持つ神、（d）オオクニヌシの幸魂・奇魂、（e）光あるもの、（f）人間の女子と婚する神、（g）氏族神、これらの七種類に分類し、この順番に新たな神格が創出・付与されていったと論じている。[22]一方、和田氏は池田氏による上記の分類を踏まえた上で、霊異の大きい祟り神と軍神を追加し、前者を（c）と（d）の間に、後者を（d）と（e）の間に位置づけている。

両氏の研究は、それまで漠然と捉えられてきた大三輪神の神格から、個々の属性を抽出・分類した点で大いに参考になる。これらを改めて筆者なりに整理するならば、①山林・樹木の神、②光を発する神、③雷神、④蛇神、⑤祟り神、⑥人間の女子と婚する神、⑦氏族神、⑧軍神、⑨国家神、となる。[23]こうした分類は様々な基準が設定できるため、上記の①〜⑨も便宜的なものであることは言うまでもないが、ひとまずこのように理解するとして、以下では大三輪神が登場する記事を改めて確認したい。それぞれの記事は様々な論点を含んでいるが、紙幅の関係上、大三輪神のいかなる神格が読み取れるかという点に絞って概観する。なお、大三輪神が直接登場する記事

のみを取り上げることとし、三輪山を舞台とする記事や、大神神社の関連記事は除外した。(24)

まず『古事記』上巻（少名毘古那神と国作り）には、

故、自レ爾。大穴牟遅与二少名毘古那一、二柱神相並、作二堅此国一。然後者、其少名毘古那神者、度二于常世国一也。（略）於是、大国主神、愁而告、吾独何能得二作此国一。孰神与レ吾能相二作此国一耶。是時、有二光レ海依来之神一。其神言、能治二我前一者、吾能共与相作成。若不然者、国難レ成。爾、大国主神曰、然者治奉之状奈何。答言、吾者、伊二都岐奉于倭之青垣東山上一。此者、坐二御諸山上一神也。

とあり、『日本書紀』神代上第八段一書第六には、

大国主神、亦名大物主神、亦号国作大己貴命（略）夫大己貴命、与二少彦名命一、戮レ力一レ心、経二営天下一。（略）其後、少彦名命行、至二熊野之御碕一。遂適二於常世郷一矣。亦曰、至二淡嶋一、而縁二粟茎一者、則弾渡而至二常世郷一矣。自後、国中所レ未レ成者、大己貴神、独能巡造。遂到二出雲国一、乃興言曰、夫葦原中国、本自荒芒。至二及磐石草木一、咸能強暴。然吾已摧伏、莫レ不二和順一。遂因言、今理二此国一、唯吾一身而已。其可三与レ吾共理二天下一者、蓋有之乎。于時、神光照レ海、忽然有二浮来者一。曰、如吾不レ在者、汝何能平二此国一乎。由二吾在一故、汝得レ建二其大造之績一矣。是時、大己貴神問曰、然則汝是誰耶。対曰、吾是汝之幸魂奇魂也。大己貴神曰、唯然。廼知汝是吾之幸魂奇魂。今欲二何処住一耶。対曰、吾欲レ住二於日本国之三諸山一。故即営二宮彼所一、使二就而居一。此大三輪之神也。此神之子、甘茂君等・大三輪君等。

とある。これらは、いずれも国作りの場面である。

前者は、オオナムチ（オオクニヌシ）とスクナビコナがともに国作りをしていたが、途中でスクナビコナは常世国に去ってしまった。オオクニヌシが嘆いていると、光を放ち海上を浮かんで来る者があり、自分を祭るならば

国作りに協力すると言った。そこで、オオクニヌシがその方法を問うと、その者は自分を「倭之青垣東山上」に祭るよう指示した。これが「坐二御諸山上一神」であるという。

一方、後者もほぼ同内容である。オオクニヌシ（別名オオモノヌシ・オオナムチ）が、協力者であるスクナビコナを失って嘆いていると、光を放ち海上を浮かんで来る者があり、オオクニヌシがその正体を問うと、自分は「汝之幸魂奇魂也」であると答えた。さらに、オオクニヌシがどこに住みたいかを問うと、その神は「日本国之三諸山」に住みたいと答えたため、その地に宮を造営して住まわせた。これが「大三輪之神」であり、その子孫が賀茂氏と大神氏であるとする。

前者の記事における「坐二御諸山上一」という描写からは①山林・樹木の神、「光レ海依来」という描写からは②光を発する神、「作二堅此国一」とあることからは⑨国家神としての性質を、それぞれうかがうことができる。後者の記事においても「欲レ住二於日本国之三諸山一」「神光照レ海」「此神之子、甘茂君等・大三輪君等」「汝之幸魂奇魂也」という記述からは、それぞれ①山林・樹木の神、②光を発する神、⑦氏族神、⑨国家神の性質を読み取ることができる。

次に『延喜式』巻第八 祝詞 出雲国造神賀詞には、

乃大穴持命〈乃〉申給〈久〉、皇御孫命〈乃〉静坐〈牟〉大倭国申〈天〉、己命和魂〈乎〉八咫鏡〈尓〉取託〈天〉、倭大物主櫛𤭖玉命〈登〉名〈乎〉称〈天〉、大御和〈乃〉神奈備〈尓〉坐、〈略〉皇孫命〈能〉近守神〈登〉貢置〈天〉、八百丹杵築宮〈尓〉静坐〈支〉。

とある。これは有名な『出雲国造神賀詞』の第二段であり、神賀詞奏上の起源を述べた部分である。この中で「大御和〈乃〉神奈備〈尓〉坐」という描写からは①山林・樹木の神、オオナムチの「和魂」であり、しかも「皇孫命〈能〉近守神」と明記されていることからは⑨国家神としての性質がうかがえる。

『古事記』神武段には、

（略）然更求下為二大后一之美人上時、大久米命曰、此間有二媛女一。是謂二神御子一。其所三以謂二神御子一者、三嶋湟咋之女、名勢夜陀多良比売、其容姿麗美。故、美和之大物主神見感而、其美人為二大便一之時、化二丹塗矢一、自下其為二大便一之溝上流下、突二其美人之富登一。〈此二字以レ音。下効レ此。〉爾其美人驚而、立走伊須須岐伎。〈此五字以レ音。〉乃将二来其矢一、置二於床辺一、忽成二麗壮夫一。即娶二其美人一生子、名謂二富登多多良伊須須岐比売命一。亦名謂二比売多多良伊須気余理比売一。〈此者悪二其富登云事一、後改レ名者也。〉故是以謂神御子也。

とある。この記事は、オオモノヌシが容姿麗美なセヤダタラヒメを見そめて、丹塗矢となって溝から流れ下り、のちに婚姻してホトタタライススキヒメ（ヒメタタライスケヨリヒメ）を生んだという丹塗矢の伝承である。ここでオオモノヌシが変化した「丹塗矢」は、雷神を表したものであるとされており[25]、ここから③雷神としての性質がうかがえる。また、オオモノヌシはセヤダタラヒメと婚姻していることから、⑥人間の女子と婚する神としても描かれている。

『古事記』崇神段には、オオタタネコ伝承が載録されている[26]。その概略は、崇神天皇の時代に疫病が流行し、人民が死に絶えようとしていた。天皇はこれを憂いて占いを行うと、オオモノヌシが現れ、これは自分の意志であり、オオタタネコに自分を祭らせるならば、疫病は収まるだろうと告げた。そこで天皇は、彼を河内之美努村より捜し出し、オオタタネコにオオモノヌシを祭らせたところ疫病が収まった、というものである。また、この記事に後続して、

此謂二意富多多泥古一人、所三以知二神子一者、上所レ云活玉依毘売、其容姿端正。於レ是有二壮夫一、其形姿威

儀、於レ時無レ比、夜半之時、儵忽到来。故、相感、共婚共住之間、未レ経二幾時一、其美人妊身。爾父母怪二其妊身之事一、問二其女一曰、汝者自妊。无レ夫何由妊身乎。答曰、有二麗美壮夫一、不レ知二其姓名一、毎レ夕到来、共住之間、自然懐妊。是以其父母、欲レ知二其人一、誨二其女一曰、以二赤土一散二床前一、以二閇蘇〈此二字以レ音。〉紡麻一貫レ針、刺二其衣襴一。故、如レ教而旦時見者、所レ著レ針麻者、自二戸之鉤穴一控通而出、唯遺麻者三勾耳。爾即知下自二鉤穴一出之状上而、従レ糸尋行者、至二美和山一而留二神社一。故、知二其神子一。故、因二其麻之三勾遺一而、名二其地一謂二美和一也。〈此意富多多泥古命者、神君・鴨君之祖。〉

とある。こちらの記事は、いわゆる苧環伝承である。容姿端正なイクタマヨリビメのもとに、ある壮夫が通って来るようになった。ほどなくしてイクタマヨリビメは懐妊したが、彼女は相手の姓名すら知らなかった。そこで、父母の教えにしたがい、男を迎える際に赤土を床の周辺に散布し、通ってきた男の衣の麻糸を通した針を刺しておいた。翌朝、麻糸は戸の鍵穴を通って外に出ていたので、その糸を辿っていくと「美和山」の「神の社」に至っており、これによって男性が大三輪神であること、つまりオオタタネコが「神子」であることを知った。そして、麻糸が三勾残っていたことに因んで、この地を「美和」と呼ぶようになったという。そして、このオオタタネコは大神氏や賀茂氏の祖であると結んでいる。

　このうち、前者の伝承には「於二御諸山一拝二祭意富美和之大神前一」とあり、オオモノヌシ（意富美和之大神）が「御諸山」に祭られたことからは①山林・樹木の神、疫病を発生させたことからは⑤祟り神としての性質を読み取ることができる。また、後者の伝承では、大三輪神の居所が「至二美和山一而留二神社一」とされていることからは①山林・樹木の神、麻糸が戸の鍵穴を通って外に出ている、つまりこの神の正身を蛇とすることからは④蛇神、大三輪神がイクタマヨリビメと婚姻していることからは⑥人間の女子と婚する神、子孫に当たるオオタタネコが大神氏などの祖とされていることからは⑦氏族神として、それぞれ描かれていることが確認できる。

『日本書紀』崇神七年二月辛卯条～八年十二月乙卯条にも、オオタタネコに関する伝承が載録されている。(27) 話の大筋は前述した『古事記』崇神段のオオタタネコ伝承と共通している。すなわち、崇神天皇の時代に疫病が流行したため、天皇が占いを行うと、オオモノヌシがヤマトトトヒモモソヒメに神懸かりして、これは自分の祟りであると告げた。天皇は神託に従って祭祀を行ったが、効験は得られなかった。すると天皇の夢にオオモノヌシが再び現れ、自分の子孫であるオオタタネコに祭らせるよう告げた。天皇が神託を受けたのと同日に、倭迹速神浅茅原目妙姫・大水口宿禰・伊勢麻績君ら三人も同じ夢を見た。この報告を受けた天皇は、オオタタネコを茅渟県陶邑に見つけ出し、彼に祭祀を行わせると神託のとおり疫病が収まった。さらに翌年にも、オオタタネコにオオモノヌシを祭らせた。このオオタタネコは大神氏の始祖であるという。

ここでも、オオモノヌシがイクタマヨリビメと婚姻していることからは⑥人間の女子と婚する神、疫病を流行させていることからは⑤祟り神、オオモノヌシの子孫であるオオタタネコを大神氏の始祖とすることからは⑦氏族神、これらの性質を読み取ることができる。

『日本書紀』崇神十年九月条には、

是後、倭迹々日百襲姫命、為二大物主神之妻一。然其神常昼不レ見。而夜来矣。倭迹々姫命語レ夫曰、君常昼不レ見者、分明不レ得レ視其二尊顔一。願暫留之。明旦仰欲レ観二美麗之威儀一。大神対曰、言理灼然。吾明旦入二汝櫛笥一而居。願無レ驚二吾形一。爰倭迹々姫命、心裏密異之。待レ明以見二櫛笥一、遂有二美麗小蛇一。其長大如二衣紐一。即驚之叫啼。時大神有恥、忽化二人形一。謂二其妻一曰、汝不レ忍令レ羞レ吾。吾還令レ羞レ汝。仍践二大虚一、登二御諸山一。爰倭迹々姫命仰見、而悔之急居。〈急居、此云二菟岐于一。〉則箸撞レ陰而薨。乃葬二於大市一。故時人号二其墓一、謂箸墓也。是墓者、日也人作、夜也神作。故運二大坂山石一而造。則自レ山至二于墓一、人民相踵、以手逓伝而運焉。（略）

とある。これは有名な箸墓伝承である。その概要は、ヤマトトトヒモモソヒメがオオモノヌシの妻となった。しかし、オオモノヌシは夜にしかやって来ないので、ヒメはその顔を見たことがなかった。そこで、翌朝まで留まってくれるよう頼むと、オオモノヌシは朝になったら櫛笥に入っているので、自分の姿を見ても驚かないようにと言った。ヒメはその言葉を不思議に思いながらも、翌朝に櫛笥をあけてみると、美しい小蛇が入っており、驚いて叫んでしまった。すると、小蛇はたちまちオオモノヌシの姿になり、自分に恥をかかせたことを怒って、空中を歩いて御諸山（三輪山）に帰っていった。それを見たヒメは悔やんで尻餅をつき、その拍子に箸で下腹を撞いて亡くなった。このことに因んで、その墓を箸墓と呼ぶようになった、というものである。

ここでは、オオモノヌシが「践二大虚一、登二御諸山一」とあることからは①山林・樹木の神、その姿が「美麗小蛇」として描かれていることからは④蛇神、ヤマトトトヒモモソヒメがオオモノヌシの妻となったということからは⑥人間の女子と婚する神の性質が読み取れる。さらに、祟りとは明記されていないが、ヤマトトトヒモモソヒメが悲劇的な最期を迎えたことは、大王家の巫女とは相容れない大三輪神のあり方を示していると考えられ、⑤祟り神としての性質もうかがうことができる。

『筑前国風土記』逸文[28]（『釈日本紀』所引）には、神功皇后が朝鮮半島に出兵しようとしたが、軍卒が多く逃亡したため占いを行うと、大三輪神による祟りであると出た。そこで「大三輪社」を創祀したところ、出兵に成功したという。この神社は『延喜式神名帳』筑前国夜須郡条の於保奈牟智神社[29]に比定されている。ここでは、大三輪神が「即有二祟神一」と明記されており、⑤祟り神として描かれている。また、その祟りを鎮めることが契機となって兵士を集めることができ、最終的には出兵が成功したとあることからは、⑧軍神としての神格を読み取ることができる。(30)

『日本書紀』雄略七年七月丙子条(31)は、少子部蜾蠃の伝承である。雄略天皇が三諸岳（三輪山）の神を見たいと思い、少子部蜾蠃にこれを捕らえて来るように命じた。蜾蠃は三諸岳に登って大蛇を捕らえ、天皇に献上しようとしたが、天皇は斎戒していなかったため、大蛇は雷を鳴らし、その目を爛々と光らせた。これを恐れた天皇は殿中に退き、そのまま大蛇を三諸岳に放させた。そして蜾蠃に「雷」という名を賜ったとある。

この記事では、少子部蜾蠃が「乃登二三諸岳一、捉二取大蛇一」とあり、捕縛された大蛇が天皇に対して「其雷虺虺、目精赫赫」とあることから①山林・樹木の神、②光を発する神、④蛇神としての神格がうかがえる。また「天皇畏、蔽レ目不レ見、却二入殿中一。使レ放二於岳一」とあり、大蛇が天皇を威嚇したことによって、天皇はその姿を見ることができずに、そのまま三諸丘（三輪山）に放生したとあることからは、⑤祟り神としての性質を読み取ることもできよう。

以上、大三輪山神の神格について概観した。池田・和田両氏による研究は、大三輪神が持つ複数の神格を一つずつ取り出し、それらを体系化した点で有益であった。しかし、ここではあえて逆の視角から、大三輪神から抽出された個々の性質が各記事の中でどのように描かれているかという点に注目した。その結果を整理するならば、以下の通りである。

・『古事記』上巻……①・②・⑨
・『日本書紀』神代上第八段一書第六……①・②・⑦・⑧
・『延喜式』巻第八 祝詞 出雲国造神賀詞……①・⑨

・『古事記』神武段……③・⑥
・『古事記』崇神段……①・④・⑤・⑥・⑦
・『日本書紀』崇神七年二月辛卯条～八年十二月乙卯条……⑤・⑥・⑦
・『日本書紀』崇神十年九月条……①・④・⑤・⑥
・『筑前国風土記』逸文（『釈日本紀』所引）……⑤・⑧
・『日本書紀』雄略七年七月丙子条……①・②・④・⑤

このように全ての記事では、大三輪氏が持ついくつかの性質が同時に描かれている。これは大三輪神がはじめから複数の神格を重層的に有しており、それらが古くから不可分なものであったことを示していると考えられる。

## 結　語

これまでの研究では、三輪山祭祀を次のように理解してきた。まず四世紀から五世紀代は、三輪山は日神祭祀の祭場でもあり、国見儀礼の舞台でもあったが、五世紀後半に伊勢神宮が創祀されたことで、日神祭祀が伊勢の地に移り、三輪山での祭祀は衰退・中断することとなった。このことが要因となって、大三輪神は祟りを引き起こす神として認識されるようになった。そして六世紀中葉になると、大神氏の手によって祟り神としての大三輪神に対する祭祀が復興された。

このように三輪山祭祀の展開過程には二つの段階あり、祭祀の対象とされた大三輪神の神格も段階によって異なると見られてきた。しかし、古代において日神祭祀や国見儀礼が三輪山を舞台として行われていた痕跡は認められない。また、遺物の出土状況からは、六世紀前半頃に祭祀の衰退・中断をうかがうことはできない。さらに、大三輪神が登場する記事からは、たしかに複数の性質を抽出することはできるが、基本的にはそれらが組み合わさった形で描かれている。このことは大三輪神の神格が、古い段階から不可分なものとして観念されていたことを示すものである。

すでに説かれているように、祟り神とは祭祀を怠ると大きな災厄をもたらすが、手厚く祭れば平穏や豊穣をもたらしてくれる神である。[32]言い換えるならば、神意の発現こそが祟りなのであり、そもそも神の本質は祟ることにある。[33]その意味では、山林・樹木の神、光を発する神、雷神、蛇神、人間の女子と婚する神、氏族神、軍神、国家神、これらのどの性質であっても、もちろん日神であったとしても、祟り神としての性質とはつねに表裏一体の関係に置かれていると言える。

以上を踏まえるならば、三輪山祭祀に段階差を想定し、大三輪神が途中から祟り神となった（祟り神としての神格が特に強調されるようになった）という経緯は考えがたい。もちろん、時代背景や政治的要請によって、あるいは祭祀を執り行う主体や目的によって、祭祀対象となる神の特定の側面が注目されることは十分にあり得る。ただし、それらは本質的には切り離すことのできない重層的な形で人々に認識されており、三輪山においても祭祀が開始された段階から、祟り神としての性質を包摂する大三輪神がその対象とされていたと考えられる。

注

（1）三輪山に鎮座する神は、史料によっては「坐御諸山上神」「意富美和之大神」「美和之大物主神」「大物主神」「大物主大神」などとも表記されるが、本書では「大三輪神」に統一する。第一章第三節参照。

（2）和田萃「三輪山祭祀」（『桜井市史』上、一九七九年）、同「三輪山祭祀の再検討」（『日本古代の儀礼と祭祀・信仰』下、塙書房、一九九五年、初出一九八五年）、同「古代の祭祀と政治」（岸俊男編『日本の古代』七、中央公論社、一九八六年）、同『大系日本の歴史』二（小学館、一九八八年）、同「三輪山祭祀をめぐって」（『大美和』九一、一九九六年）など。以下、和田氏の所説は「三輪山祭祀の再検討」による。

(3) 岡田精司「伊勢神宮の起源」(『古代王権の祭祀と神話』、塙書房、一九七〇年)。
(4) 王朝交替説をとる立場から三輪山祭祀を論じた先行研究については、序章・第二章第二節参照。
(5) 第一章第三節参照。
(6) 「天香久山」「天香具山」などにも作るが、本節では「天香久山」に統一する。
(7) 寺沢薫「三輪山の祭祀遺跡とそのマツリ」(和田萃編『大神と石上』筑摩書房、一九八八年)。
(8) 和田萃「率川神社の相八卦読み」(『日本古代の儀礼と祭祀・信仰』中、塙書房、一九九五年、初出一九八九年)。
(9) この二社は、明治十八年(一八八五)、大神神社から明治政府に対して、本来は山頂に神坐日向神社、山麓に高宮神社がそれぞれ鎮座していたが、途中で名前が誤って入れ替わって伝えられているので、正しい神社名に訂正したいとの申し出を行ったが、却下されたという経緯がある。梅田義彦「神坐日向神社」(式内社研究会編『式内社調査報告』三、一九八二年)参照。
(10) 『大神神社史料』二(吉川弘文館、一九七四年)所収。
(11) 『大神神社史料』一(吉川弘文館、一九六八年)所収。
(12) 『大神神社史料』一(前掲)所収。
(13) いずれも『大神神社史料』二(前掲)所収。
(14) 景山春樹「大三輪神社古絵図について」(『大神神社史料』三、吉川弘文館、一九七一年)。
(15) 樋口清之「神体山三輪山と磐座」(東京三輪いかづち講編『神郷三輪山』同友館、一九九〇年)。
(16) 奈良県桜井市大字三輪字檜原に所在。
(17) 大場磐雄「三輪山麓発見古代祭器の一考察」(『古代』三、一九五一年)。
(18) 樋口清之「三輪と大神氏」(『大神神社史料』三、吉川弘文館、一九七一年)、同「三輪山」(大場磐雄編『神道考古学講座』五、雄山閣、一九七二年)、同「神体山の考古学的背景」(大神神社史料編修委員会編『大神神社史』吉川弘文館、一九七五年)、同「日本神話と三輪氏」(『講座日本の神話』八、有精堂、一九七七年)など。
(19) 寺沢薫「三輪山の祭祀遺跡とそのマツリ」(前掲)、同「三輪山麓出土の子持勾玉をめぐって」(『大神神社境内地発掘調査報告書』一九八四年)。
(20) 小池香津江「三輪山周辺の祭祀遺跡」(三輪山文化研究会編『神奈備・大神・三輪明神』、東方出版、一九九七年)。
(21) 佐々木幹雄「三輪と陶邑」(『大神神社史』前掲)、同「続・三輪と陶邑」(『民衆史研究』一四、一九七六年)、同「三輪山

祭祀の歴史的背景」（滝口宏先生古希記念考古学論集編集委員会編『古代探叢』早稲田大学出版部、一九七九年）、同「三輪山出土の須恵器」（『古代』六六、一九七九年）、同「三輪君氏と三輪山祭祀」（『日本歴史』四二九、一九八四年）、同「新出土の三輪山須恵器」（『古代』八一、一九八六年）。なお、佐々木氏が年代分析の対象としたのは、大神神社に所蔵されている須恵器のうち、陶邑窯跡群で焼成されたと推測される合計七四点である。

(22) 池田源太「三輪の神の諸形態と保護精霊」（『古代日本民族文化論考』学生社、一九七九年、初出一九七一年）、同「大神神社の鎮座」（『大神神社史』前掲）、同「古代史の中の三輪山」（『神郷三輪山』前掲）。神格の分類は「大神神社の鎮座」によった。

(23) 「オオクニヌシの幸魂・奇魂」については、池田氏自身が「国土経営の神を助ける保護精霊（ガーディアンスピリット）」や「国家神」とも言い換えているので、⑦国家神とした。そのほか文言を適宜修正した。なお、筆者は①から⑨の順にそれぞれの神格が発生したとは考えていないが、自然界の現象や生物を象徴化したと思われる①〜⑤の段階と、人間との関係性を示す⑥〜⑨の段階とでは、やはり区別して理解する必要があると思われる。

(24) たとえば『日本書紀』景行五十一年八月壬子条・敏達十年閏二月条などは、三輪山を舞台としているが、大三輪神が直接登場していないので、ここでは考察対象から除外した。

(25) たとえば、『山城国風土記』逸文（『釈日本紀』所引）に見える賀茂御祖神社（下鴨神社）・賀茂別雷神社（上賀茂神社）の伝承では、「所レ謂丹塗矢者、乙訓郡社坐火雷神在」とあり、丹塗矢を「火雷神」としている。

(26) 第二章第三節参照。

(27) 第二章第三節参照。

(28) 第一章第三節参照。

(29) 現在の大己貴神社（福岡県筑前町弥永）に比定。

(30) 『日本書紀』神功皇后摂政前紀（仲哀九年九月己卯条）にも、ほぼ同内容の記事が見えるが、こちらには「大三輪社」を建てたことが見えるのみで、大三輪神は直接登場していない。

(31) 第一章第一節参照。

(32) 益田勝実「モノ神襲来」（『秘儀の島』筑摩書房、一九七六年）。

(33) 代表的な研究としては、田中久夫『氏神信仰と祖先祭祀』（名著出版、一九九〇年）、中村生雄『日本の神と王権』（法蔵館、一九九四年）、岡田荘司「天皇と神々の循環型祭祀形態」（『神道宗教』一九九・二〇〇、二〇〇五年）、大江篤『日本古代の神と霊』（臨川書店、二〇〇七年）などがある。

# 第二節　三輪山祭祀の構造と展開

## はじめに

これまで繰り返し取り上げてきたオオタタネコの伝承は、三輪山祭祀の起源譚であると同時に、オオタタネコの後裔を称する大神氏が王権に奉仕することの正統性を示す奉事根原でもある。したがって、三輪山祭祀のあり方を探ることは、大神氏という氏族の実態を明らかにする上で不可欠な作業である。さらに言うならば、それは大化前代における王権と氏族の関係性や、ひいては古代国家の成り立ちを論じることにもつながるであろう。こうした観点から本節では、三輪山祭祀に関する先行研究の主要な論点を検証することで、その構造と展開過程について、特に大神氏との関係を中心に考察を加えることとしたい。

## 1　三輪山祭祀と王朝交替説

前節で見たように『古事記』『日本書紀』では、大三輪神は（重層的な神格の一つとして）祟り神としての性質を有している。これまでの研究では、大三輪神がもつこの祟り神としての性質を、いかに理解・説明するかが重要な論点となってきた。序章でも取り上げたが、たとえば直木孝次郎氏は以下に挙げる四つの記事に注目している。

『古事記』崇神段と『日本書紀』崇神七年二月辛卯条～八年十二月乙卯条は、冒頭で触れたオオタタネコの伝承である。改めてその内容を確認しておくならば、前者には、疫病の流行によって多くの死者が出たため、天皇はこれを憂いて占いを行うとオオモノヌシが現れ、これは自分の意志であり、オオタタネコに自分を祭らせるならば、疫病は収まるだろうと告げた。そこで天皇は、河内之美努村に彼を捜し出し、オオモノヌシを祭らせたところ、無事に疫病は収まったとある。

後者の内容は、前者とほぼ同じであるが、やや詳細になっている。すなわち、崇神天皇の時代に疫病が流行したため、天皇が占いを行うと、オオモノヌシがヤマトトトヒモモソヒメに神懸かりして、これは自分の祟りであると告げた。天皇は神託に従って祭祀を行ったが、効験は得られなかった。すると、天皇の夢にオオモノヌシが再び現れ、自分の子孫であるオオタタネコに祭らせるよう告げた（崇神七年二月辛卯条）。天皇が神託を受けたのと同日に、倭迹速神浅茅原目妙姫・大水口宿禰・伊勢麻績君ら三人も同じ夢を見た。そこで、天皇はオオタタネコを捜索させ、茅渟県陶邑に彼を見つけ出し（同八月己酉条）、彼に祭祀を行わせると、神託のとおり疫病が収まった（同十一月己卯条）。さらに翌年には、高橋邑の活日という人物を大神の掌酒に任命し（同八年四月乙卯条）、オオタタネコに再びオオモノヌシを祭らせ、活日は天皇に神酒を献上した（同十二月乙卯条）。

『日本書紀』崇神十年九月条は、いわゆる箸墓伝承である。その内容は、ヤマトトトヒモモソヒメがオオモノヌシの妻となったが、オオモノヌシは夜にしかやって来ないので、ヒメはその顔を見たことがなかった。そこで、夜が明けるまで留まってくれるよう頼むと、オオモノヌシは朝になったら櫛笥に入っているので、自分の姿を見ても驚かないようにと言った。翌朝、ヒメはその言葉を不思議に思いながらも櫛笥をあけてみると、美しい小蛇が入っており、驚いて叫んでしまった。すると、小蛇はたちまちオオモノヌシの姿になり、自分に恥をかかせたことを怒って、空中を歩いて御諸山（三輪山）に帰っていった。それを見たヒメは悔やんで尻餅をつき、その拍子に箸で下腹を撞いて亡くなった、というものである。

『日本書紀』雄略七年七月丙子条は、少子部蜾蠃の伝承である。雄略天皇が三諸岳（三輪山）の神を見たいと思い、少子部蜾蠃にこれを捕らえて来るように命じた。蜾蠃は三諸岳に登って大蛇を捕らえ、天皇に献上しようとしたが、天皇は斎戒していなかったため、大蛇は雷を鳴らし、その目を爛々と光らせた。これを恐れた天皇は殿中に退き、そのまま大蛇を三諸岳に放させという。

直木氏は、これらの記事に大三輪神が祟り神として登場することから、大三輪神は大王家と対立的な存在であったと想定し、こうした関係が生じた背景には、五世紀代に勃興した「河内政権」が大和に侵攻し、四世紀代より大三輪神を祀っていた「初期大和政権」を討ち滅ぼして、大和地域の支配権と大三輪神の祭祀権を奪ったことがあったとした(1)。なお、細部では異なる点もあるが、上田正昭(2)・岡田精司(3)・吉井巌(4)・松前健(5)・益田勝実(6)・佐々木幹雄(7)ら各氏も、このような「王朝交替説」(8)を前提として三輪山祭祀について論じている。

ただし、現在では「王朝交替」の存在自体に多くの疑問が提出されており(9)、直木説をはじめとする諸説に対しても、伊野部重一郎(10)・和田萃(11)・田中卓(12)ら各氏が詳細な批判を行っている。祟り神としての性質についても、祟ることは神意の発現であり、祟りを引き起こすからといって必ずも王権と対立的に捉える必要はないことが、多くの研究者によって指摘されている(13)。また、これまで踏み込んだ指摘は見られないが、かりに「河内政権」が「初期大和政権」から祭祀権を奪ったことが祟りの要因であるならば、その祟りは「河内政権」に対してなされるべきである。にもかかわらず『古事記』『日本書紀』では、大三輪神は「初期大和政権」に対して祟っている。これは直木説の論旨からすれば、矛盾していると言わざるを得ない(14)。したがって、三輪山祭祀の問題は「王朝交替説」とは一旦切り離して考える必要がある。

そこで、「王朝交替説」に拠らない立場から、三輪山祭祀の復元を試みたのが、和田萃氏と松倉文比古氏である。まず、和田氏は次のように論じている。四世紀から五世紀にかけての三輪山は、大王が行う日神祭祀の祭場でもあり、かつ国見儀礼の舞台でもあったが、五世紀後半に日神祭祀が伊勢の地に移されたことによって、三輪山での祭祀は衰退・中断した。その記憶が、大三輪神の祟りによる疫病の流行として説話化された。そして六世紀中葉に至り、大王家から祭祀を委任された大神氏の手によって、祟り神としての大三輪神に対する祭祀が再び行われるようになった。(15)

和田説の特徴は、大三輪神がもつ祟り神としての性質の淵源を、かつての議論のように「王朝交替説」による祭祀権の簒奪によって説明するのではなく、三輪山祭祀が衰退・中断したことに求めている点、および大王家から大神氏への祭祀の委譲を想定し、大神氏が六世紀中葉から三輪山祭祀に関与するようになったとする点にある。

しかし、前節で詳述したように、三輪山が国見儀礼の舞台であったことを示す積極的な根拠は見当たらず、三輪山における日神に対する信仰も、確認できるのは早くても中世以降であることから、三輪山祭祀の一つの段階として、大王家による日神祭祀や国見儀礼を想定することは困難である。また、大三輪神は『古事記』『日本書紀』において、山林・樹木の神、光を発する神、雷神、蛇神、祟り神、人間の女子と婚する神、氏族神、軍神、国家神など、基本的に複数の神格が組み合わされた形で描かれている。このことは、大三輪神が早い段階から、祟り神としての性質を含む複数の神格を重層的に有していたことを意味するものである。

これらを踏まえると、和田説が言うところの祟りの説話化とは、大三輪神は本来的に複数の性質を有していたが、ある時期を境にして、そこに祟り神としての性質が加わったか、あるいは祟り神としての性質がクローズアップされるようになったということである。具体的には、祭祀が衰退・中断していた時期に、何らかの事象（疫病など）が発生し、それが大三輪神による祟りであると人々に認識され、その時に実施された祭祀の記憶が説話化され、『古事記』『日本書紀』に載録された、ということになろう。とするならば、祭祀の衰退・中断時期が存在しなかった場合には、祟り神としての性質が取り沙汰されることも、さらには大王家から大神氏に祭祀が委譲されることもなかったことになる。この点について、三輪山の山中・山麓から出土した祭祀遺物を手がかりに検証してみよう。

## 2　三輪山祭祀遺跡群の年代

三輪山周辺から祭祀遺物が出土することは、早くから谷川士清・藤貞幹・木下石亭・蜷川式胤・松浦弘・神田孝平・金森得水らが指摘しており、[16] 昭和に入って大場磐雄[17]・樋口清之[18]両氏による先駆的研究が発表された。ただし、多くは表採資料や盗掘資料に近い状態であり、出土地点や数量にも混乱や齟齬が生じていた。[19] その後、寺沢薫[20]・小池香津江[21]両氏によって資料の整理が行われ、ようやく文献・考古の両側面から三輪山祭祀の検討が可能になった。[22] 両氏の報告を基礎とし、近年の発掘成果を踏まえて改めて整理したものが表4・図1である。

表4　三輪山祭祀遺跡の遺構・遺物

| | 遺跡 | 地名 | 遺構 | 遺物 |
|---|---|---|---|---|
| 1 | カタヤシキ | 穴師 | | 滑石製模造品（臼玉） |
| 2 | 檜原神社付近 | 檜原 | 磐座 | 土製模造品（盤・高坏等）、土師器 |
| 3 | 玄賓谷遺跡 | 茅原 | | 須恵器 |
| 4 | オーカミ谷磐座群 | 三輪 | 磐座 | |
| 5 | 山ノ神遺跡 | 三輪 | 磐座・土坑 | 小形素文鏡、碧玉製勾玉、水晶製勾玉、鉄片（剣形鉄製品ヵ）、滑石製模造品（子持勾玉、勾玉、管玉、有孔円板、剣形製品、臼玉）、土製模造品（高坏、杯、盤、臼、杵、杓、匙、箕、案、円板）、土師器、須恵器 |
| 6 | 禁足地裏磐座群 | 三輪 | 磐座 | |
| 7 | 箕倉山遺跡 | 茅原 | | 土製模造品（高坏）、石製模造品（臼玉）、土馬 |

| | | | | |
|---|---|---|---|---|
| 8 | 茅原源水・堀田 | | 茅原 | 子持勾玉 |
| 9 | 奥垣内遺跡 | 馬場 | 磐座 | 滑石製模造品（双孔円板・臼玉・勾玉）、土製模造品（高坏等）、陶質土器、須恵器（大甕・坏・高坏・長頸壺等）、土師器 |
| 10 | 馬場遺跡 | | 茅原 | 土製模造品（高杯）、臼玉 |
| 11 | 狭井神社鏡池周辺 | 馬場 | | 土師器、須恵器 |
| 12 | 大神神社磐座神社境内 | 三輪 | 磐座 | |
| 13 | 大神神社若宮社境内 | 馬場 | 磐座 | 滑石製模造品（臼玉）、須恵器 |
| 14 | 大神神社二の鳥居付近 | 三輪 | | 土製模造品（杯）、須恵器、土師器 |
| 15 | 大神神社夫婦岩 | 三輪 | 磐座 | |
| 16 | 大神神社三ツ鳥居下 | 三輪 | | 子持勾玉、土製模造品（盤）、須恵器片 |
| 17 | 大神神社禁足地 | 三輪 | 磐座・土壇 | 子持勾玉、滑石製模造品（有孔円板・臼玉）、土師器、須恵器、瓦器、陶磁器片 |
| 18 | 素戔嗚神社境内 | 三輪 | 磐座 | 滑石製模造品（臼玉・管玉）、土師器 |
| 19 | 三輪小学校付近 | 金屋 | | 土師器、須恵器、土製模造品、臼玉、勾玉、石製模造品（有孔円板・臼玉） |
| 20 | 志貴御県坐神社境内 | 金屋 | 磐座 | |
| 21 | 天理教敷島教会付近 | 金屋 | | 滑石製模造品（臼玉・有孔円板・勾玉） |
| 22 | 国津神社付近 | 箸中 | | 有孔石製品、土製模造品（高坏）、土師器、須恵器 |
| 23 | 織田小学校付近 | 芝 | | 滑石製模造品（臼玉・勾玉） |
| 24 | 九日神社付近 | 芝 | 磐座 | |
| 25 | 大三輪中学校校庭（芝遺跡） | 芝 | 水田跡 | 子持勾玉 |

| | | | | |
|---|---|---|---|---|
| 26 | 茅原丸田・廻り塚 | 茅原 | | 子持勾玉 |
| 27 | 初瀬川・巻向川合流地点 | 芝 | 子持勾玉 | |
| 28 | 松之本遺跡 | 粟殿 | | 子持勾玉、土師器、須恵器、有孔円板 |

〔凡例〕

・拙稿「三輪山祭祀の構造と展開」（『早稲田大学日本古典籍研究所年報』六号、二〇一三年）掲載表を基礎とし、データの追加・修正を行った。遺跡の名称は、適宜修正した。

・作成に当たっては、奈良県立橿原考古学研究所編『大神神社境内地発掘調査報告書』（大神神社、一九八四年）、寺沢薫「三輪山の祭祀遺跡とそのマツリ」（和田萃編『大神と石上』筑摩書房、一九八八年）、小池香津江「三輪山周辺の祭祀遺跡」（三輪山文化研究会編『神奈備・大神・三輪明神』東方出版、一九九七年）、『桜井市内埋蔵文化財一九九七年度発掘調査報告書』二（桜井市文化財協会、一九九八年）、『桜井市埋蔵文化財センター展示図録 三輪山周辺の考古学』（二〇〇〇年）、『奈良県遺跡調査概報』二〇一一年度第二分冊（奈良県立橿原考古学研究所、二〇一二年）、などを参考にした。

・このほかにも三輪山中・山麓には、大神神社の神宮寺であった平等寺（桜井市三輪）をはじめとして各地に磐座遺構が残っているが、ここでは割愛した。

ここでは主要な遺跡を取り上げ、先行研究にしたがってその概要を紹介した上で、出土遺物の年代について検討を加えることとしたい。

三輪山の山中には巨石が点在しているが、『大三輪神三社鎮座次第』(23)には、

　当社古来無㆓宝倉㆒、唯有㆓三箇鳥居㆒而已。奥津磐座大物主命、中津磐座大己貴命、辺津磐座少彦名命。

とあり、ここに「奥津磐座」「中津磐座」「辺津磐座」という名称が見えることから、江戸時代には山中の磐座を標高によって分類し、山頂のものを「奥津磐座」、中腹のものを「中津磐座」、山麓のものを「辺津磐座」と称していたことが知られる。それに対して樋口清之氏は、山中における磐座の分布を再調査し、山頂から檜原神社の方向に向かって広がるオーカミ谷磐座群と、大神神社の方向に向かって広がる禁足地裏磐座群とに大別している(24)。

このうちの禁足地裏磐座群を下ったところに、大神神社が鎮座している。厳密には、大神神社の拝殿の奥には通常の鳥居を横に三つ並べた特徴的な形状の三ツ鳥居が備えられ、そこから東に約一〇〇～二〇〇m行ったところに磐座があり、三ツ鳥居からこの磐座までの間が禁足地とされている(25)。

この禁足地の付近では、昭和三十三年（一九五八）に実施された拝殿と三ツ鳥居の修理にともなって、三ツ鳥居の東北隅の敷石の下から、滑石製の子持勾玉一点、土製模造品（盤）、須恵器片などが出土した。続いて、昭和三十六年（一九六一）の防災工事の際には、滑石製模造品（有孔円板・臼玉）、土師器、須恵器、瓦器、陶磁器片に加えて、拝殿の東南約二〇〇mの地点から子持勾玉が二点出土した。同五十八年（一九八三）にも、拝殿の東南東約一〇〇mの地点から、子持勾玉が一点出土している。

また、前述した禁足地内の東限に所在する磐座の付近には、長方形の土壇の存在が指摘されている。『越家古記録』所収「禁足山之内ニ有之候御主殿渡之石垣堀崩候ニ付御吟味相願」(26)や、明治五年（一八七二）に大神神社から

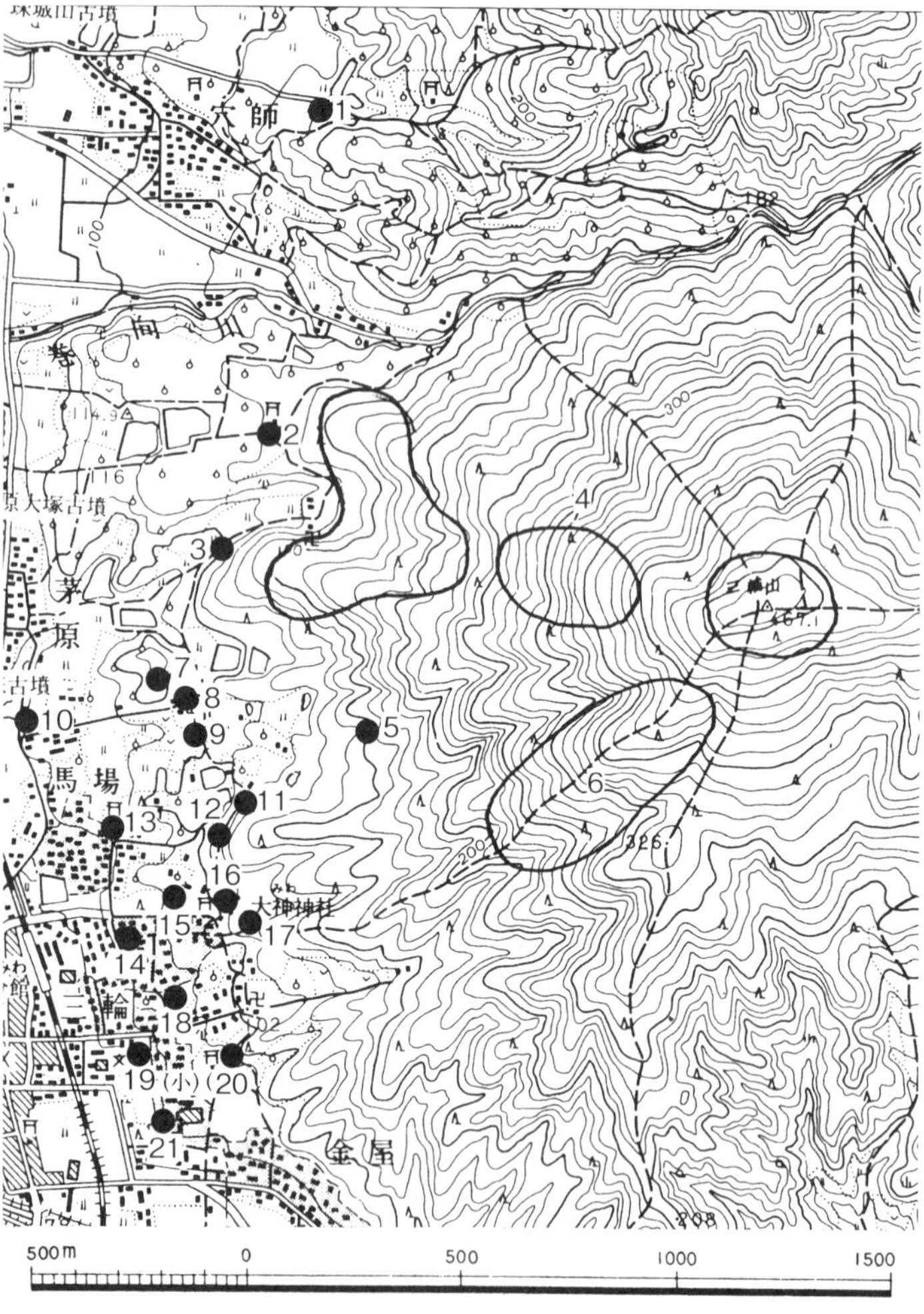


図1　三輪山麓の祭祀遺跡
『桜井市埋蔵文化財センター展示図録 三輪山周辺の考古学』（二〇〇〇年）掲載図を一部改変

16 大神神社三ツ鳥居下　17 大神神社禁足地　18 素戔嗚神社境内
19 三輪小学校付近　20 志貴御県坐神社境内　21 天理教敷島教会付近
22 国津神社付近　23 織田小学校付近　24 九日神社付近　25 大三輪中学校校庭（芝遺跡）　26 茅原丸田・廻り塚　27 初瀬川・巻向川合流地点
28 松之本遺跡

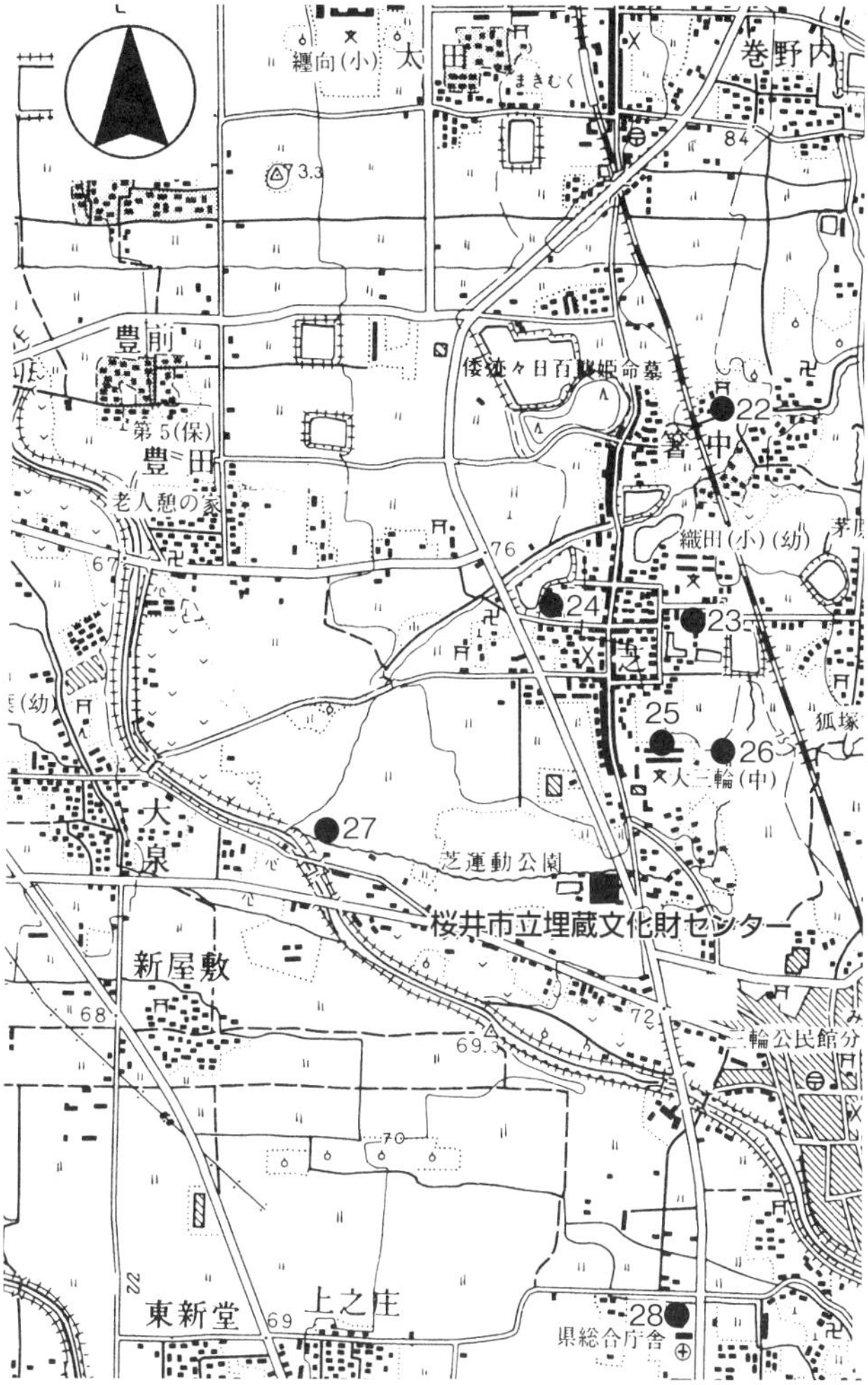


1 カタヤシキ　2 檜原神社付近　3 玄賓谷遺跡　4 オーカミ谷磐座群　5 山ノ神遺跡　6 禁足地裏磐座群　7 箕倉山遺跡
8 茅原源水・堀田　9 奥垣内遺跡　10 馬場遺跡　11 狭井神社鏡池周辺　12 大神神社磐座神社境内　13 大神神社若宮社境内
14 大神神社二の鳥居付近　15 大神神社夫婦岩

教部省へ提出された「現境内並正殿建立願書並右ニ対スル達書」[27]の記述によれば、禁足地内には「御主殿跡」（御正殿跡、正殿跡、旧拝殿跡とも）と称する一〇～一五間（約一八～二七m）四方の土壇があったことが知られ、現存する土壇がこれに該当すると考えられている。この遺構の成立時期について、白井勇氏は弥生時代にまで遡るとし、[28]小池氏は五世紀以降、[29]寺沢氏は七世紀以降の成立としている。[30]十分な調査がなされていないため詳細は不明であるが、この「御主殿跡」からは現在のところ遺物の出土が報告されていないことから、筆者は祭祀が盛行していた段階よりも後に成立した可能性を指摘しておきたい。

次に、山ノ神遺跡は、狭井神社の脇から少し山中に入った地点に位置する。[31]大正七年（一九一八）、蜜柑畑の開墾中に、露頭していた数個の石材を取り除くために周囲を掘削したところ、一・八m×一・二mの斑糲岩の巨石を中心に、〇・六m四方の石が北側に一個、南側に三個配置され、さらに一m四方の石が中心の巨石と北側の石に重なる状態で発見された。その下には河原石が敷かれ、地固めがなされていた。発見当初は古墳の石室として報告されたが、[32]のちに磐座遺構であると修正された。発見から調査開始までの三ヶ月の間に、残念ながら巨石は動かされ、多くの出土遺物が盗難されてしまった。

盗難を免れた遺物には、小形素文鏡が三点、碧玉製勾玉が五点、水晶製勾玉が一点、碧玉製管玉が約十点、鉄片（剣形鉄製品カ）、滑石製模造品（子持勾玉が一点、勾玉が約百点、管玉が約百点、有孔円板が数百点、剣形製品が数百点、無数の臼玉）、土製模造品（高坏・杯・盤・臼・杵・杓・匙・箕・案・円板）、土師器、須恵器などがあり、[33]これらの性格について大場磐雄は、『延喜式』に掲載されている酒造用具との共通性を指摘している。[34]

なお、平成十一年（一九九九）には、磐座遺構の付近から井戸と思われる径約二・三m×深さ一・二mの不正円形土坑の一部と、それにともなう石組み、口縁部が欠損した七世紀後半の須恵器の平瓶と土師器の坏などが検出されたが、これらは井戸を廃棄する際に行った祭祀の跡と推定されており、(35)三輪山祭祀とは区別して捉える必要があると思われる。

次に、奥垣内遺跡は、昭和四十年（一九六五）に温泉施設の建設工事の際に発見され、現在は「大美和の杜」として整備された公園内に位置している。(36)磐座と見られる斑糲岩の巨石と、滑石製模造品（双孔円板・臼玉・勾玉）、土製模造品（高坏等）、陶質土器、須恵器（大甕・坏・高坏・長頸壺等）、土師器などが確認された。巨石が出土した本来の位置は分からなくなってしまったが、山ノ神遺跡のように集中して出土したようである。磐座の東側には直径五〇cmの須恵器大甕が埋納され、その中に多数の須恵器が入っており、付近に散乱していた滑石製模造品・土師器なども、この須恵器甕の中に入れられていたと推測されている。

以上、主要な遺跡のみ簡単に紹介したが、これらの遺跡から出土した祭祀遺物のうちで、最も古い年代を示しているのは、山ノ神遺跡出土の小形素文鏡・碧玉製勾玉・鉄片などである。これらは四世紀後半から五世紀前半のものと推定されている。奥垣内遺跡出土の土師器や陶質土器も、四世紀末から五世紀初めに遡ると見られる。これらよりも新しい年代を示すのが、滑石製模造品や土製模造品である。前者は計一〇遺跡から、後者は計九遺跡から出土しており、両者が重複して出土する遺跡も多く、ともに祭祀の中核を担っていたことが分かる。これらはおおむね五世紀後半から六世紀前半のものと考えられている。

また、須恵器に関しては、佐々木幹雄氏の詳細な研究がある。(37)大神神社には現在、山ノ神遺跡から出土した一〇点、奥垣内遺跡から出土した二五点、狭井神社鏡池周辺から出土した四点、大神神社若宮社境内から出土した八点、大神神社二の鳥居付近から出土した一〇点、出土地点が不明の一七点、計七四点の須恵器が保管されている。その大半は陶邑古窯跡群で焼成されたものであるが、千里古窯跡群で製作されたものや、東海・山陰地方から搬入されたもの、朝鮮半島との関係がうかがえるものなども含まれる。このうち陶邑焼成の須恵器の年代については、五世紀後半のものが二一%、六世紀前半のものが三五%、六世紀後半のものが二四%、七世紀前半のものが〇%、七世紀後半のものが三%、不明一七%という分析結果が出ている。

このほかに、三輪山周辺では子持勾玉が多く発見されている。[38]これまでに、大三輪中学校校庭、茅原源水・堀田、山ノ神遺跡、大神神社禁足地、大神神社三ツ鳥居下、初瀬川・巻向川合流地点から出土したものが知られており、平成二十四年（二〇一二）には、松之本遺跡で新たに六点が出土した。[39]子持勾玉は一般的に、およそ五世紀中葉から六世紀代の祭祀で多く用いられる。古いものほど親勾玉が肉厚で断面が円形に近く、子勾玉も勾玉形をしており、次第に親勾玉が扁平になり、子勾玉が山形の突起状へ退化していく傾向がある。

三輪山周辺で確認されている子持勾玉は、大三輪中学校校庭出土のものが五世紀後半、茅原源水・堀田と山ノ神遺跡出土のものが五世紀末、大神神社禁足地出土のものは六世紀代と推定されている。大神神社三ツ鳥居下出土のものは、体部下半が残存するのみであるが、大神神社禁足地出土のものに近い形状である。初瀬川・巻向川合流地点出土のものは、実測図が残っていないため確認できないが、古い形状のものであったと推測されている。松之本遺跡出土のものは、一点は完形、一点は体部下半のみで、いずれも六世紀代のものと考えられる。[40]

このように、三輪山周辺の祭祀遺跡群から出土した遺物は、四世紀後半に遡る可能性があるものが数点含まれてはいるが、出土量としては五世紀後半から格段に増加しはじめ、六世紀代にピークとなり、七世紀に入ると減少している。これがそのまま祭祀の実態を示すわけではないが、一つの指標にはなるであろう。つまり、三輪山祭祀は五世紀後半に本格的に開始され、六世紀代には最盛期を迎えたが、七世紀に入って急速に衰退した（それまでの祭祀遺物を用いない新しい実施形態へと変容した）という大まかな流れを復元することができる。[41]

そして、この分析結果は寺沢氏も指摘しているように、[42] 前述した和田氏の理解と大きく異なるものである。すなわち、三輪山で行われていた日神祭祀が五世紀後半に伊勢へ移ったことによって、三輪山での祭祀が一時的に衰退・中断し、のちに六世紀中葉になって復活したとするならば、六世紀前半の時期の遺物が減少するか、少なくとも何らかの変化が見られて然るべきである。しかし、この間も祭祀遺物は出土しており、むしろ出土量からすれば祭祀の最盛期であったと見られる。また、祭祀の対象が日神から祟り神へと変化したのであれば、遺物の種類なども異なってくると思われるが、そうした変化も見られない。これらのことを勘案するならば、六世紀前半の一時期、三輪山祭祀が衰退・中断したという事態を認めることはできないのである。したがって、祭祀の衰退・中断によって、大三輪神がもつ祟り神としての性質が説話化されたとする想定も、大王家から祭祀を委譲された大神氏が、途中の段階から祟り神に対する祭祀を担当するようになったとする想定も、ともに成立しがたいということになる。

## 3 「ミモロ山」と「ミワ山」

次に、松倉文比古氏の研究を取り上げる。松倉氏は、三輪山に「ミモロ山（御諸山・三諸山・三諸岳・三諸之岳）」と「ミワ山（三輪山・美和山）」の二つの表記方法があることに着目した。そして「ミモロ山」は大王家に関係する伝承に用いられていることから、三輪山は本来は「ミモロ山」と呼ばれており、大王家にとって「重要な聖山」であり「宗教儀礼を実修する場」であったが、六世紀以降に大神氏が三輪山祭祀を担当するようになったため、それ以降は大神氏のウヂナをとって「ミワ山」と呼ばれるようになったと述べている。[43]

たしかに「ミモロ」とは、たとえば「三諸つく三輪山」（『万葉集』七―一〇九五）などとあるように、三輪山に関係して用いられることも多いが、「我が宿に御諸を立て」（『万葉集』三―四二〇）、「木綿掛けて祭る三諸」（『万葉集』七－一三七七）、「三諸の神」（『万葉集』九－一七七〇・十三－三二二七）、「祝らが斎ふ三諸」（『万葉集』十二－二九八一）、「御窟殿」「御窟院」（『日本書紀』朱鳥元年〈六八六〉正月己未条・七月丙寅条）、「御室山」（『出雲国風土記』大原郡条）、「御諸神社」（『延喜式神名帳』山城国紀伊郡条）、「茂侶神社」（『延喜式神名帳』下野国葛飾郡条）など、多くの用例から知られるように、本来は神が坐す聖なる場、あるいは祭祀などを行うための斎場を意味する語である。[44] よって、三輪山祭祀が執り行われる場として描かれる際、「ミモロ山」という表記が用いられることは十分にあり得ると思われる。

ただし、松倉氏は「山」（ミモロ山・ミワ山）の表記だけでなく、そこに鎮座する「神」（大三輪神など）や「社」（大三輪社など）の表記も同列に扱っており、そのために表記上の特徴が見えにくくなっていると思われる。そこで、山の表記に絞って改めて整理したものが表5である。

まず『古事記』の用例であるが、（1）『古事記』上巻は、オオクニヌシによる国作りの神話である。これによれば、オオクニヌシとスクナビコナがともに国作りをしていたが、途中でスクナビコナは常世国に去ってしまった。オオクニヌシが嘆いていると、光を放ち海上を浮かんで来る者があり、自分を祭るならば国作りに協力すると言った。そこで、オオクニヌシがその方法を問うと、その者は自分を倭の青垣の東山の上に祭るよう指示した。これが「御諸山」の上に坐す神であるという。

（2）『古事記』崇神段は、冒頭で触れたオオタタネコの記事である。疫病の流行として発現されたオオモノヌシの祟りを鎮めるため、崇神天皇はオオタタネコを神主に任命し、オオモノヌシ（意富美和之大神）を「御諸山」に祭ったとある。

（3）『古事記』崇神段は、いわゆる苧環伝承であり、前述した（2）の記事に後続する。その内容は、容姿端

表5　『古事記』における三輪山の表記

| | 語 | 表記 | 出典 | 記事概要 |
|---|---|---|---|---|
| (1) | ミモロ | 御諸山 | 上巻 | オオクニヌシの国作り |
| (2) | ミモロ | 御諸山 | 崇神段 | オオタタネコによる祭祀 |
| (3) | ミワ | 美和山 | 崇神段 | 苧環伝承（「美和」の地名起源譚） |
| (4) | ミモロ | 三諸山 | 神代上第八段一書第六 | オオクニヌシの国作り |
| (5) | ミモロ | 御諸山 | 崇神十年九月条 | 箸墓伝承 |
| (6) | ミモロ | 御諸山 | 崇神四十八年正月戊子条 | 豊城命と活目尊の夢占い |
| (7) | ミモロ | 御諸山 | 景行五十一年八月壬子条 | 蝦夷の畿外移配 |
| (8) | ミモロ | 三諸岳 | 雄略七年七月丙子条 | 少子部蜾蠃による大蛇の捕 |
| (9) | ミモロ | 三諸岳 | 敏達十年（五八一）閏二月条 | 蝦夷綾糟の誓約 |
| (10) | ミモロ | 三諸之岳 | 用明元年（五八六）五月条 | 三輪逆の殺害 |
| (11) | ミワ | 三輪山 | 皇極二年（六五六）是歳条 | 養蜂の失敗 |
| (12) | ミワ | 三輪山 | 皇極三年（六五七）六月乙巳条 | 昼寝をする猿の予言歌 |

正なイクタマヨリビメのもとに、ある壮夫が通って来るようになった。ほどなくしてイクタマヨリビメは懐妊したが、彼女は相手の姓名すら知らなかった。そこで、父母の教えにしたがい、男を迎える際に赤土を床の周辺に散布し、通ってきた男の衣の麻糸を通した針を刺しておいた。翌朝、麻糸は戸の鍵穴を通って外に出ていたので、その糸を辿っていくと「美和山」の「神の社」に至っており、これによって壮夫が大三輪神であることを知った。そして、麻糸が三勾残っていたことに因んで、この地を「美和」と呼ぶようになった、というものである。

このように『古事記』には「ミモロ山」が二例、「ミワ山」が一例見られる。前者の表記をとる（1）には、大三輪神が登場しており、同じく（2）でもオオタタネコによる祭祀が行われていることから、松倉氏の指摘の通り「ミモロ山」は祭祀を行う場として描かれていることが確認できる。それに対して（3）は「ミワ山」という表記であるが、山中に「神の社」が存在することから、この場合も斎場とされていることが明らかである。また、大神氏と結びつく内容ではないにもかかわらず「ミワ山」という表記が用いられている。これは、大神氏が祭祀に関与するようになって以降、そのウヂナに因んで「ミワ山」と呼称されるようになったという説明と相違する。

この点について松倉氏は、ここには本来は「ミモロ山」と記されるべきであるとし、この所伝は大神氏が祭祀を行うようになってから述作されたと推測している。しかし、そのように考えるならば、オオタタネコの活躍を伝える（2）こそ、大神氏にとっては自氏の由緒を示す内容であり、潤色が加えられて然るべきであるが、肝心の（2）が「ミモロ山」のままとされ、（3）の表記だけが「ミワ山」に改変されたというのは不自然である。むしろ、（3）は「美和」の地名起源譚になっていることから、地名の「美和」に対応させて、「ミワ山」と表記したと考えるのが穏当であろう。

したがって『古事記』の三例からは、「ミモロ山」という表記が、斎場の意味で用いられていることが確認できる。また「ミワ山」という表記は、あくまでも地名起源譚の文脈による例外的な用例であり、必ずしも大神氏との関係によるものではないことが分かる。

次に『日本書紀』の用例を確認しよう。（4）『日本書紀』神代上第八段一書第六は、（1）とほぼ同内容である。オオクニヌシが、協力者であるスクナビコナを失って嘆いていると、光を放ち海上を浮かんで来る者があり、オオクニヌシがその正体を問うと、自分は「汝之幸魂奇魂也」であると答えた。さらに、オオクニヌシがどこに住みたいかを問うと、その神は「日本国之三諸山」に住みたいと答えたため、その地に宮を造営して住まわせた。これが「大三輪之神」であるという。

（5）『日本書紀』崇神十年九月条は、冒頭で言及した箸墓伝承である。詳細は繰り返さないが、ヤマトトトヒモモソヒメが「小蛇」である自分の正身を見て驚いたことに怒ったオオモノヌシは、自らが鎮座する「御諸山」へ大虚を践んで帰っていったとある。

（6）『日本書紀』崇神四十八年正月戊子条は、夢占いの伝承である。それによれば、崇神天皇が豊城命と活目尊のどちらを後継者とするかを決めるため、両者の見た夢によって占うことにした。両者は身を清めて床に就き、翌朝、自分の見た夢を天皇に報告した。兄の豊城命は「御諸山」に登って東の方角を向き、槍を八回突き出し、刀を八回振るう夢を見た。一方、弟の活目命は同じく「御諸山」に登って縄を四方に引き渡し、粟を食べに来た雀を追い払う夢を見た。これを聞いた天皇は、両者の夢を比較した上で、東の方角を向いた豊城命には東国を治めさせ、四方に臨んだ活目尊には皇位を嗣がせたという。

（7）『日本書紀』景行五十一年八月壬子条には、伊勢神宮に献上された蝦夷が礼を欠いているため、「御諸山」の麓に移住させたが、またすぐに「神の山」の樹木を伐採し、近隣の人々を脅かすようになった。そこで天皇は、蝦夷を畿内に住まわせるのは難しいとして、畿外に移住させるよう命じたとある。

（8）『日本書紀』雄略七年七月丙子条は、冒頭で触れた少子部蜾蠃の伝承である。ここでは雄略天皇が少子部連蜾蠃に対して「三諸岳神」を捕らえて来るように命じており、蜾蠃も「三諸岳」に登って「大蛇」を捕らえたとある。

（9）『日本書紀』敏達十年（五八一）閏二月条には、蝦夷が辺境に侵寇したため、敏達天皇は魁帥の綾糟を召喚し、景行天皇の時代の前例を引き合いに出して、その首謀者を誅殺すると言った。すると綾糟は恐れ畏まり、初瀬川の中流に入り「三諸岳」に向かって、子孫の代まで清明な心をもって朝廷に奉仕することを誓い、もしその誓約に背いた場合は、天地諸神と天皇霊[45]が自分たちの子孫を絶やすだろうと言ったとある。

(10)『日本書紀』用明元年(五八六)五月条には、穴穂部皇子が敏達天皇の殯宮に侵入を試みたが、逆は兵衛を率いて宮門を警護してこれを防いだ。これに怒った穴穂部は、物部守屋に逆を討伐するように命じた。その知らせを聞いた逆は、軍勢から逃れるため「三諸之岳」の山中に身を隠したとある。

(11)『日本書紀』皇極二年(六四三)是歳条には、

百済太子余豊、以二密蜂房四枚一、放二養於三輪山一。而終不二蕃息一。

とあり、百済より来日していた豊璋が「三輪山」で養蜂を行おうとしたが、繁殖しなかったとある。

(12)『日本書紀』皇極三年(六四四)六月乙巳条には、

志紀上郡言、有レ人、於二三輪山一、見二猿昼睡一、窃執二其臂一、不レ害二其身一。猿猶合眼歌曰、

武舸都烏爾　陀底屢制羅我　爾古禰挙曾　倭我底嗚勝羅毎　施我佐基泥　佐基泥曾母野　倭我底勝羅須謀野

(向つ嶺に　立てる夫らが　柔手こそ　我が手を取らめ　誰が裂手　裂手そもや　我が手取らすもや)

其人驚二怪猿歌一、放捨而去。此是、経二歴数年一、上宮王等、為二蘇我鞍作一、囲二於膽駒山一之兆也。

とある。これによれば、ある人が「三輪山」で昼寝をする猿を見つけて、その腕を捕らえたところ、猿は眠ったまま歌を詠んだ。この歌は、前年に山背大兄王が蘇我入鹿に急襲されたことの予兆であったという[47]。

以上のように『日本書紀』における三輪山の漢字表記には、「三諸山」「御諸山」「三諸岳」「三諸之岳」「三輪山」などのパターンが見られ、「ミモロ山(岳)」と「ミワ山」の二つに大別することができる。このうち前者の

表記が用いられる場合は、やはり『古事記』と同じく神が坐す聖なる場、あるいは祭祀などを行う場として描かれている。

すなわち、(4)ではオオクニヌシの「幸魂奇魂」である「大三輪之神」の鎮座する山、(5)では「小蛇」の正身をもつオオモノヌシが帰っていく山、(8)では「大蛇」である「三諸岳神」が坐す山とされている。(7)では「御諸山」を後段で「神の山」と言い換えている。また、(6)では夢占いの場、(9)では蝦夷の服従儀礼の場とされている。残る(10)では、物部守屋の軍勢に追われた三輪逆が「三諸之岳」に逃げ込んでいるが、これは単に山中に潜んで難を逃れたということだけでないと思われる。[47]

たとえば『日本書紀』雄略三年四月条には、廬城部武彦が伊勢斎王である栲幡皇女を妊娠させたと、阿閇国見が讒言した。武彦の父である枳莒喩は、子の罪が自分に及ぶことを恐れ、武彦を呼び出して殺害した。一方、天皇が栲幡皇女を尋問したところ、皇女は無罪を主張して五十鈴川のほとりで縊死した。その遺体を調べてみると妊娠しておらず、武彦と皇女は二人とも無実であったことが明らかとなった。これを知った枳莒喩は子を殺害したことを後悔し、報復として国見を殺害しようとしたため、国見は石上神宮に逃げ隠れたという。

また『続日本紀』天平神護元年（七六五）八月庚申条には、舎人親王の孫に当たる和気王が皇位を狙い、紀益女に依頼して称徳天皇を呪詛させ、また粟田道麻呂と謀反を企てた。しかし、道麻呂に装刀を贈ったことから計画が露見してしまい、率川神社に逃げ込んだところを捕縛され、伊豆に流される途中で殺害されたとある。

前者の記事では廬城部枳莒喩の報復を恐れた武彦阿閇国見が石上神宮に、後者の記事では謀反が発覚した和気王が率川神社にそれぞれ逃げ込んでいる。これらの事例から、神社などの祭祀を行う場が一種の「聖域（アジール）」としての機能を有していたことが指摘されている。[48] ここから類推するならば、逆が逃げ込んだ三輪山も、祭祀を行う「聖域」として同様に認識され、平時はたやすく立ち入ることが許されておらず、そのために「三諸之岳」という表記があえて採用されたと考えられる。

それに対して「ミワ山」と表記されるのは、(11)と(12)の記事であるが、ともに大神氏と関係する内容ではなく、しかも祭祀に関するものでもない。しかも注目されるのは、「ミモロ山」という表記が(10)を最後に用いられなくなり、(11)以降は「ミワ山」と表記されていることである。[49](10)は用明元年、(11)は皇極二年の記事であるから、大きく見れば六世紀と七世紀の間に表記の境界が存在することになるが、前節で確認したように、三輪山周辺から出土する祭祀遺物は、六世紀代にピークを迎え、七世紀に入って急速に減少傾向を見せるようになる。とするならば「ミモロ山」と「ミワ山」の書き分けには、その時期における祭祀の実施状況が反映しているのではなかろうか。

つまり、三輪山で実際に祭祀が執り行われていた(と認識されていた)時期の伝承では、三輪山は斎場としての意味をもって「ミモロ山」と伝えられていたが、七世紀に入ると祭祀の衰退(実施形態の変容)にともなって斎場としての意義が薄れたため、以降は「ミモロ山」ではなく、地名を冠して「ミワ山」と言われるようになった。そして、こうした原伝承における呼称の段階差が、『古事記』『日本書紀』(の原史料)が執筆される際に取り入れられた結果、「ミモロ山」と「ミワ山」という表記の違いとなって現れたと考えられる。

したがって、大王家が祭祀に関与していた段階は「ミモロ山」と表記され、大神氏が祭祀を担当するようになってからは「ミワ山」と表記されたという松倉氏の指摘は、少なくとも『古事記』『日本書紀』の記事からはうかがうことができないと言える。

## 4　大神氏と三輪山祭祀

最後に、和田・松倉両説に関わる論点を取り上げたい。すでに述べたように、先行研究では三輪山祭祀を二つの段階に区分し、大神氏は途中から祭祀を担当するようになったと想定してきた。その根拠の一つとなっていたのが、特牛という人物に関する所伝である。この人物は、第一章第一節でも言及した通り、『古事記』『日本書紀』などには見えず、『大神朝臣本系牒略』と『三輪高宮家系図』にのみ登場する。『大神朝臣本系牒略』の尻付には、

　欽明天皇元年四月辛卯、令二大神祭一。之四月祭始乎。〈字類抄。〉

とあり、『三輪高宮家系図』の尻付には、

　金刺宮御宇元年四年辛卯、令レ祭二大神一。是四月祭之始也。

とある。ここにある「四月祭」とは、『延喜式』中宮職17大神祭条・春宮坊13大神祭条などから、四月と十二月の上卯の日に行われる大神祭のうち、四月のそれを指していると見られる。つまり『大神朝臣本系牒略』と『三輪高宮家系図』は、欽明元年（五四〇）に特牛が大三輪神を祭ったことが、四月の大神祭の起源であるとしている。[50]

この記述に着目した和田氏は、「特牛によって四月祭（大神祭）が開始されたという註記は、三輪君による三輪山祭祀が、欽明朝に始まったことを暗示している」として、大神氏が欽明朝から祭祀を担当するようになったと論じている。松倉氏もこの見解を支持している。

しかし、和田氏が参照したのは『三輪高宮家系図』であり、『大神朝臣本系牒略』には触れていない。この『大神朝臣本系牒略』は、延暦から延長頃に提出されたと伝えられる大神氏の本系帳を下敷きとし、六国史などの諸史料を勘案して、寛政三〜十一年（一七九一〜九九）に作成されたものである。一方、『三輪高宮家系図』はその『大神朝臣本系牒略』を基礎とし、これを修正・増補して、明治十六〜二十六年（一八八三〜九三）に作成されたも

のである。よって、いずれも後世に成立した史料ではあるが、両書を比較するならば、『三輪高宮家系図』の基礎となった『大神朝臣本系牒略』の方を、むしろ確認する必要がある。[51]

そこで、改めて『大神朝臣本系牒略』の特牛の尻付を見てみると、末尾に「字類抄」とある。これは出典を示す注記である。この「字類抄」とは『色葉（伊呂波）字類抄』か、あるいはそのもとになった『世俗字類抄』などを指すと思われるが、これらは同じ書名でも写本によって載録されている内容が大きく異なっていることもあり、特牛の尻付のもとになった項目・記述は、管見の限り検出できていない。ただし、こうした出典が記されていることは、この箇所がはじめから『大神朝臣本系牒略』にあったのではなく、「字類抄」を参照して後から記されたことを示している。[52]

また、『大神朝臣本系牒略』のオオタタネコの尻付には、

崇神天皇八年十二月卯日祭之始。〈書紀。〉

とあり、オオタタネコの代に十二月の大神祭が始まったと記されている。この箇所は、特牛の尻付と対応関係にあることからすれば、十二月の大神祭の開始記事に対応させるため、四月の大神祭の開始記述を（何らかの考証を踏まえて）特牛の尻付に後次的に挿入した可能性も否定できない。したがって、現状では特牛の尻付の信憑性は未詳とせざるを得ないのであり、この記述を無批判に信頼して、大神氏が欽明朝から三輪山祭祀に関与するようになったと見ることはできない。

では、大神氏はいかなる形で三輪山祭祀に関与したのであろうか。第一章第一節の繰り返しになるが、三輪山祭祀を開始したと伝えられるオオタタネコは、「神君（略）之祖」（『古事記』崇神段）、「三輪君等之始祖」（『日本書紀』崇神八年十二月乙卯条）とあるように、大神氏の始祖として扱われており、伝承上の人物と見て間違いない。

次に見えるオオトモヌシも、「三輪君祖」（『日本書紀』垂仁三年三月条）とされている。また、オオトモヌシは『日本書紀』仲哀九年二月丁未条に、中臣烏賊津・物部膽咋・大伴武以らとともに四大夫として登場するが、この氏族構成は『日本書紀』朱鳥元年（六八六）九月是日条に見える議政官の構成と一致していることから、上記の記事は『日本書紀』編纂段階で、何らかの潤色を受けていると見られる。よって、オオトモヌシについても、その実在性は低いであろう。

それに対して、上記した二人との間に段階差が認められるのが、身狭である。『日本書紀』雄略即位前紀には、御馬皇子がかねてから親交のあった身狭のもとに向かう途中、大泊瀬皇子（のちの雄略天皇）の軍勢と遭遇し、三輪磐井の地で戦ったが敗れて捕縛され、処刑される際に近くの井戸を詛ったとある。この記事は、「三輪磐井」（現在の奈良県桜井市岩坂に比定）など具体的な地名が見えることから、持統五年（六九一）に提出が命じられた大神氏の「墓記」（『日本書紀』持統五年八月辛亥条）に拠ったことが指摘されている。[53] また、オオタタネコやオオトモヌシは大神氏の始祖とされていたが、身狭にはそうした記載が見られない。さらに『大神朝臣本系牒略』では、身狭の一代前の志多留命までは語尾に「命」が付されているのに対し、身狭からは付されていない。これらのことからすると、身狭は『古事記』『日本書紀』に登場する大神氏（の前身集団）の中で、実在した最初の人物である可能性が高い。

また、敏達・用明天皇の時代には、先にも触れた逆の活躍が知られる。『日本書紀』敏達十四年（五八五）八月己亥条・用明元年条では、逆は敏達天皇の「寵臣」あるいは「譯語田天皇之所二寵愛一。悉委二内外之事一焉」と記されており、敏達天皇に非常に重用されていたことが分かる。また、用明元年条によれば、逆の死を聞いた蘇我馬子が、天下が乱れることを危惧したという。このことからも、逆が当時の政局で大きな役割を果たしていたことがうかがえる。このように、逆が敏達天皇に重用された要因としては、后妃一般の経済基盤である私部の設置にかかわるなど、特に内廷との結びつきをもったことが指摘されている。[54]

もっとも、逆一代で大神氏が急成長したわけではないであろう。前述した身狭は、彼自身の活躍は明記されていないが、大泊瀬皇子と御馬皇子の皇位継承争いに関わって登場しており、しかも御馬皇子から救援を求められている。よって、大神氏はこの時期からある程度の勢力を持っており、六世紀に入って徐々に台頭してきたと見ることができる。

ただし、その逆も前述の通り、敏達天皇の殯宮で穴穂部皇子の怒りを買ったことで、物部守屋によって攻め滅ぼされてしまった。その際、穴穂部皇子は守屋に対して「汝応㆔往討㆓逆君并其二子㆒」と命じており、守屋も「斬㆓逆等㆒訖」と復命していることから、この時には逆だけでなく、その二人の子までも殺害されたことが分かる。はたして逆以後の大神氏は、『日本書紀』舒明八年（六三六）三月条に小鷦鷯が見えるまで、約半世紀もの間、全く活躍が知られない。したがって、大神氏は六世紀代に入って勢力を伸ばしたが、逆が殺害されたことを契機として、その後は勢力を大きく減退させたと推測される。

このように見てくると、大神氏の動向は、第二項で詳述した三輪山周辺から出土する祭祀遺物の傾向と、奇しくも一致することが分かる。すなわち、雄略朝に大神氏の中で最初に実在したと目される身狭が登場し、敏達朝には逆が天皇の「寵臣」と称されるまでに台頭したが、用明朝に入ってその逆が殺害されてからは活躍が見られなくなった。それに対して、三輪山周辺から出土する祭祀遺物は、五世紀後半から増加し始め、六世紀の前半から後半にかけてピークに達し、七世紀前半には急激に減少するのである。

これらのことを踏まえるならば、大神氏は先行研究のように欽明朝から三輪山祭祀に関与するようになったのではなく、少なくとも五世紀後半から六世紀後半まで一貫して祭祀を担当していたのではなかろうか。つまり、五世紀後半に三輪山で祭祀が本格的に開始された際、大神氏はその執行を担うこととなり、六世紀を通じて祭祀が最盛期を迎えるとともに、大神氏も氏族として発展・台頭し、七世紀に入って祭祀が衰退した（実施形態が変容した）ことにともなって、大神氏の活躍も低調になったと考えられるのである。

## 結　語

本節では、先行研究で指摘されてきた三輪山祭祀に関する主な三つの論点について、再検討を行った。最後に、論旨をまとめておきたい。

まず、従来の学説では、王権による日神祭祀の舞台が五世紀後半に伊勢へ移ったために、三輪山での祭祀が衰退・中断し、そのことが大三輪神の祟りとして説話化された。そして六世紀中葉になり、王権から祭祀権を委譲された大神氏の手によって、祟り神に対する祭祀が再開されたと理解してきた。しかし、五世紀後半から六世紀前半にかけて、祭祀遺物は継続的に出土しており、遺物の性格にも特に大きな変化は見られないことから、この時期に三輪山祭祀の衰退・中断という事実を想定することは困難である。よって、祭祀の衰退・中断と大三輪神の祟り神としての神格を関連づける点や、大神氏が途中から祭祀を担当するようになったとする点は、ともに首肯することはできない。

また、これまで三輪山の表記には「ミモロ山」と「ミワ山」の二種類があり、大王家が祭祀に関与していた段階は前者が、大神氏が祭祀を担当するようになってからは後者が用いられたと説明されてきた。ただし、「山」の表記に限定して『古事記』『日本書紀』の記事を改めて概観してみると、三輪山で実際に祭祀が執り行われていた（と認識されていた）時期の伝承では「ミモロ山」の表記が、斎場としての意義が薄れた七世紀以降は「ミワ山」の表記が、それぞれ用いられている。したがって「ミモロ山」と「ミワ山」の書き分けは、祭祀主体の相違ではなく、祭祀の実施状況を示すものとして理解すべきである。

さらに先行研究では、『三輪高宮家系図』に見られる特牛の尻付を根拠として、欽明朝から大神氏が三輪山祭祀を担当するようになったと推定してきたが、『三輪高宮家系図』は『大神朝臣本系牒略』を基礎として編纂されたものである。そこで『大神朝臣本系牒略』を参照するならば、当該箇所は大神氏に伝えられた独自の記録にもとづくものではなく、他書に出典をもつことが明記されている。したがって、四月の大神祭の開始時期は現状では不明であり、この記述を根拠として大神氏が祭祀に関与するようになった時期を論じることはできない。

むしろ大神氏は、雄略朝に身狭が登場し、敏達朝には逆が天皇に重用され、用明朝にその逆が殺害されてからは、約半世紀にわたって活躍が知られなくなる。一方、三輪山周辺から出土する祭祀遺物も、五世紀後半から増加し、六世紀代にピークを迎え、七世紀前半には急激に減少する。このように大神氏の大局的な動向と、祭祀遺物の出土傾向が奇しくも一致を見せることからすれば、大神氏は欽明朝からではなく、少なくとも五世紀後半から六世紀後半まで一貫して祭祀を担当していたと考えられるのである。

なお、付言しておくならば、祭祀遺物が七世紀に入って減少することは、この時期から三輪山祭祀が衰退（変容）していったことを示すものである。その要因としては、逆が殺害されたことで、祭祀の担い手である大神氏が力を失ったことがまず挙げられるが、おそらくはそれだけに留まらないと思われる。

六世紀後半から七世紀前半は、伊勢神宮の整備、祭官制の導入、中臣氏・忌部氏などの台頭、日祀部・日置部の設置など、王権による新たな祭祀体制が整えられていった時期である[55]。また、欽明・敏達・用明・崇峻の各天皇の宮は三輪山の周辺に営まれていたが、推古天皇以降の宮は飛鳥地方へと移ってしまう。こうした中で、王権にとっての三輪山の位置づけが大きく変化したことこそが、三輪山祭祀の衰退（変容）をもたらしたと理解できる。一方、大神氏にとっては、逆の死後、彼に代わる有能な人材を輩出することができず、そのため新しい祭祀体制に順応しきれなかったことが、氏族としての低迷につながったと見ることができよう。

注

（1）直木孝次郎「応神王朝論序説」（『古代河内政権の研究』塙書房、二〇〇五年、初出一九六四年）、同「天香久山と三輪山」（『古代河内政権の研究』前掲、初出一九七七年）など。
（2）上田正昭『大和朝廷』（講談社、一九九五年、初出一九六七年）。
（3）岡田精司「河内大王家の成立」（『古代王権の祭祀と神話』塙書房、一九七〇年、初出一九六八年）。
（4）吉井巌「崇神王朝の始祖伝承とその変遷」（『天皇の系譜と神話』二、塙書房、一九七六年、初出一九七四年）。
（5）松前健「三輪山伝説と大神氏」（『大和国家と神話伝承』雄山閣出版、一九八六年、初出一九七五年）。
（6）益田勝実「モノ神襲来」（『秘儀の島』筑摩書房、一九七六年）。
（7）佐々木幹雄「三輪と陶邑」（『大神神社史』吉川弘文館、一九七五年）、同「続・三輪と陶邑」（『民衆史研究』一四、一九七六年）、同「三輪山祭祀の歴史的背景」（滝口宏先生古希記念考古学論集編集委員会編『古代探叢』早稲田大学出版部、一九七九年）、同「三輪山出土の須恵器」（『古代』六六、一九七九年）、同「三輪君氏と三輪山祭祀」（『日本歴史』四二九、一九八四年）、同「新出土の三輪山須恵器」（『古代』八一、一九八六年）。
（8）「王朝交替説」については、水野祐『日本古代王朝史論序説』（『水野祐著作集』一、早稲田大学出版部、一九九二年、初版一九五二年）、前之園亮一『古代王朝交替説批判』（吉川弘文館、一九八六年）、小林敏男「王朝交替説とその方法論をめぐって」（『日本古代国家形成史考』校倉書房、二〇〇六年、初出一九九〇年）など参照。
（9）鈴木靖民『古代国家史研究の歩み』（新人物往来社、一九八〇年）、門脇禎二『葛城と古代国家』（教育社、一九八四年）、前之園亮一『古代王朝交替説批判』（前掲）、熊谷公男『日本の歴史』三（講談社、二〇〇一年）など。
（10）伊野部重一郎「大田田根子と三輪君」（『記紀と古代伝承』吉川弘文館、一九八六年、初出一九八三年）。
（11）和田萃「磐余地方の歴史的研究」（橿原考古学研究所編『磐余・池ノ内古墳群』奈良県教育委員会、一九七三年）。

(12) 田中卓「大神神社の創祀」（『田中卓著作集』一、国書刊行会、一九八七年）。

(13) 代表的な研究としては、田中久夫『氏神信仰と祖先祭祀』（名著出版、一九九〇年）、中村生雄『日本の神と王権』（法蔵館、一九九四年）、岡田荘司「天皇と神々の循環型祭祀形態」（『神道宗教』一九九・二〇〇、二〇〇五年）、大江篤『日本古代の神と霊』（臨川書店、二〇〇七年）など。

(14) この点について直木氏は、万世一系が志向された『古事記』『日本書紀』（およびその原史料）の編纂段階では、こうした「王朝交替」の事実を、そのまま五世紀のこととして載せるわけにはいかなかったとし、さらに「初期大和政権」に関しては「史実として伝えられることがほとんどなかったと思われるから、歴史編纂にあたっては、何らか関係のある記事でこれらの天皇紀の空白部分を埋める必要もあった」と述べている（直木孝次郎「天香久山と三輪山」前掲）。しかし、その場合、大三輪神と大王家とが対立的な関係にあったことをうかがわせる伝承は、全て「初期大和政権」の時代にかけられるはずであるが、『日本書紀』雄略七年条は文字通り雄略天皇の時代（直木氏が言うところの「河内政権」の時代）に置かれているのであり、上記の説明によっても、なお疑問が残る。

(15) 和田萃「ヤマトと桜井」（『桜井市史』上、一九七九年）、同「三輪山祭祀の再検討」（『日本古代の儀礼と祭祀・信仰』下（塙書房、一九九五年、初出一九八五年）など。

(16) 谷川士清『石剣頭考』（一七七四年）、藤貞幹『集古図』（一七九二～九七）、木下石亭『雲根志』（一八〇一年）、蜷川式胤『観古図説』（一八七六～七七年）、松浦弘『撥雲余興』（一八七七年）、神田孝平『日本大古石器考』（叢書閣、一八八六年）、金森得水『本朝陶器攷証』（一八九四年）。

(17) 大場磐雄「磐座・磐境等の考古学的一考察」（『考古学雑誌』三二－八、一九四二年）、同「三輪山麓発見古代祭器の一考察」（『古代』三、一九五一年）。

(18) 樋口清之「三輪山上に於ける巨石群」（『考古学研究』一、一九二七年）、同「神体山の考古学的背景」（大神神社史料編修委員会編『大神神社史』吉川弘文館、一九七五年）。

(19) 奈良県立橿原考古学研究所編『大神神社境内地発掘調査報告書』（大神神社、一九八四年）。

(20) 寺沢薫「三輪山麓出土の子持勾玉をめぐって」（『大神神社境内地発掘調査報告書』前掲）、同「三輪山の祭祀遺跡とそのマツリ」（和田萃編『大神と石上』筑摩書房、一九八八年）。

(21) 小池香津江「三輪山周辺の祭祀遺跡」（三輪山文化研究会編『神奈備・大神・三輪明神』東方出版、一九九七年）。

(22) 近年の発掘成果を踏まえて三輪山祭祀の展開過程を論じた主な研究としては、橋本輝彦「三輪山麓の玉造遺跡」（『東アジアの古代文化』一一三、二〇〇二年）、大平茂「三輪山麓出土の子持勾玉祭祀とその歴史的背景」（椙山林継・山岸良二編『原始・古代日本の祭祀』同成社、二〇〇七年）、古谷毅「奈良県三輪馬場山ノ神遺跡の祭祀考古学的検討」（椙山林継先生古稀記念論集刊行会編『日本基層文化論叢』雄山閣、二〇一〇年）、穂積裕昌「三輪山祭祀の考古学的解釈」（『大美和』一二五、二〇一三年）などがある。

(23)『大神神社史料』一（吉川弘文館、一九六八年）所収。

(24)樋口清之「三輪山上に於ける巨石群」（前掲）など。

(25)寛文六年（一六六六）に出された「三輪山禁足牓示定書」（『大神神社史料』一、前掲）では、東西二〇町五六間（約二・三km）、南北四町（約四三〇m）を禁足地としていることから、少なくとも江戸時代には、山頂付近に及ぶかなりの広範囲が禁足地として定められていたようである。

(26)『大神神社史料』一（前掲）所収。

(27)『大神神社史料』七（吉川弘文館、一九八〇年）所収。

(28)白井勇「大神神社「御主殿」跡攷」（『大神神社境内地発掘調査報告書』前掲）。

(29)小池香津江「三輪山周辺の祭祀遺跡」（前掲）。

(30)寺沢薫「三輪山の祭祀遺跡とそのマツリ」（前掲）。

(31)現地には磐座遺構が整備・保存されているが、発見当時の配置とは異なっている。国学院大学博物館に発見当時の様子が復元展示されている。

(32)高橋健自・西崎辰之助「三和町大字馬場字山の神古墳」（『奈良県史跡勝地調査会報告書』七、一九二〇年）、樋口清之「奈良県三輪町山ノ神遺蹟研究」（『考古学雑誌』一八－一〇・一二、一九二八年）。

(33)樋口清之「奈良県三輪町山ノ神遺蹟研究」（前掲）。

(34)大場磐雄「三輪山麓発見古代祭器の一考察」（前掲）。

(35)桜井市広報誌『わかざくら』（一九九九年八月十一日号）。

(36)現在、「大美和の杜」内に磐座をかたどったモニュメントが設置されている。

(37)佐々木幹雄「三輪と陶邑」（前掲）など。

(38)佐々木幹雄「三輪山及びその周辺出土の子持勾玉」（『古代』七一、一九八一年）、寺沢薫「三輪山麓出土の子持勾玉をめぐって」（『大神神社境内地発掘調査報告書』前掲）、佐々木幹雄「子持勾玉私考」（滝口宏編『古代探叢』早稲田大学出版部、一九八五年）、大平茂「三輪山麓出土の子持勾玉祭祀とその歴史的背景」（前掲）など。

（39）『桜井市松之本遺跡出土子持勾玉報道発表資料』（橿原考古学研究所、二〇一一年三月八日）、『奈良県遺跡調査概報』二〇一一年度第二分冊（橿原考古学研究所、二〇一二年）。

（40）子持勾玉の年代は、松之本遺跡出土のものは『奈良県遺跡調査概報』（前掲）、それ以外は寺沢薫「三輪山の祭祀遺跡とそのマツリ」（前掲）などによった。なお、大平茂氏は独自の形式分類をもとに、大三輪中学校校庭出土のものは五世紀後葉、茅原源水と山ノ神遺跡出土のものは六世紀前葉、大神神社三ツ鳥居下出土のものは六世紀中葉、大神神社禁足地出土の三点は六世紀後葉・七世紀前葉・七世紀中葉と推定している。大平茂「三輪山麓出土の子持勾玉祭祀とその歴史的背景」（前掲）。

（41）三輪山祭祀の開始時期については、四世紀中葉と見る先行研究が多く（寺沢薫「三輪山の祭祀遺跡とそのマツリ」前掲など）、中には三世紀代とするものもある（樋口清之「大三輪古代文化の成立」〈『大三輪町史』一九五九年〉、石野博信「四・五世紀の祭祀継体と王権の伸張」〈『ヒストリア』七五、一九七七年〉、清水真一「三輪山祭祀と考古学」〈森浩一編『古代探求』中央公論社、一九九八年〉など）。和田氏も、箸墓古墳との関係から、「三輪山祭祀の源流（傍点筆者）」が三世紀後半に遡る可能性を指摘している（和田萃「三輪山の神」〈上田正昭・門脇禎二・桜井治男・塚口義信・和田萃『三輪山の神々』学生社、二〇〇三年〉）。しかしながら、五世紀後半を遡る遺跡・遺物については、確認されている件数が少ないため、祭祀の実態は判然としない部分が多い。むしろ本章では、遺跡の件数や遺物の出土量が大幅に増え、それ以降、祭祀が継続的に実施されるようになる五世紀後半を画期として理解したい。

（42）寺沢薫「三輪山の祭祀遺跡とそのマツリ」（前掲）。

（43）松倉文比古「御諸山と三輪山」（『日本書紀研究』一三、塙書房、一九八五年）、同「三輪の御諸山」（『大美和』八一、一九九一年）。

（44）西宮一民「かむなび・みむろ・みもろ」（『上代祭祀と言語』桜楓社、一九九〇年）、同「三輪山は神」（『大美和』九七、一九九九年）、上野誠「万葉のモリとミモロと」（『祭祀研究』一、二〇〇一年）など。

（45）この記事に見える「天皇霊」については、田中卓・小林敏男両氏が指摘しているように、一定の場所に留まるものではなく、したがって三輪山とも直接結びつける必然性はないと考えられる。田中卓「大神神社の創祀」（『田中卓著作集』一、国書刊行会、一九八七年）、小林敏男「天皇霊と即位儀礼」（『古代天皇制の基礎的研究』校倉書房、一九九四年）。第一章第三節参照。

(46)土橋寛氏は、この歌は本来、歌垣で女性が男性の誘いを断った「はねつけ歌」であり、それを上宮王家滅亡の予兆として付会的に解釈したものであるとする。土橋寛『古代歌謡と儀礼の研究』（岩波書店、一九六五年）。
(47)「神山」で「みわやま」と読む可能性もあるが、『日本古典文学大系 日本書紀』上（岩波書店、一九六五年）は「かみのやま」と訓を振っており、この読みにしたがいたい。
(48)和田萃「率川神社の相八卦読み」（『日本古代の儀礼と祭祀・信仰』中、塙書房、一九九五年、初出一九八九年）。
(49)近年、『日本書紀』はα群（巻十四～二十一、二十四～二十七）と、β群（巻一～十三、二十二～二十三、二十八～二十九）とで、執筆者が異なる可能性が指摘されているが（森博達『日本書紀の謎を解く』中央公論新社、一九九九年など）、この分類によるならば、同じα群の中に「三諸（之）岳」と「三輪山」が混在している。したがって「ミモロ」と「ミワ」の書き分けは、α群・β群の違いによるものではない。
(50)塚口義信氏は、この記述を史実と理解した上で、欽明朝に伝来した仏教への対抗措置として、この時期に大神氏が大神祭を開始したとする（塚口義信「敏達天皇と三輪山信仰」〈『三輪山の神々』前掲〉。しかし、第一章第一節で述べた通り、大神氏や物部・中臣氏を排仏派とするのは、篠川賢氏が指摘するように『日本書紀』編者の歴史認識にもとづくと見られる（篠川賢『物部氏の研究』雄山閣、二〇〇九年）。したがって、大神氏は仏教に対して必ずしも否定的な態度を取っていたわけではないと考えられる。
(51)第三章第三節参照。
(52)「字類抄」（『世俗字類抄』『色葉字類抄』『伊呂波字類抄』）は、和語・漢語を第一拍によって四十七部門に分類した古字書であり、大神祭の開始に関する詳細な記述があったとは思われないが、少なくとも『大神朝臣本系牒略』の編者は「字類抄」を参照した上で、四月の大神祭の開始を特牛の代に比定したのであり、その比定の根拠となった何らかの記述が「字類抄」には存在したと考えられる。
(53)坂本太郎「纂記と日本書紀」（『坂本太郎著作集』二、吉川弘文館、一九八八年、初出一九四六年）。
(54)阿部武彦「大神氏と三輪神」（『日本古代の氏族と祭祀』吉川弘文館、一九八四年、初出一九七五年）、中山薫「三輪君逆についての一考察」（『日本書紀研究』二四、二〇〇二年）。
(55)直木孝次郎「天照大神と伊勢神宮の起源」（『日本古代の氏族と天皇』塙書房、一九六四年、初出一九五一年）、上田正昭「祭官の成立」（『日本古代国家論究』塙書房、一九六八年、初出一九六四年）、岡田精司「伊勢神宮の起源」（『古代王権の祭祀と神話』塙書房、一九七〇年、初出一九六〇年）、同「日奉部と神祇官先行官司」（『古代王権の祭祀と神話』前掲、初出一九六二年）など。

## 第三節　大神氏始祖系譜の歴史的背景

### はじめに

大神氏の始祖伝承としては、『古事記』『日本書紀』に載録されたオオタタネコに関する記事が広く知られている。まず、『古事記』崇神段には、

此天皇御世、疫病多起、人民死為レ尽。爾天皇愁歎而、坐二神牀一之夜、大物主大神、顕レ於二御夢一曰、是者我之御心。故、以二意富多多泥古一而、令レ祭二我御前一者、神気不レ起、国安平。是以駅使班レ于二四方一、求下謂二意富多多泥古一人上之時、於二河内之美努村一、見二得其人一貢進。爾天皇問二賜之汝者誰子一也、答曰、僕者大物主大神、娶二陶津耳命之女、活玉依毘売一、生子、名櫛御方命之子、飯肩巣見命之子、建甕槌命之子、僕意富多多泥古白。於レ是天皇大歓以詔之、天下平、人民栄。即以二意富多多泥古命一、為二神主一而、於二御諸山一拝二祭意富美和之大神前一、又仰二伊迦賀色許男命一、作二天之八十毘羅訶一〈此参字以レ音也。〉定二奉天神地祇之社一、又於二宇陀墨坂神一、祭二赤色楯矛一、又於二大坂神一、祭二墨色楯矛一、又於二坂之御尾神及河瀬神一、悉無二遺忘一以奉二幣帛一也。因レ此而疫気悉息、国家安平也。（略）〈此意富多多泥古命者、神君・鴨君之祖。〉

とある。ここでは、崇神天皇の時代に疫病が流行し、人民が死に絶えようとしていた。天皇はこれを憂いて占いを行うと、オオモノヌシが現れ、これは自分の意志であり、オオタタネコに自分を祭らせるならば、疫病は収まるだろうと告げた。そこで天皇は、彼を河内之美努村より捜し出し、オオモノヌシを祭らせたところ、疫病が収まったとある。また『日本書紀』崇神七年二月辛卯条～八年十二月乙卯条には、

（崇神七年二月辛卯条）

詔曰、昔我皇祖、大啓二鴻基一。其後、聖業逾高、王風転盛。不レ意、今当二朕世一、数有二災害一。恐朝無二善政一、取二咎於神祇一耶。蓋下命神亀、以極中致レ災之所由上也。於是、天皇乃幸二于神浅茅原一、而会二八十万神一、以卜問之。是時、神明憑二倭迹々日百襲姫命一曰、天皇、何憂二国之不レ治一也。若能敬二祭我一者、必当自平矣。天皇問曰、教二如此一者誰神也。答曰、我是倭国域内所居神、名為二大物主神一。時得二神語一、随レ教祭祀。然猶於レ事無験。天皇乃沐浴斎戒、潔二浄殿内一、而祈之曰、朕礼レ神尚未レ尽耶。何不レ享之甚也。冀亦夢裏教之、以畢二神恩一。是夜夢、有二一貴人一。対二立殿戸一、自称二大物主神一曰、天皇、勿二復為一レ愁。国之不レ治、是吾意也。若以二吾児大田々根子一、令二祭吾一者、則立平矣。亦有二海外之国一、自当帰伏。

（崇神七年八月己酉条）

倭迹速神浅茅原目妙姫・穂積臣遠祖大水口宿禰・伊勢麻績君、参人共同レ夢、而奏言、昨夜夢之、有二一貴人一、誨曰、以二大田々根子命一、為下祭二大物主大神一之主上、亦以二市磯長尾市一、為下祭二倭大国魂神一主上、必天下太平矣。天皇得二夢辞一、益歓二於心一。布告二天下一、求二大田々根子一、即於二茅渟県陶邑一得二大田々根子一而貢之。天皇、即親臨二于神浅茅原一、会二諸王卿及八十諸部一、而問二大田々根子一曰、汝其誰子。対曰、父曰二大物主大神一。母曰二活玉依媛一。陶津耳之女。亦云、奇日方天日方武茅渟祇之女也。天皇曰、朕当栄楽。乃卜下使二物部連祖伊香色雄一、為中神班物者上、吉之。又卜三便祭二他神一、不レ吉。

（崇神七年十一月己卯条）

命二伊香色雄一、而以二物部八十平瓮一、作二祭神之物一。即以二大田々根子一、為下祭二大物主大神一之主上。又以二長尾市一、為下祭二倭大国魂神一之主上。然後、卜レ祭二他神一、吉焉。便別祭二八十万群神一。仍定二天社・国社、及神地・神戸一。於是、疫病始息、国内漸謐。五穀既成、百姓饒之。

（崇神八年十二月乙卯条）

天皇、以二大田々根子一、令レ祭二大神一。（略）即開二神宮門一、而幸行之。所謂大田々根子、今三輪君等之始祖也。

とある。こちらも話の大筋は『古事記』と共通するが、やや詳細な内容になっている。すなわち、崇神天皇の時代に疫病が流行したため、天皇が占いを行うと、オオモノヌシがヤマトトトヒモモソヒメに神懸かりして、これは自分の意志であると告げた。天皇は神託に従って祭祀を行ったが、効験は得られなかった。すると天皇の夢にオオモノヌシが再び現れ、自分の子孫であるオオタタネコに祭らせるよう告げた（崇神七年二月辛卯条）。天皇が神託を受けたのと同日に、倭迹速神浅茅原目妙姫・大水口宿禰・伊勢麻績君ら三人も同じ夢を見たという。この報告を受けた天皇は、オオタタネコを捜索させ、茅渟県陶邑に彼を見つけ出した（崇神七年八月己酉条）。そして彼に祭祀を行わせると、神託のとおり疫病が収まった（崇神七年十一月己卯条）。さらに翌年にも、オオタタネコにオオモノヌシを祭らせた（崇神八年十二月乙卯条）。

　これら一連の記事の主眼は、三輪山に鎮座するオオモノヌシの祟りを、その子孫であるオオタタネコが鎮めたことに置かれている。と同時に、そのオオタタネコの後裔を称する大神氏が、三輪山での祭祀をもって王権に奉仕することの正統性を示す起源譚にもなっている。これらの点は、大方の共通理解になっていると見てよいであろう。

　それに対して、先行研究で解釈が分かれているのは、オオタタネコが河内之美努村・茅渟県陶邑において発見されたという点である（傍線部）。ここに見える河内之美努村と茅渟県陶邑は、表現を異にするものの実際にはほぼ同じ地域を指しており、古代の和泉国大鳥郡南東部から同国和泉郡北東部、現在の堺市・和泉市・岸和田市・

大阪狭山市にまたがる泉北丘陵一帯に比定されている。

この地域には、五世紀から十世紀まで操業が続けられ、特に五世紀段階では国内における須恵器生産の中心的役割を担った陶邑窯跡群が展開している。しかも、三輪山から出土する祭祀遺物の中には、この陶邑で焼成された須恵器が含まれていることが報告されている。そのため先行研究では、なぜオオタタネコが陶邑で発見されたことになっているのか、さらには陶邑で行われた須恵器生産に大神氏がどのように関与したのかが重要な論点となってきた。本節では、この二点について考察を行うこととする。

## 1　須恵器生産と神部

先に挙げた二つの論点のうち、まずは後者の点、すなわち大神氏と須恵器生産との関係を取り上げたい。この点に最初に言及したのは、佐々木幹雄氏である。(1)

佐々木氏は、三輪山の山中・山麓に点在する祭祀遺跡群から出土した須恵器（現在は大神神社所蔵）に着目し、その数量と年代が陶邑窯跡群の消長と一致することや、陶邑以外の地方窯が未成立・未発達の時期の須恵器が含まれていること、陶邑出土の須恵器と器形が類似することなどから、三輪山出土の須恵器の大半は陶邑で焼成されたものであると分析した。また、これらは煮炊きなどの日常生活ではなく、あくまでも祭祀に使用されたことを指摘した。

そして、朝鮮半島から陶邑に渡来して須恵器生産を開始した集団が、大三輪神を祭っていた三輪山麓の集団に祭祀用の須恵器を提供したことをきっかけとして、のちに地方伴造として神直を称すようになり、さらにその神直の一部が三輪山の山麓に移住して三輪君を称し、それ以前にこの地を治めていた三輪山麓の集団から祭祀権を継承したと推定した。(2)

佐々木氏による一連の研究は、三輪山と陶邑との関係を考古資料によって具体的に裏付けた点において、以下で触れる諸説の先駆けとして高く評価することができる。しかし、この理解はいわゆる王朝交替説を前提としている。現在では、この時期の政治権力を「王朝」と呼称することの妥当性も含めて、王朝交替の存在自体に多くの疑問が出されている。[3] 上記の佐々木説に対しても、伊野部重一郎氏や田中卓氏が的確な批判を行っている。[4]

詳細は両氏の研究に譲りたいが、付言しておくならば、伴造—部民制の展開とともに、中央伴造としての大神氏（三輪君）に対応して、各地の集団が地方伴造として編成されたものが神直である。よって、地方伴造としての神直が先に成立し、その勢力の一部が三輪山麓に移住して、後から中央伴造としての大神氏（三輪君）が成立する（移住した集団が三輪君を名乗る）という経緯は想定しがたい。序章・第二章第二節でも述べたように、三輪山祭祀の問題と王朝交替説は、一旦切り離して論じる必要がある。

次に注目すべきは、坂本和俊・菱田哲郎・溝口優樹各氏の研究である。まず、坂本氏は『和名類聚抄』所載の郡郷名や、延喜式内社の分布から、各地の須恵器窯の周辺に神部の存在が確認できるとし、神部が地方の須恵器生産において重要な役割を果たしていた可能性を指摘した。[5]

坂本氏の研究を発展させた菱田氏は、牛頸窯跡群（福岡県大野城市）から出土した甈に「大神君」「大神部」のヘラ書き文字が見えること、[6] 天平十二年（七四〇）「遠江国浜名郡輸租帳」[7] に見える神直・神人・神人部と、湖西窯跡群（静岡県湖西市）の関連が指摘されていること、[8] 大宝二年（七〇二）「御野国各牟郡中里戸籍」[9] に見える神直族・神人も、美濃須衛窯跡群（岐阜県各務原市）との関連がうかがえること、これらの点から神部の職掌の一つに須恵器生産があったとした。そして、六世紀後半から七世紀前半にかけて、須恵器生産が神部を軸とする体制に「再編」されたことによって、各地の須恵器窯で安定的・継続的な生産が行われるようになったと論じた。また、各地の神部が大三輪神を祭るのは「主たる職掌」ではなく、中央の大神氏との「伴造―部民という関係」による後次的な職掌であるとした[10]。

溝口氏は、菱田説を下敷きとしつつ、吉村武彦氏[11]や佐藤長門氏[12]の研究を援用して、古くは人制のもとで編成された神人が各地から集まり、陶邑で須恵器生産に従事していたが、のちに部民制が導入されると、神人の経済的基盤として各地に神人部[13]・神部が設置されたとした。また、六世紀には王権機構の整備にともない、それまで大王（天皇）個人に収斂していた伴造―部民の管理権が有力階層に委譲されたとし、須恵器生産についても、もとは「大王の直接的管理下」にあったが、のちに各地のミワ系氏族（神直・神人・神人部・神部直・神部など）を中央で統轄する大神氏に「委譲」されたと述べている[14]。

このように近年では、神部が各地の須恵器生産の中心的な役割を担っていたとする説が多く見られる。たしかに、大和王権の地方支配制度の展開にともなって、神部などが各地に分布するようになったとする点は首肯すべきであろう。筆者も人制と神人、部民制と神人部・神部、および国造制と神直・神部直が、それぞれ関係すると理解している[15]。

しかしながら、須恵器工人については、陶部として組織化されていたと見る説や[16]、陶人から陶部への移行を想定する説[17]、陶部としては組織されず、須恵器生産は部民制の「外周」に置かれたとする説などもあり[18]、定見が得られているとは言いがたい。加えて、神部と須恵器生産とを直結させ、その関係性を全国に敷衍する点は、高橋照彦氏や鷺森浩幸氏が詳細な批判を行っており[19]、筆者もにわかには賛同できない。疑問点を改めて整理してみよう。

まず、第一章第三節の表1～3に示したように、大神氏に関連する地名・神社・氏族は、一部の国を除き、北は陸奥・出羽両国、南は薩摩国まで、ほぼ全国に分布している。よって、須恵器窯と神部の分布地域が重なることは、両者の間に相関関係がなくても十分にあり得ることである。菱田氏によれば、地方の須恵器窯が再編された時期には、畿内周辺や瀬戸内地方などを中心として、一～二郡に一カ所程度の割合で須恵器窯が分布する「一郡一窯体制」が見られるというが、(20)そのような地域においては、須恵器窯と神部の分布が重なる確率は一層高まるはずである。とするならば、近接した地域に須恵器窯と神部が確認できるだけでは、必ずしも神部が須恵器生産に関与した根拠にはならないと言える。

また、菱田氏自身が、金属生産には韓鍛冶部・金作部・忍海部、製鉄には山部・丸部など、一つの手工業生産に対する複数の部の関与を指摘した上で、「須恵器生産に関わる部民が神部だけであったかどうかは明らかにできない」(21)と述べているように、須恵器生産を担った氏族は複数存在した可能性がある。たとえば、牛頸窯跡群出土の瓺に「内椋人」「押坂□」(22)、大宰府政庁跡（福岡県太宰府市）出土の須恵器に「宇治部君」(23)、那谷金比羅山《なたにこんぴらやま》窯跡（石川県小松市）出土の平瓶に「阿□（波カ）田」(24)、桜生《さくらばさま》古墳（滋賀県野洲市）出土の短頸壺に「酒人首」(25)、高蔵寺《こうぞうじ》二号窯跡（愛知県春日井市）出土の須恵器に「凡人部」(26)、石神遺跡（奈良県明日香村）出土の須恵器に「秦人部」(27)、小杉流通団地NO.一六遺跡（富山県射水市）出土の須恵器に「秦人」(28)などのヘラ書き文字が、それぞれ確認されている。これらはいずれも須恵器を生産した工人か、あるいはその生産を統轄した氏族を示すと見られている。そもそも、須恵器の生産者が神部として編成されたのであれば、全国における須恵器生産の中心的位置を占める陶邑には、神部が集中的に分布するはずであるが、後述の通り、実際にはそれ以外の様々な氏族が分布している。

さらに、これまでの研究では、六世紀後半から七世紀前半にかけて、神部を中心とする須恵器生産体制への「再編」や、大神氏に対する須恵器生産の管理権の「委譲」などが想定されている。しかし、第一章第一節で概観した通り、この時期の大神氏は勢力を著しく衰退させている。

すなわち、大神氏は六世紀後半に敏達天皇の「寵臣」と称された逆を輩出し、この時期に台頭するが、彼は敏達天皇の殯宮を警護した際、宮内への侵入を試みた穴穂部皇子を制止したことが原因で、殺害されてしまう（『日本書紀』用明元年〈五八六〉五月条）。その際、穴穂部皇子は物部守屋に対して「汝応三往討二逆君并其二子一」と命じており、守屋も「斬二逆等一訖」と復命していることから、この時には逆だけでなく、二人の子供（おそらく後継者）も殺害されたことがうかがえる。

そしてこれ以降、大神氏は約半世紀にわたって史料に全く登場しない。ようやく舒明八年（六三六）になって小鷦鷯が見えるが、彼は采女と姦通した嫌疑をかけられ、その取り調べを苦にして自殺している（『日本書紀』舒明八年三月条）。次に見える文屋も、蘇我入鹿によって山背大兄王とともに攻め滅ぼされている（『日本書紀』皇極二年〈六四三〉十一月丙子条）。

このように、六世紀後半から七世紀前半にかけての大神氏は、逆の失脚によって急速に衰退したと見られ、半世紀を経ても勢力を巻き返すには至っていない。ちなみに、彼らが再び台頭するのは、壬申の乱で顕著な活躍を見せた子首や高市麻呂の代まで待たなければならない。

したがって、この時期に全国の須恵器生産体制が「再編」されたとしても、その担い手として大神氏や神部が選ばれる理由が判然としない。ましてや、こうした低迷期にある大神氏に対して、須恵器生産の管理権が「委譲」されるとは考えがたいのである。この点については、実際に「須恵器生産という職務を大王から分掌された」のは各地の神部であり、大神氏は須恵器生産の「管理権を分与」されたに過ぎないとの見方もあるが、[29] 中央伴造による「管理」体制が十分に機能しなければ、その後、各地の須恵器窯が安定的・継続的な操業を続けることはできないであろう。

以上のことからすれば、地域によっては神部も須恵器生産に関与した場合もあったかもしれないが、六世紀後半から七世紀前半にかけて、伴造―部民制のもとで神部を軸とする須恵器生産体制が全国的に整備され、中央で大神氏がその体制を統轄したという推定に対しては、懐疑的にならざるを得ない。

むしろ第一章第三節で詳述したように、各地のミワ系氏族は、中央の大神氏が東国・西国に進出するにともなって、あるいは対外交渉に従事したことにともなって、全国的に広く分布するに至ったのであり、中央伴造である大神氏のもとへ物資や人材（労働力・軍事力）を提供すると同時に、各地で大三輪神を祭ることが、本来の職掌であったと考えられる。よって、大神氏や神部が須恵器の生産に関与することがあったとしても、それはあくまでも三輪山や各地における祭祀に須恵器を用いるためであったと見られるのである。

## 2　大鳥郡上神郷と神直

次に、冒頭で示した論点のうち、大神氏およびオオタタネコと陶邑の関係について検討を行いたい。陶邑窯跡群は、丘陵や谷などの自然地形によって、北から陶器山（MT）・高蔵寺《たかくらじ》（TK）・栂《とが》（TG）・光明池（KM）・大野池（ON）・谷山池（TN）の六地区に大きく分けられている。[30] これを図示したものが図2である。この範囲には『和名類聚抄』所載の郡・郷では、大鳥郡大村郷・上神郷・和田郷、和泉郡信太郷・池田郷が含まれる。[31]

このうち「上神」は現在の大阪府堺市南区の上神谷《にわだに》、「和田」は同区美木多、「信太」は和泉市の信太山、「池田」は同市池田町が、それぞれ遺称地名と見られる。また『行基年譜』[32]によれば、和泉国大鳥郡大村里（大村郷）に「大□《修カ》恵院〈高倉〉」が所在したとあるが、堺市中区には高蔵寺、堺市南区には高倉台という地名が残っており、現在この地に所在する高倉寺はかつて「大修恵山寺」「修恵寺」とも称したという。同じく「大庭院」が上神郷に、「檜尾池院」「檜尾池」が和田郷にあったことが見えるが、堺市南区には大庭寺や檜尾の地名が遺存してい

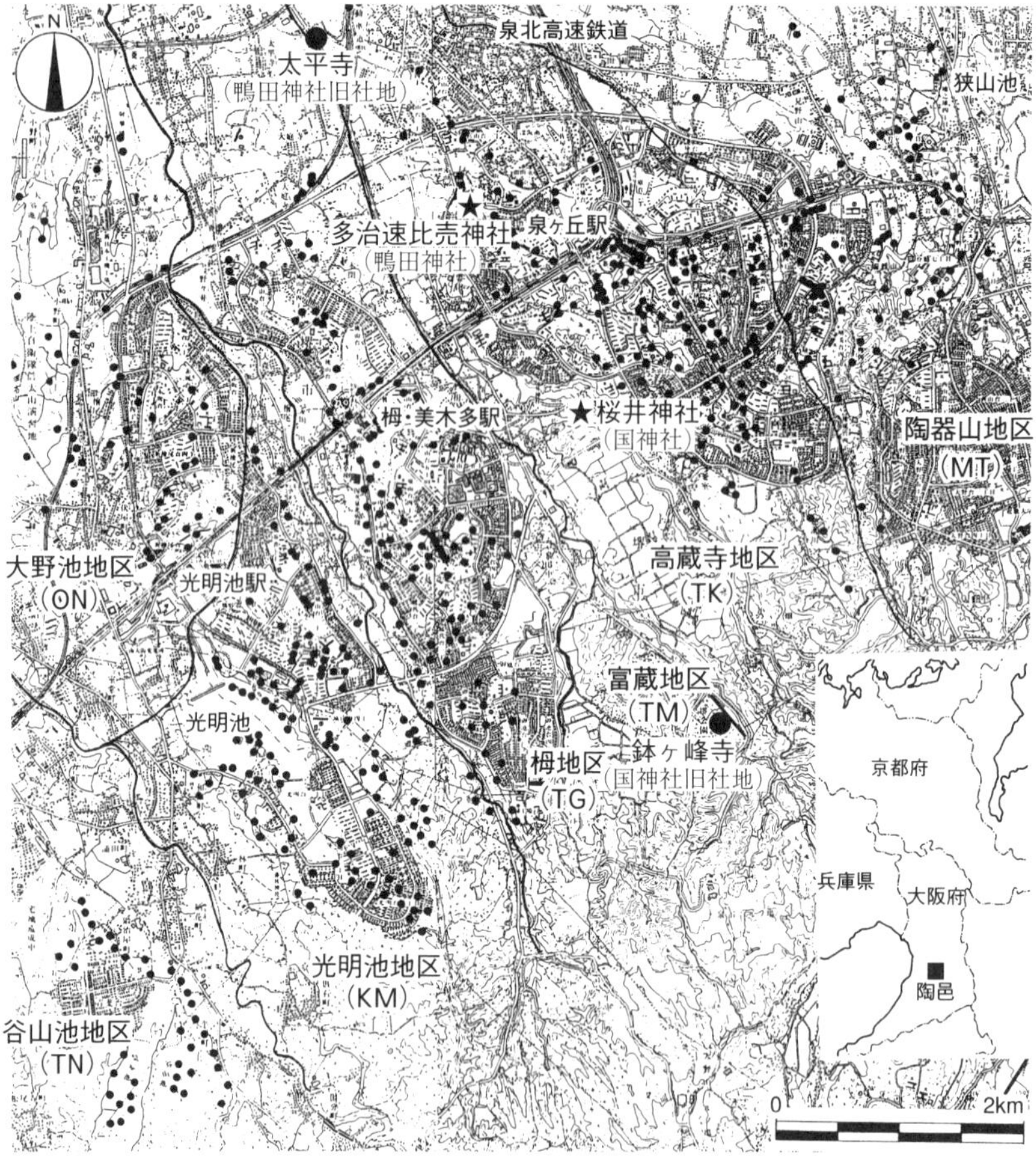


図２　陶邑窯跡群と大神氏・賀茂氏関係神社

大阪府教育委員会文化財保護課編『陶邑・窯・須恵器』（2005 年）掲載図を一部改変。

る。さらに、延長八年（九三〇）二月九日「鉢峰山長福寺縁起」[33]によれば、この寺は「上神之里」にあったとされているが、堺市南区には鉢ケ峯寺の地名も残っている。

以上から、現在の行政区画においては、大村郷は堺市中区の南東部から堺市南区の北東部、上神郷は同区の中央部、和田郷は同区の北西部、信太郷は和泉市の北部、池田郷は和泉市の中央部に比定することができる。[34]

この中で大神氏との関係がうかがえるのは、郷名に「ミワ」を含む上神郷である。この地名は『住吉大社神代記』三十 御封奉寄初段にも「河内泉（略）三輪里道」と見えている。[35]また、『延喜式神名帳』和泉国大鳥郡条の桜井神社は、現在の堺市南区片蔵に所在する桜井神社に比定されており、上神谷八幡宮とも呼ばれている。同じく大鳥郡条の国神社は、『大神分身類社抄』[36]に「三輪国神社」とあり、明治四十三年（一九一〇）に桜井神社に合祀されたが、それ以前は堺市南区鉢ケ峯寺に鎮座していた。[37]これらのことからも、大神氏は陶邑に含まれる各郷の中で、特に上神郷との結びつきが強かったと考えられる。

次に、陶邑に分布したと思われる主な氏族を『新撰姓氏録』から抜粋するならば、以下の通りである。[38]

和泉国皇別　池田首

和泉国神別　狭山連　和太連　民直　韓国連　和山守連　和田首　大庭造　神直　大村直　荒田直　民直　末使主

和泉国諸蕃　池辺直　信太首　取石造

これらの諸氏族のうち、大村直・荒田直・末使主は大鳥郡大村郷に、神直・大庭《おおにわ》造は上神郷に、和太連・民直・和山守首・和田首・狭山連は和田郷に、信太首・取石造は和泉郡信太郷に、池田首・池辺直・和田首・韓国連は池田郷に、それぞれ所在したと推定されている。[39]この中で大神氏に関係する氏族としては、ウヂナに「ミワ」を含む神直が挙げられる。また、先行研究では大庭造も大神氏に関係する氏族と見られてきた。[40] そこで、神直は次項で扱うこととし、ここでは大庭造について確認しておこう。

これまで大庭造は、本来「オオミワ」を称していたものが、のちに「オオニワ」に転訛したと考えられてきた。しかし、この想定は再考の余地がある。序章で見たように、大神氏の本宗のウヂナは、古くは「ミワ」（神・美和・三輪）を称しており、天武朝頃から「オオミワ」（大三輪・大神）を称するようになる。[41] よって、これ以前に大神氏の本宗以外の氏族が「オオミワ」を称することはあり得ない。つまり、上記の推測にしたがうならば、大庭造も本来「ミワ」を称しており、大神氏の本宗が「オオミワ」に改姓した後に、この氏族も「オオミワ」を名乗り、さらにその後で「オオニワ」に転訛したことになる。ところが、大庭造は次の藤原京跡出土木簡[42]に初見する。

・□練遣絁二匹　出人榎本連安比止 蝮王山ア二門　○
・□日［　　　］位下大庭造男球 「中務省」　○
(212)×33×5　019(015)

この木簡は、飛鳥藤原第一一五次調査で藤原京左京七条一坊西南坪から出土したものであり、同じ5AWHH16地区のSX501からは、「□《庚カ》子年」（文武四年、七〇〇年）や、「大宝元年」（七〇一年）などと記した木簡が数点出土していることから、おそらくこれらと同時期のものと推定される。ここに「大庭造」と明記されていることは、この氏族が七〇〇年前後に「オオニワ」を称していたことを示すものである。

とするならば、大神氏の本宗が「オオミワ」を名乗るようになってから、わずか数十年のうちに、この氏族も「ミワ」から「オオミワ」に改姓し、そこからすぐに「オオニワ」へ転訛したということになるが、改姓したばかりのウヂナが、このような短期間に転訛するとは思えない。よって、「ミワ」→「オオミワ」→「オオニワ」というウヂナの変化を想定することは難しく、「大庭」は当初から「オオニワ」なのであり、大庭造は大神氏とは別個の氏族と捉えるべきである。もちろん、同じく上神郷に所在する神直を通じて、大庭造と大神氏が何らかの交流を行っていた可能性はあるが、少なくともウヂナに「ミワ」を含む神直と大庭造を同列に扱うのは適切ではないと言える。

## 3　陶邑をめぐる大神氏と紀氏

前述した神直に話を戻そう。この神直はウヂナに「ミワ」を冠していることから、中央伴造である大神氏に対して、そのもとに編成された地方伴造として位置づけられる。よって、伴造―部民制においては、中央の大神氏は和泉の神直を統轄する関係にある。ただし看過できないのは、この神直が系譜上では大神氏と結びつかない点である。すなわち『新撰姓氏録』和泉国神別 神直条には、

　同神（神魂命―筆者注）五世孫生玉兄日子命之後也。

とあり、神直は神魂命の後裔を称し、紀伊国名草郡（現在の和歌山県和歌山市・海南市）を本拠とする紀氏（紀直・紀伊国造）と、同祖関係を形成している。このほかにも陶邑では、大村直・和山守連・和田首・大庭造などが、同じく紀氏と同祖関係にある。もっとも、中央伴造と地方伴造の間には同祖関係が形成される場合もあれば、されない場合もあるが、では、神直をめぐる大神氏と紀氏の関係はどのように理解すべきであろうか。

この点について薗田香融氏や吉田晶氏は、紀氏と同祖関係を形成する複数の氏族が、和泉国大鳥郡に集中的に分布していることから、この地で行われた須恵器生産と紀氏との関連を指摘している。[43] 鷺森氏は、紀氏と陶邑の氏族が関係を持つようになった経緯として、紀氏が実際に和泉国に進出した場合と、須恵器生産に従事した陶部

が朝鮮半島から渡来する際に紀氏が関与した場合があったとする。[44] 中林隆之氏は、陶邑での須恵器生産ははじめ葛城氏と紀氏が掌握しており、のちにその権利を王権が「簒奪」したとする。[45] 溝口氏は、神直は本来は紀氏の配下にあったが、大神氏が陶邑の須恵器生産を「主導」するようになった結果、紀氏と同祖関係を持ちながらも、ウヂナに「ミワ」を含む神直が出現したと述べている。[46]

このように先行研究では、紀氏と陶邑の氏族との関係は古くまで遡ると見るのが一般的である。しかし、陶邑の氏族が紀氏との間に形成した同祖関係は、必ずしも均質ではない。

まず、大村直は大名草彦命の子である枳弥都弥命の後裔を称している。枳弥都弥命は「君積命」にも作り、右京の大村直の祖ともされている（『新撰姓氏録』右京神別下 大村直条）。一方、大名草彦命は『紀伊国造次第』[47] によれば、第五代の紀伊国造とされている。よって、大村直は大名草彦命を介して、紀氏の系譜と結びついていることになる。同じように和田首・和山守連は、ともに神魂命の五世孫である天道根命の後裔を称しているが、天道根命は初代の紀伊国造とされていることから（『先代旧事本紀』巻十「国造本紀」序文・紀伊国造条）、和田首・和山守連は天道根命を介して紀氏と結びつくことになる。

それに対して神直・大庭造は、神魂命の五世孫である生玉兄日子命と、同じく神魂命の八世孫である天津麻良命を、それぞれ祖としている。このうち生玉兄日子命はほかに見えない。天津麻良命は「天津真浦」（『古事記』上巻〈天の石屋戸〉）にも作り、製鉄との関連がうかがえる（『日本書紀』綏靖即位前紀）。また『天神本紀』では物部造の祖とされ、天物部を率いて天孫降臨に従った五部造の中に大庭造が見えている。いずれにしても、生玉兄日子命は神直、天津麻良命は大庭造に、それぞれ独自に伝えられた祖であると推測され、この二氏は神魂命を介して紀氏の系譜と結びつくことになる。

このように、陶邑に分布する氏族は、紀氏の系譜とどの段階で結びつくかによって、大名草彦命（大村直）、天道根命（和田首・和山守連）、神魂命（神直・大庭造）に分類することができる。これに関連して筆者は以前、紀氏の同祖関係の形成過程について述べたことがある。(48) そこでは、大名草彦命（第五代紀伊国造）→天道根命（初代紀伊国造）→神魂命というように系譜を遡るにつれて、地名を含む具体的な名義から抽象的な名義へと変化すること、紀氏の祖としての初見年代が降ること、さらにこれらの人物（神格）を介して同祖系譜を形成する氏族の数が増加し、その分布地域も拡大することなどから、紀氏の始祖系譜がこの順で遡及的に形成されていったことを明らかにした。

具体的には、大名草彦命は紀氏が名草郡域一帯に勢力を及ぼすようになった六世紀中頃、天道根命は紀氏が奉祭する日前・国懸神宮の神威が高まり、朝廷から頻繁に奉幣を受けるようになった七世紀末から八世紀前半、神魂命は諸氏族が自氏の系譜を造化三神に結び付けるようになる八世紀後半から九世紀初頭にかけて、それぞれ紀氏の系譜に架上されたと推定することができる。

また、『新撰姓氏録』所載の氏族について見てみると、大名草彦命を介して紀氏と結びつく氏族は、先に挙げた大村直（和泉国神別）のほかに直尻家・高野（同）があり、これら計三氏はいずれも和泉国を本拠とする。よって、これらの氏族は紀氏の影響力が和泉地方に及んだ際、紀氏と直接的な接触・交流を行い、それが契機となって同祖関係が形成されたと見られる。それに対して、天道根命を介して紀氏と結びつく氏族は、前述の和田首・和山守連（和泉国神別）と、大村直（右京神別下）のほかに、滋野宿禰・大家首（同）、大坂直・伊蘇志臣（大和国神別）、大村直田連（河内国神別）、物部連・高家首・川瀬造（和泉国神別）が挙げられ、計一一氏を数える。これらは和泉・河内・大和・山城・右京に分布している。

同じく神魂命の場合は、前述の神直・大庭造（和泉国神別）のほかに、県犬養宿禰・大椋置始連・竹田連・間人宿禰・爪工連・多米連（左京神別中）、三島宿禰・天語連・久米直・屋連・多米宿禰・波多門部造（右京神別上）、若倭部連（右京神別下）、賀茂県主・鴨県主（山城国神別）、委文宿禰・田辺宿禰・多米宿禰（大和国神別）、多米連・犬養・目色部真時（摂津国神別）、多米連・城原（河内国神別）、爪工連（和泉国神別）、工首（和泉国未定雑姓）など計三五氏を数え、和泉・河内・大和・摂津・山城・右京・左京に分布している。

これほど数多くの氏族が、しかも広範囲に分布していることからすれば、これら全ての氏族が、紀氏との直接的な交流によって同祖関係を形成したとは考えがたい。この場合は、それ以前から紀氏と同祖関係を形成していた他氏族との地理的な関係や、あるいは同族（多米連と多米宿禰、県犬養宿禰と犬養、賀茂県主と鴨県主など）の間で始祖を共有するようになったなど、同祖関係の二次的な形成（波及）が想定される。

このことを陶邑の氏族に当てはめるならば、まず大村直が紀氏と同祖関係を形成したと考えられる。陶邑で製作された須恵器は、石津川水系を利用して運搬されたと見られているが、[49]大村直の本拠地である大村郷（陶器山・高蔵寺地区）には、最古段階の須恵器窯跡が確認されることに加えて、五世紀から六世紀代にかけて、窯跡数・生産量・生産技術などの面で、陶邑窯跡群内における主導的な位置を占めていたことが指摘されている。[50]

一方、紀氏は紀ノ川河口地域に設けられた「紀伊水門」（『日本書紀』神功皇后摂政元年二月条）・「紀水門」（『日本書紀』応神九年四月条）と呼ばれる港湾施設を、およそ五世紀代から掌握していた。[51]また、六世紀中葉には、実在した最初の紀伊国造と目される紀忍勝が百済へ派遣されている（『日本書紀』敏達十二年〈五八三〉七月丁酉条・十月条）。

こうした中で、石津川水系から大阪湾に出て須恵器を運搬するようになった大村直が、陶邑内の他地区の氏族に先駆けて、紀伊水道から大阪湾や瀬戸内海を通って対外交渉に従事した紀氏と、海上交通を通じて接触・交流を行うようになり、やがてそれが大名草彦命を介した同祖関係の形成へ発展したと理解することができる。

それに対して、和田首・和山守連・神直・大庭造の場合は、各氏族が個別に紀氏と関係を持つようになったのではなく、大村郷・上神郷・和田郷という近接した地域の中で、大村直との地縁的なつながりによって、すでに大村直と紀氏の間に形成されていた同祖関係に、はじめに和田首・和山守連が、続いて神直・大庭造が、それぞれ系譜を結び付けた（結び付けられた）可能性が高い。したがって、陶邑の氏族の中でも大村直は早い段階で紀氏と同祖関係を構築していたのに対して、神直と紀氏の同祖関係の構築は遅れると思われる。おそらく五～六世紀の段階では、両者の間に同祖関係は形成されていなかったであろう。

ここで参考になるのが、三輪山周辺で出土する須恵器の年代である。第二章第二節で述べたように、その多くは陶邑窯跡群で焼成されたものであり、年代は五世紀後半のものが二一％、六世紀前半のものが三五％、六世紀後半のものが二四％、七世紀前半のものが〇％、七世紀後半のものが三％、不明一七％と分析されている。[52]このように、陶邑から三輪山に運ばれた須恵器は、五世紀から六世紀にかけて祭祀で大量に使用されているが、七世紀になるとその数が激減する。

また、これも先に触れたが、六世紀後半には三輪逆が殺害され、七世紀前半にかけて大神氏の勢力は大きく後退する。さらに、この時期には伊勢神宮の整備、祭官制の導入、中臣氏・忌部氏の台頭、日祀部・日置部の設置など、王権による新たな祭祀の体制が整えられ始める。[53]歴代の天皇の宮も三輪山の周辺を離れて、飛鳥地方を中心に営まれるようになる。こうした複数の要因がからみあう中で、王権にとっての三輪山の位置づけが変化し、三輪山における祭祀が衰退（変容）していったと見られる。

とするならば、大神氏が須恵器を祭祀に用いるために、陶邑の神直と密接な交流を行っていたのは、およそ五世紀後半から六世紀後半にかけてであり、それ以降は関係が希薄化したのではあるまいか。その結果として神直は近隣の大村直との地縁的な関係を重視するようになり、紀氏との同祖関係の中に組み込まれていったと考えられるのである。

## 4　同祖関係の結節点

以上のことから、大神氏と陶邑の関係はかなり限定的に捉える必要がある。すなわち、大神氏は五世紀後半から六世紀後半にかけて、特に陶邑の中でも大鳥郡上神郷の神直と交流していたのであり、必ずしも陶邑集団の全体と長期的・恒常的に関係を持ち続けたわけではない。オオタタネコ伝承は、こうした歴史的背景のもとで理解しなければならない。

この点について従来は、オオタタネコを大神氏と陶邑集団のどちらにとっての祖と見るか（伝承の主体をどちらと見るか）で見解が分かれており、それによって様々な説明がなされてきた。たとえば和田萃氏は、陶邑集団から貢納される須恵器を大神氏が三輪山での祭祀に使用したことで、両者の間に関係が生まれ、やがて大神氏が陶邑集団を支配下に置いたことにより、陶邑集団の祖であるオオタタネコが大神氏の系譜の中に組み入れられたと推定した。(54)

また、菱田氏は、この伝承には三輪山祭祀に従事する大神氏が陶邑や各地の神部を統轄するという関係が「色濃く反映」しているとした上で、これは陶邑の須恵器生産者たちが大三輪神を祭る「由来譚」であり、彼らがこの伝承を保有していたとした。(55)それに対して溝口氏は、中央伴造である大神氏が「支配下においたとされる須恵器生産集団の祖に出自を求めたとは考えがたい」とし、伝承の主体はあくまでも大神氏であり、この伝承は大神

氏が陶邑集団を支配下に置いて「須恵器生産を主導することの正統性」を主張したものであると述べている。(56)

しかしながら、これまでに見てきたように、大神氏が陶邑集団（全体）を「支配」したとする点や、大神氏が陶邑および各地の須恵器生産を「主導」したとする点は首肯できないのであり、そうしたことをオオタタネコ伝承から読み取ることもできない。そもそも、冒頭に掲げた『古事記』崇神段には「仰二伊迦賀色許男命一、作二天之八十毘羅訶一」とあり、『日本書紀』崇神七年十一月己卯条にも「命二伊香色雄一、而以二物部八十平瓮一、作二祭神之物一」とあるが（点線部）、ここに見えるヒラカは埴土を材料として「厳瓮《いつへ》」「手抉《たくじり》」などとともに祭祀に用いられる平らな酒器であり（『古事記』上巻、『日本書紀』神武即位前紀戊午年九月戊辰条）、その製作を担当したのはイカガシコオとされている。

イカガシコオの名義は、「イカ」＝厳、「ガ」＝土器という意味であるとする説も出されており(57)、土器生産との関係がうかがわれる。また、同じく冒頭の『日本書紀』崇神七年八月己酉条によれば、イカガシコオは「物部連祖」であり、かつ「神班物者《かみのものあかつひと》」とされていることから、少なくとも伝承の文脈によれば、祭祀に用いる酒器としての須恵器を製作・供献したのは大神氏ではなく、物部氏の祖ということになる(58)。この点を整合的に説明できない限り、オオタタネコ伝承から大神氏と須恵器生産の直接的関係を説くことは難しい。とするならば、オオタタネコを大神氏と陶邑集団のどちらにとっての祖と見るかという二者択一の議論ではなく、大神氏の系譜においてオオタタネコがどのように位置づけられているのかという点こそ、むしろ問われなければならない。そこで、以下に挙げる二つの点に注目したい。

第一に、これまであまり関心が払われていないが、大神氏の祖とされているのはオオタタネコだけではない。『日本書紀』垂仁三年三月条一云には「三輪君祖大友主」とある。ここでは、新羅からやってきた天日槍を尋問するため、倭直の祖とされる長尾市とともにオオトモヌシが播磨国へ派遣されている。このオオトモヌシも、大神氏によって祖とされる人物である。この記事で留意すべきは、オオトモヌシが「三輪君祖」と記されている点である。

これに対してオオタタネコは、冒頭で示した『日本書紀』崇神八年十二月乙卯条に「三輪君等之始祖」（波線部）とある。この記事の「等」には、『古事記』崇神段（前掲）に「此意富多多泥古命者、神君・鴨君之祖」（波線部）とあることから、賀茂氏が含まれることが分かる。また『新撰姓氏録』では、賀茂氏がオオカモツミ（オオカモノスクネ）を通じて系譜をオオタタネコに結び付けており（大和国神別 賀茂朝臣条）、摂津国の神人と大和国の三歳祝もオオタタネコを祖としている（摂津国神別 神人条・未定雑姓大和国 三歳祝）。さらに、第三章第一・二節で取り上げる『粟鹿大明神元記』は、オオタタネコの子として、オオカモツミ・オオトモヌシ・オオタタヒコ・オオミケモチの四人を挙げて、それぞれ賀茂氏、大神氏、神直・的大神直・倭三川部・品治部・葦浦君・神部直、神人部の祖としている。このうち、神直については『日本三代実録』貞観二年（八六〇）十二月廿九日甲戌条にも、

従五位下行内薬正大神朝臣虎主卒。虎主者、右京人也。自言、大三輪大田々根子之後。虎主、姓神直、成名之後、賜㆓姓大神朝臣㆒。（略）

とあり、大神虎主はもとは神直を名乗るとともに、オオタタネコの後裔を称していたことが知られる(59)。

これらのことから、オオトモヌシは大神氏単独の祖であるのに対し、オオタタネコは大神氏だけの祖ではなく、また陶邑集団の祖でもなく、大神氏・賀茂氏・神氏（ミワ系氏族）にとっての共通の祖であることが分かる。言い換えるならば、オオタタネコは複数の氏族が形成した同祖関係の結節点に位置づけられているのである。このことは、大神氏と他氏族が同祖系譜を形成する際、各氏が個別に伝えていた系譜の上に、オオタタネコが創出・架

上されたことを示すと考えられる。(60)

では、こうした関係が形成されたのは、いつの時期であろうか。まず手がかりとなるのは、壬申の乱の際、将軍である大伴吹負のもとに、三輪高市麻呂と鴨蝦夷がそろって馳せ参じていることである（『日本書紀』天武元年〈六七二〉六月己丑条）。軍事行動は氏族同士の関係を確認・構築・再編させる場であり、同祖関係の形成にも大きく影響することからすれば（第三章第二節参照）、ここで両氏族が行動をともにしている背景には、これ以前より形成されていた同祖関係の存在が想定される。

また、オオタタネコ伝承については、ほぼ同内容の記事が『古事記』『日本書紀』の両方に見えることから、これは大神氏の「墓記」（『日本書紀』持統五年〈六九一〉八月辛亥条）が撰進された段階で、はじめて形成されたものではなく、「旧辞」段階から存在していたと推測されている。(60)よって、系譜が固定化された時期は不明であるが、少なくとも大神氏と賀茂氏の緊密な関係性は、「旧辞」の段階にまで遡る可能性がある。

さらに、神氏はそのウヂナに「ミワ」を冠することからもうかがえるように、地方支配制度の展開とともに各地に設置され、中央の大神氏によって統轄された氏族（集団）である。詳しく述べるならば、神人・神人部・神部は人制・部民制の導入を契機として五世紀後半から五世紀末に、神直・神部直は国造制の展開にともなって六世紀中葉から六世紀末に、それぞれ各地で編成され、そこから大神氏との接触・交流が始まり、やがて同祖関係に発展していったと考えられる（第一章第三節・第三章第二節参照）。したがって、中央の大神氏と各地の神氏との交流も、早ければ六世紀代には行われていたことになる。

このように、大神氏・賀茂氏・神氏における同祖関係の形成が、およそ六世紀代にまで遡るとするならば、これは前述したように、大神氏が陶邑の神直と交流を行っていた五世紀後半から六世紀後半の時期と、奇しくも重なってくるのである。

これを踏まえて注目すべき第二の点は、いわゆる大化前代の中央氏族が、大和以外にも拠点を持つ事例が散見することである。代表的なものとしては、大伴氏の「住吉宅」(『日本書紀』欽明元年〈五三九〉九月己卯条)、物部氏の「餌香長野邑」(『日本書紀』雄略十三年三月条)・「阿都家」(『日本書紀』用明二年〈五八七〉四月丙午条)、「渋河家」(『日本書紀』崇峻即位前紀)、「難波宅」(『日本書紀』崇峻即位前紀)、「茅渟県有真香邑」(『日本書紀』崇峻即位前紀)(62)、蘇我氏の「石川宅」(『日本書紀』敏達十三年〈五八四〉九月条)、「石川別業」(『日本三代実録』元慶元年〈八七七〉十二月二十七日癸巳条)(63)などが挙げられる。このうち「住吉宅」は摂津国住吉郡、「餌香長野邑」は河内国志紀郡、「阿都家」「渋河家」は河内国渋川郡跡部郷、「難波宅」は摂津国東生郡・西生郡、「茅渟県有真香邑」は和泉国和泉郡、「石川宅」「石川別業」は河内国石川郡に所在したと見られ、それぞれ摂津・河内・和泉の交通の要衝を占めている。

また、土師氏も河内国丹比郡土師里(天平勝宝九歳〈七五七〉四月七日「西南角領解」(64))、河内国丹比郡土師郷・同国志紀郡土師郷・和泉国大鳥郡土師郷(『和名類聚抄』)などの地名があり、これらの地を本貫とする土師氏の人物が多く確認できる(65)。中臣氏の場合も、同祖関係にある氏族が和泉国大鳥郡・河内国丹比郡に集中しており、この地域に拠点を構えて、職掌とされる祭祀に必要な須恵器の生産・管理に関わっていたことが指摘されている(66)。

これらの事例から類推するならば、大神氏も同様に、本拠地である大和国の三輪山麓に加えて、和泉国大鳥郡上神郷(「河内之美努村」「茅渟県陶邑」)にも拠点を形成しており、そこで三輪山での祭祀に必要な須恵器の調達を行っていたと推測することができる。従来の研究では、大神氏の本拠地はあくまでも三輪山麓であるとし、陶邑には別の集団を措定して、両者の関係性を議論してきた。しかし、本拠地である三輪山麓と並んで、陶邑も大神氏にとって重要な拠点であったならば、こうした議論は止揚されることになる。

さらに『延喜式神名帳』和泉国大鳥郡条には、先に触れた桜井神社や国神社と並んで、鴨神社が所載されている。この神社は、現在は鴨田神社という名前で多治速比売神社（大阪府堺市南区宮山台）に合祀されているが、以前は旧北上神村大平寺（現在の大阪府堺市南区太平寺・堺市西区太平寺）に鎮座していたと伝えられている。この旧鎮座地は「北上神村」の名前が示すように、古代の大鳥郡上神郷に含まれる。また、祭神について『神祇宝典』(67)は「事代主神也。大和国葛上郡鴨社同体也」とし、『特選神名牒』(68)も同様の説を挙げている。この「鴨社」とは言うまでもなく、『延喜式神名帳』大和国葛上郡条に「鴨都波八重事代主命神社」とあり、『新撰姓氏録』大和国神別 賀茂朝臣条にも「奉齋賀茂神社也」と見える、現在の鴨都波神社（奈良県御所市）を指している。

これまでのところ陶邑には、賀茂氏と直接関係する地名・氏族は検出できない。ただし、大神氏の拠点である上神郷に鴨神社が鎮座していることは、かつてこの地に賀茂氏に連なる何らかの集団（鴨部か）が存在しており、賀茂氏もこの地を拠点として、鴨都波神社の祭祀に用いる須恵器を調達していたことをうかがわせる。つまり、陶邑は大神氏のみならず賀茂氏にとっても重要な拠点であり、須恵器をめぐってこの地で接触・交流を繰り返したことが、両氏族が同祖関係を形成する一つの要因となった可能性が高い。

とするならば、こうした関係は大神氏と賀茂氏に留まらず、神氏（ミワ系氏族）の場合にも敷衍できるのではなかろうか。時には陶邑の神直が須恵器を献納するために三輪山を訪れることや、反対に大神氏の人物が陶邑に直接赴いて須恵器の生産・調達を指揮することもあったと思われる。そして、これらの氏族が同祖関係を形成した際、その結節点としてオオタタネコが創出・架上されるとともに、彼らにとっての現実的な接触・交流関係の場でもあった陶邑が、オオタタネコ伝承の舞台として語られることになったと考えられるのである。

## 結語

以上、大神氏の始祖系譜を取り上げて、私見を述べてきた。詳細は繰り返さないが、神部を中心とする須恵器の生産体制は想定できないこと、大神氏や神部はあくまでも本来の職掌たる祭祀にかかわる範囲で須恵器生産に関与したこと、大神氏と陶邑との関係はきわめて限定的であり、特に大鳥郡上神郷の神直との間で五世紀後半から六世紀後半にかけて交流を行っていたこと、オオタタネコは大神氏・賀茂氏・神氏（神直・神人・神人部・神部直・神部など）といった複数の氏族にとっての共通の祖であり、各氏族の系譜を結合する際に創出・架上されたこと、陶邑は三輪山麓と並んで大神氏の拠点であると同時に、これらの氏族にとっての現実的な接触・交流の場でもあり、そのためにオオタタネコにまつわる伝承の舞台として語られることになったこと、などを指摘した。

先行研究では、大神氏と陶邑集団、あるいは三輪山麓と陶邑を二項対立的に捉え、オオタタネコをどちらの祖と見るかによって様々な解釈を加えてきた。しかし、大神氏をはじめとする複数の氏族にとってオオタタネコは同祖関係の結節点であり、さらに陶邑は彼らの接触・交流関係の場であったと理解することによって、これまでとは異なる角度からオオタタネコ伝承を読み解くことが可能になるのである。

注

（1）佐々木幹雄「三輪と陶邑」（『大神神社史』吉川弘文館、一九七五年）、同「続・三輪と陶邑」（『民衆史研究』一四、一九七六年）、同「三輪山祭祀の歴史的背景」（滝口宏先生古希記念考古学論集編集委員会編『古代探叢』早稲田大学出版部、一九七九年）、同「三輪山出土の須恵器」（『古代』六六、一九七九年）、同「三輪君氏と三輪山祭祀」（『日本歴史』四二九、一九八四年）、同「新出土の三輪山須恵器」（『古代』八一、一九八六年）など。

（2）ここから佐々木氏は、大神氏を渡来系氏族と位置づけている。ほかに、たとえば松前健氏や上田正昭氏も同様に理解している（松前健「三輪山伝説と大神氏」『大和国家と神話伝承』〈雄山閣出版、一九八六年、初出一九七五年〉、上田正昭「神婚伝承の展開」〈柴田実先生古稀記念会編『日本文化史論叢』一九七六年〉)。しかし、本文中で述べたように、佐々木氏の見解はそのままでは成立しがたいのであり、大神氏＝渡来人説は首肯できない。なお、この説については、寺川眞知夫氏も大神氏の「土着性」から批判を述べている。寺川眞知夫「大物主神の祭祀権掌握伝承」(『大美和』八三、一九九二年)。

(3)鈴木靖民『古代国家史研究の歩み』(新人物往来社、一九八〇年)、門脇禎二『葛城と古代国家』(教育社、一九八四年)、前之園亮一『古代王朝交替説批判』(吉川弘文館、一九八六年)、熊谷公男『日本の歴史』三(講談社、二〇〇一年)など。

(4)伊野部重一郎「大田田根子と三輪君」(『記紀と古代伝承』吉川弘文館、一九八六年、初出一九八三年)、田中卓「大神神社の創祀」(『田中卓著作集』一、国書刊行会、一九八七年)。

(5)坂本和俊「東国における古式須恵器研究の課題」(千曲川水系古代文化研究所編『東国における古式須恵器をめぐる諸問題』一、一九八七年)。坂本氏は、神部は須恵器生産以外に製鉄にも関与した可能性を指摘している。

(6)『牛頸ハセムシ窯跡群』二(大野城市教育委員会、一九八九年)、『牛頸窯跡群』(大野城市教育委員会、二〇〇八年)、『牛頸本堂遺跡群』七、大野城市教育委員会、二〇〇八年)など。なお、この地域について余語琢磨氏は「大神君―大神部」という生産体制を想定している。余語琢磨「八世紀初頭の須恵器工人」(『早稲田大学大学院文学研究科紀要』別冊一七、哲学・史学編、一九九〇年)。

(7)『大日本古文書』二―二五八。

(8)後藤建一「湖西窯からみた関東」(古代生産史研究会シンポ事務局編『東国の須恵器』古代生産史研究会、一九九七年)。

(9)『大日本古文書』一―四四。

(10)菱田哲郎「須恵器の生産者」(『列島の古代史』四、岩波書店、二〇〇五年)、同『古代日本国家形成の考古学』(京都大学学術出版会、二〇〇七年)。

(11)吉村武彦「倭国と大和王権」(『岩波講座日本通史』二、岩波書店、一九九三年)。

(12)佐藤長門「倭王権における合議制の機能と構造」(『日本古代王権の構造と展開』吉川弘文館、二〇〇九年、初出一九九四年)。

(13)神人部について、溝口氏は「人制と部制の両制度のもとに、神人を支える経済基盤として設置された部」とする(「三輪君と須恵器生産の再編」『国史学』二〇六・二〇七合併号、二〇一二年)。しかし、部民制の導入後に設置されたのであれば、神部と称される（「人」は付さない）はずである。むしろ神人部とは、すでに編成されていた神人を、それを輩出する在地の集団まで含めて、部民制の導入後に再編したものであったと考えられる。第一章第三節参照。

（14）溝口優樹「ミワ系氏族と陶邑古窯跡群」（『国学院雑誌』一一〇－七、二〇〇九年）、同「三輪君と須恵器生産の再編」（前掲）。

（15）第一章第三節参照。

（16）石母田正「古代社会と物質文化」（『石母田正著作集』二、岩波書店、一九八八年、初出一九五五年）、楢崎彰一「須恵器」（『考古学講座』九、学生社、一九六三年）、同「古代末期の窯業生産」（『日本史研究』七九、一九六五年）など。

（17）吉村武彦「倭国と古材王権」（『岩波講座日本通史』二、岩波書店、一九九三年）、同「五世紀の王・人制・国」（『古代史の新展開』新人物往来社、二〇〇五年）、同「ヤマト王権と律令制国家の形成」（『列島の古代史』八、岩波書店、二〇〇六年）。

（18）浅香年木『日本古代手工業史の研究』（法政大学出版局、一九七一年）。

（19）高橋照彦『須恵器生産における古代から中世への変質過程の研究』（科学研究費補助金基盤研究B研究成果報告書、大阪大学大学院文学研究科、二〇〇七年）、鷺森浩幸「陶邑と陶部」（栄原永遠男編『日本古代の王権と社会』塙書房、二〇一〇年）。

（20）菱田哲郎「須恵器の生産者」（前掲）、同『古代日本国家形成の考古学』（前掲）。

（21）菱田哲郎『古代日本国家形成の考古学』（前掲）。

（22）『牛頸窯跡群』（前掲）など。

（23）『大宰府史跡 昭和五十九年度発掘調査概報』（九州歴史資料館、一九八五年）。

（24）『県営ほ場整備事業・県営公害防除特別土地改良事業関係埋蔵文化財調査概要』昭和五十九年度（石川県立埋蔵文化財センター、一九八五年）。

（25）『桜生古墳群発掘調査報告書』（滋賀県教育委員会、一九九二年）

（26）巽淳一郎「古代の焼物調納制に関する研究」（森郁夫先生還暦記念論文集刊行会編『瓦衣千年』、一九九九年）。

（27）『飛鳥・藤原宮発掘調査概報』二三（一九九三年）、『奈良国立文化財研究所年報』一九九三（一九九三年）。

（28）『富山県小杉町・大門町小杉流通業務団地内遺跡群 第二次緊急発掘調査概要』（富山県教育委員会、一九八〇年）。

（29）溝口優樹「三輪君と須恵器生産の再編」（前掲）。

（30）田辺昭三『須恵器大成』（角川書店、一九八一年）、中村浩『和泉陶邑窯の歴史的研究』（芙蓉書房出版、二〇〇一年）。なお、このほかに狭山池（ＳＹ）地区や富蔵（ＴＭ）地区を含める場合もある。
（31）中村浩『和泉陶邑窯の歴史的研究』（前掲）など。
（32）新川登亀男『社会的結合としての行基集団に関する基礎的研究』（科研報告書基盤研究Ｃ２研究成果報告書、一九九九年）。
（33）『堺市史』続編四（一九七三年）法道寺文書一。
（34）田辺昭三『須恵器大成』（前掲）、中村浩『和泉陶邑窯の歴史的研究』（前掲）。
（35）沖森卓也・佐藤信・矢嶋泉編著『古代氏文集』（山川出版社、二〇一二年）。
（36）『大神神社史料』一（吉川弘文館、一九六八年）所収。
（37）式内社研究会編『式内社調査報告』五（皇学館大学出版部、一九七六年）。
（38）このほかに『新撰姓氏録』未定雑姓和泉国 神人条によれば、和泉国に神人が存在していたことが確認できるが、この氏族は高句麗からの渡来系氏族であり、大神氏や神直との関係は必ずしも明らかでないため、ここでは保留としておく。ただし、この氏族が和泉国の神直のもとで須恵器生産に従事していたとするならば、神人（あるいは神人部）として編成された集団の中には、須恵器生産技術を持つ渡来系の集団が含まれていた可能性がある。今後の課題としたい。
（39）吉田晶「和泉地方の氏族分布に関する予備的考察」（小葉田淳教授退官記念事業会編『国文論集』一九七〇年）、佐伯有清『新撰姓氏録の研究』考証編二・四・六（吉川弘文館、一九八二～八三）など。
（40）中村浩『和泉陶邑窯の歴史的研究』（前掲）。
（41）『日本書紀』では、神代第八段一書第六、仲哀九年二月丁未条、敏達十四年（五八五）六月条の三箇所にのみ「大三輪」のウヂナが見えるが、これは天武朝以降に称すようになったウヂナを遡らせて記したものと考えられる。序章参照。
（42）『飛鳥藤原京木簡』二―一四八八。
（43）薗田香融「岩橋千塚と紀国造」（『日本古代の貴族と地方豪族』塙書房、一九九二年、初出一九六七年）、吉田晶「和泉地方の氏族分布に関する予備的考察」（前掲）。
（44）鷺森浩幸「陶邑と陶部」（前掲）。

(45)中林隆之「古代和泉地域と上毛野系氏族」(『和泉市史紀要』一一、二〇〇六年)。
(46)溝口優樹「三輪君と須恵器生産の再編」(前掲)。
(47)拙著『日本古代氏族系譜の基礎的研究』(東京堂出版、二〇一二年)。
(48)拙著『日本古代氏族系譜の基礎的研究』(前掲)。
(49)中村浩『和泉陶邑窯の歴史的研究』(前掲)。
(50)西村康「陶邑・猿投・牛頸」(奈良国立文化財研究所創立三十周年記念論文集刊行会編『文化財論叢』一、同朋舎、一九八三年)、樋口吉文「「茅渟県陶邑」の最新の考古学的成果から」(『堺市博物館報』一八、一九九九年)、中村浩『和泉陶邑窯の歴史的研究』(前掲)、白石耕治「陶邑と須恵器生産」(『季刊考古学』別冊一四、二〇〇四年)、菅原雄一「陶邑窯跡群の地域性と技術拡散」(『考古学研究』五三―一、二〇〇六年)、十河良和「五世紀代における陶邑窯跡群の東部と西部」(『ヒストリア』二二三、二〇一〇年)など。
(51)拙著『日本古代氏族系譜の基礎的研究』(前掲)。
(52)佐々木幹雄「三輪と陶邑」(前掲)など。
(53)直木孝次郎「天照大神と伊勢神宮の起源」(『日本古代の氏族と天皇』塙書房、一九六四年、初出一九五一年)、上田正昭「祭官の成立」(『日本古代国家論究』塙書房、一九六八年、初出一九六四年)、岡田精司「伊勢神宮の起源」(『古代王権の祭祀と神話』塙書房、一九七〇年、初出一九六〇年)、同「日奉部と神祇官先行官司」(『古代王権の祭祀と神話』前掲、初出一九六二年)など。
(54)和田萃「三輪山祭祀の再検討」(『日本古代の儀礼と祭祀・信仰』下、塙書房、一九九五年、初出一九八五年)。
(55)菱田哲郎「須恵器の生産者」(前掲)。
(56)溝口優樹「ミワ系氏族と陶邑古窯跡群」(前掲)。
(57)野田嶺志「物部氏に関する基礎的考察」(『史林』五一―二、一九六八年)。
(58)篠川賢『物部氏の研究』(雄山閣、二〇〇九年)。
(59)溝口氏は、「神直虎主がかつての職掌上における統属関係を媒介に有力氏族である大神朝臣と結びつくためにオオタタネコの後裔を称したに過ぎない」とする(溝口優樹「三輪君と須恵器生産の再編」前掲)。しかし、この頃の大神氏は、大神神社の神主(大神主)として存続しているに過ぎず、決して「有力氏族」とは言えない(第一章第一節参照)。よって、神直虎主が系譜を仮冒してまで大神氏に結びつく必然性はない。ほかにオオタタネコの後裔を称す神直が確認できることからしても（『粟鹿大明神元記』）、特にこの系譜を疑う必要はないと思われる。

(60) 竹本晃氏は、『日本書紀』における「始祖」の用語には、「一つの氏の『始祖』」と「複数の氏の『始祖』」の二種類があり、「複数の氏の『始祖』を作ることは、氏と氏との系譜を結ぶ行為につながる」ことを指摘している（竹本晃「『日本書紀』における『始祖』と氏」『古代文化』五八、二〇〇六年）。大神氏の同祖関係においては、オオタタネコはまさに後者に該当する。なお、同祖関係の形成にともなって始祖が架上される傾向については、以前に筆者も紀氏を事例として指摘したことがある。拙著『日本古代氏族系譜の基礎的研究』（前掲）。

(61) 坂本太郎「纂記と日本書紀」（『坂本太郎著作集』二、吉川弘文館、一九八八年、初出一九四六年）。

(62) 直木孝次郎「応神王朝論序説」（『日本古代の氏族と天皇』塙書房、一九六四年、初出同年）、亀井輝一郎「大和川と物部氏」（『日本書紀研究』九、一九七六年）、篠川賢『物部氏の研究』（前掲）など。

(63) 佐伯有清『新撰姓氏録の研究』考証編一（吉川弘文館、一九八一）、加藤謙吉『蘇我氏と大和王権』（吉川弘文館、一九八三年）など。

(64) 『大日本古文書』四－一二七。

(65) 直木孝次郎「土師氏の研究」（『日本古代の氏族と天皇』塙書房、一九六四年、初出一九六〇）など。

(66) 鷺森浩幸「陶邑古窯跡群と中臣系氏族」（『和泉市史紀要』一一、二〇〇六年）。

(67) 正保三年（一六四六）成立。佐伯有義校訂『神祇全書』二（思文閣、一九七一年）などに所収。

(68) 明治九年（一八七六）成立。教部省編『特選神名牒』（思文閣、一九七二年）など。

# 第三章　大神氏の系図

## 第一節　『粟鹿大明神元記』の写本系統

### はじめに

但馬国朝来郡に鎮座する粟鹿神社の祭主を継承し、但馬国造や朝来郡司を輩出した神部氏（氏姓は神部直）の系図である『粟鹿大明神元記』(1)には、素佐乃乎命から神部直根閇に至るまで三十代の神名・人名が記されている。前半は中央の大神氏の系譜と共通しており、途中から神部氏の系譜となっている。つまり、但馬国を本拠とする地方氏族の神部氏と、中央の有力氏族である大神氏との同祖関係を伝えているのが、この『粟鹿大明神元記』なのである。末尾には、

和同元年歳次〈戊申〉八月十三日、筆取神部八嶋、勘注言上正六位上新羅将軍神部直根閇。

との奥書が付されている。ここに見える和銅元年（七〇八）という年紀は、現在ではそのまま史実と見る向きは少ない。ただし、人物の続柄を示す際に「児」「次」といった文言を使用している点や、詳しくは後述するが、竪系図の形式を留める写本が現存する点など、早い段階に成立した系図と共通する特徴を備えていることから、現在の形にまとめられたのは時代が降るにしても、(2)初源期の姿を留める氏族系譜の一つとして注目に値する。

また、この系譜を「勘注言上」した神部直根閇は、斉明・天智朝に行われた朝鮮半島への出兵に従軍したことが尻付や奥書で特に強調されており、このことが系譜の成立と深く関わっている可能性がある。とするならば『粟

鹿大明神元記』は、但馬国の一氏族がもつ独自の伝承を含むと同時に、日本列島と朝鮮半島・中国大陸との交流を背景として、古代における東アジア情勢の中から立ち現れてきた史料であると言うことができる。

こうした観点から『粟鹿大明神元記』を読み直すことは、対外交渉が古代氏族の同祖関係の形成に与えた影響や、さらには日本における氏族系譜の発生過程を解明することにもつながるであろう。そこで本節では、まず『粟鹿大明神元記』の写本系統と原形を復元することで、その史料的性格を書誌学的側面から明らかにしたい。なお、末尾には翻刻を掲載した。適宜参照されたい。

## 1　四種類の写本

『粟鹿大明神元記』の写本に関しては、是澤恭三[3]・田中卓[4]・飯田瑞穂[5]・中村一紀[6]各氏による研究が蓄積されている[7]。これまでに紹介されている写本を列記するならば、次のようになる[8]。

・九条家旧蔵・宮内庁書陵部所蔵『粟鹿大明神元記』（以下、九条家本）
・谷森善臣旧蔵・宮内庁書陵部所蔵『粟鹿大神元記』（以下、谷森本）
・飯田瑞穂氏旧蔵『粟鹿大神元記』（以下、飯田本）
・宮内庁書陵部所蔵『谷森靖斎翁雑稿』所収「粟鹿大神元記」（以下、雑稿本）

諸本の内容はほぼ同一であるが、形式には大きな相違が見られる。すなわち、九条家本は神部氏の系譜部分を竪系図形式で記載しているのに対し、谷森本・飯田本・雑稿本は全体を文章形式で記している。この二つの形式の先後関係については、現在でも定見が得られていない。

しかし周知の通り、系線を用いる系譜（系図）の形式は、人名を縦方向に記載していく竪系図から始まったと考えられている。また、竪系図形式で記された古代の系譜は、独立したものとしては『海部氏系図』と『和気氏系図』の二種類しか現存していない。[9] したがって『粟鹿大明神元記』を古代に成立した第三の竪系図として位置づけることができるか否かによって、その評価も大きく変わることになる。この点を確認するため、諸本の概要と問題点を整理しておこう。

九条家本は、神部氏の系譜部分を竪系図形式で記した巻子本である。奥書などは付されていないため、伝来の経緯については未詳であるが、この写本を最初に紹介した是澤氏は、料紙や書風から鎌倉時代末期ないし室町時代初期の書写と推定している。[10] この推定が正しければ、現存する諸本の中で最も古い成立ということになる。

谷森本は、全体を文章形式で記した冊子本である。筆跡は終始同筆である。巻頭に「靖斎図書」の方形印、奥書に「善臣」「靖斎之記」の方形印と「善臣」の円形印が捺されており、谷森善臣の自筆本と見られている。その奥書には、

和同元年八月十三日勘注粟鹿大神（マヽ）元記一巻、就二田中教忠氏所蔵古巻一、前年謄写既訖。今為レ便二披読一、更清二写一本一、以珍蔵。実是為二神部氏旧譜一矣。按二延喜神名式一曰、但馬国朝来郡粟鹿神社一座、名神大。維斯元記、先二和銅五年正月廿八日撰録古事記一既三年五箇月余、可レ謂二希代古記一。又有二幸術魂・術魂・荒魂・荒術魂等語一、可二以攷古一。

今淩二寒威一執二竃毫一、偏好古余習也。明治四十年十二月十八日、正四位平朝臣善臣九十一齢識。

明治四十一年一月廿九日、加二訓点一訖。九十二翁靖斎善臣再識。

とある。ここから、田中教忠（一八三八〜一九三四）が所蔵していた写本（以下、田中本）を、「前年」に谷森善臣（一八一八〜一九一一）が「謄写」し（以下、謄写本）、それを明治四十年（一九〇七）十二月、読み易いように「清写」したものが、この谷森本であることが分かる。なお、ここに見える田中本・謄写本は現在のところ所在不明

であり、谷森本の奥書からその存在が知られるのみである。

飯田本は、全文を文章形式で記した冊子本であり、飯田瑞穂氏が生前に古書店で購入したものである。各丁の行数・字数は谷森本と完全に一致しており、文字の異同もほぼ見られない。その奥書には、

右、和同元年八月十三日勘注粟鹿大神元（ママ）記一巻、是実為二神部氏旧譜一矣。抑此元記、先二和銅五年正月廿八日撰録古事記一既三年四箇月余、可レ謂二古書一。今凌二寒威一執二耄毫一、偏好事之至也。明治四十年十二月十八日、九十一齢靖齋主人谷森善臣識。

明治四十一年戊申第一月廿九日訓点畢。九十二翁善臣。粟鹿大神元（ママ）記一巻、就二田中教忠翁所蔵古巻一、前日謄摸既訖。今為便二披読一、更清二写一本一、以珍蔵。　靖齋善臣。

とある。これを谷森本と比較するならば、文章の順番や語句など、細部においていくつかの相違が見受けられるが、大筋では谷森本とほぼ同じ内容になっている。筆跡については後述する。

雑稿本も、谷森本・飯田本と同様に、全文を文章形式で記した冊子本である。『谷森靖斎翁雑稿』は、谷森善臣が調査した文献に関するいわゆる研究ノートである。靖斎とは善臣の号である。その第二十三冊に『粟鹿大明神元記』の本文と考証が収められている。題簽には「明治四十年八月」とあり、巻頭にも「明治四十年八月　九十一翁谷森善臣」との書き入れがあり、考証部分の文中にも「明治四十年十月一日記」とある。よって雑稿本は、明治四十年（一九〇七）八月から十月にかけて作成されたことが分かる。

## 2　多和本の発見

次に、これらの系統関係を確認する。四種類のうち九条家本とほかの諸本との関係は未詳であるため、ここでは谷森本・飯田本・雑稿本の関係を検討したい。

まず飯田氏は、谷森本と飯田本の関係について、両書はほぼ同内容であることを指摘しつつも、前述のように谷森本の奥書の一部が飯田本には見られず、書式も異なっていること、また『粟鹿大明神元記』が成立したと伝えられる和銅元年八月十三日から、『古事記』が成立した和銅五年正月廿八日までの間を、谷森本は「三年五箇月余」とするのに対し、飯田本は「三年四箇月余」としているが、これは「三年四箇月余」の数へ誤りに後に気づいて、「三年五箇月余」に訂正したといふ経緯を想定すべき」であることなどから、(11)両書はよく似ているが親子関係ではなく、謄写本を底本として、はじめに「未発見の写本」(谷森本とは兄弟関係に当たる)が書写され、それを底本として作成されたものが飯田本であり、その後に改めて謄写本を底本として書写されたのが谷森本であると推定した。

一方、中村氏は飯田氏の見解を踏まえた上で、谷森本・飯田本・雑稿本の文字の異同を詳細に分析した。そして、谷森本の奥書に見える謄写本をもとに雑稿本が作成されたこと、ついで明治四十年十二月十八日、雑稿本での考証を踏まえて謄写本をもとに「未発見の写本」が作成され、それを書写して飯田本が成立したこと、さらに明治四十一年一月二十九日の直前に、謄写本をもとにして谷森本が作成されたことなどを指摘して、雑稿本の成立を謄写本と未発見の写本の間に位置づけた。

両氏の見解はほぼ首肯できるが、谷森本と飯田本の関係については、再考の余地が残されていると思われる。前述の通り、谷森本と飯田本は各丁の行数・字数が全く同一であり、使用している文字もほぼ同じである。この点を重視するならば、どちらかがどちらかを底本として書写した可能性は、極めて高いと見るべきである。

また、飯田本の筆跡について、飯田氏は「谷森善臣とよく似てはいるが、仔細に点検すると、やはり別筆とみるべきであろう」と判断した。しかしながら、筆者が改めて確認したところによれば、飯田本には二種類の筆跡が認められる。すなわち、巻頭から奥書の前半まで（「谷森善臣識」まで）と、奥書の後半（「明治四十一年」以降）とで筆跡が異なっている。前者の筆跡は谷森本と酷似しているのに対し、後者は文字がやや小さく、線も細く、行が全体的に左に湾曲している。断定はできないが、別人によって記されたか、あるいは同一人物が別の筆を使って後から記したように見受けられる。とするならば、飯田本の奥書の前半は、その内容からして明治四十年十二月十八日に記された書写奥書であり、それに対して後半は、訓点を施した明治四十一年正月二十九日に書き足した加点奥書であると理解できる。

一方、谷森本の奥書は、基本的には飯田本と同内容であり、書写奥書も加点奥書も全て同筆となっていることから、飯田本に加点奥書が付された明治四十一年正月二十九日より後に、飯田本を底本として本文・書写奥書・加点奥書を一括して書写したものが、谷森本であると考えられる。書写が行われた時期は不明であるが、谷森善臣は明治四十四年（一九一一）に没していることから、明治四十一年から四十四年までの間に限定される。

なお、その際には、行数・字数は飯田本に忠実に書き写されたが、加点奥書の最後の一文は前方に移され、記述が時系列に並ぶように整理されたものと推測される。つまり、飯田本は谷森本の下書きとしての役割を、結果的に担ったことになる。谷森本には善臣の印が押されているのに対し、飯田本には印が全く押されていないことも、谷森本が最終的な清書であることを示していると言える。

では、九条家本の竪系図形式と、谷森本・飯田本・雑稿本の文章形式とでは、どちらが『粟鹿大明神元記』の原形を留めているのであろうか。

九条家本と谷森本を比較した是澤氏は、竪系図形式であることを重視して、九条家本の方が原形に近いと主張した。それに対して田中卓氏は、九条家本は天皇名の一部を漢風諡号で記すのに対して、谷森本はそれを和風諡号で記していることに着目し、是澤氏とは逆に谷森本の方が原形に近いとして、九条家本はそれを竪系図に改変したものであると主張した。一方、中村氏は、谷森本よりも前に作成された雑稿本では、天皇名を漢風諡号で記載し、右傍に和風諡号が書き入れられているのに対して、谷森本ではその箇所を全て和風諡号で記していることから、漢風諡号から和風諡号への書き換えは谷森善臣の手によって行われたものであり、本来の記載は漢風諡号であったことを明らかにした。これにより、和風諡号の記載を根拠として、文章形式が竪系図形式に先行するという田中氏の理解は、再検討を迫られることになった。そしてこれ以降、議論は特に進展していない。

そこで筆者は、改めて『粟鹿大明神元記』の悉皆調査を実施したところ、これまで全く顧みられていない写本が、香川県さぬき市の多和文庫[12]に所蔵されていることを知り得た。それが『多和叢書』所収「粟鹿大明神元記」である（以下、多和本）。『多和叢書』とは、各国の神名帳や寺社の縁起などを収録した計二十一冊の叢書であり、そのうちの一冊として「粟鹿大明神元記」（計四五丁）が収められている。

この写本は、九条家本と同様、神部氏の系譜部分を竪系図形式で記している。また、本文の文字に関する注記が非常に多く見受けられるが、そのほとんどが字形（異体字）に関するものである。こうした特徴は、書写の際に底本の字形をそのまま引き写したことを示すものであり、したがって、多和本にはその底本の姿が忠実に伝えられていると考えられる。その奥書には、

但馬国粟鹿明（マヽ）神元記一巻。伝聞、原本、白川旧神祇伯王家所蔵。年久而、与二顕広王記・仲資王記・業資王記・忠富王記等一共展転、落二書儈之手一。京都人田中教忠、皆購二得之一。去冬、携二来此一巻一、于東京見示。予欣喜、不レ惜二抑留一、月余雇二芝葛盛一、筆謄写已訖維。

明治卅五年一月六日也。

同月廿二日対㆓校之㆒、次訂正加㆑朱。時窓前南天燭、紅如㆓貫珠㆒。樹梢積雪、白似㆓梅花㆒。

八十六翁、谷森善臣識

栗鹿神社（マヽ）元記ハ珍書なるを、東都人谷森善臣ぬしの秘蔵せるを聞伝へ、文して借得て、宮崎佳彦に模写させたらば、それを病の少し穏ひなるをりをり、聊か以て総写して多和叢書に収むらるが、かくて此元記、古書なるへけれとも、いかがはしき所无きにしも非されは、その廉々別に考案を記し置ハ就きて見るへし。明治三十七年六月三日 正七位 松岡調。〈七十五翁。〉

とある。前段は多和本の底本に記されていた本奥書であり、後段は多和本が作成された際に付された書写奥書と見られる。この二つの奥書からは、これまで未詳であった諸本の成立事情や、さらに『粟鹿大明神元記』の原形に関して非常に重要な示唆を得ることができる。項を改めて述べよう。

## 3 『粟鹿大明神元記』の原形

それは以下の四点にまとめられる。第一に、前述した田中本の来歴についてである。本奥書によれば『粟鹿大明神元記』は「白川旧神祇伯王家」に伝来しており、それが『顕広王記』『仲資王記』『業資王記』『忠富王記』などとともに古書店の手に渡ったところを、田中教忠が購入したことが知られる。これが、谷森本・飯田本の奥書に見られた田中本と見て間違いない。

改めて言うまでもないが「白川旧神祇伯王家」とは、花山天皇の孫に当たる延信《のぶざね》王に始まり、代々にわたって神祇伯を世襲した堂上家（半家）である[13]（以下、白川家）。また『顕広王記』『仲資王記』『業資王記』『忠富王記』は、いずれも白川家より出て神祇伯を継承した顕広王（一〇九五～一一八〇）、仲資王（一一五七～一二二二）、業資王（一一八四～一二二四）、忠富王（一四二八～一五一〇）の日記である。歴代当主の日記が白川家に伝来したのは当然であるが、なぜ白川家が『粟鹿大明神元記』の写本を所有していたのかは不明である。

ただし、職員令1神祇官条によれば、神祇伯は諸国の祝部・神部の名籍を管轄することとなっていたのに対し、『粟鹿大明神元記』には神戸直奈久の代から、粟鹿神社の神戸に関する注記が記されている。また、近世以降、神道の世界に大きな影響力を持つようになった吉田家に対抗するため、白川家では諸国の神社関係者の門人化が進められた。文化十三年（一八一六）に作成された『白川家門人帳』(14)や『白川家諸国神社附属帳』(15)には、粟鹿神社神主家の大杉雅楽の名前が見えており、粟鹿神社は白川家の附属社になっていたことが確認できる。(16)これらのことから、白川家は全国の諸社や神主家を統括する過程で『粟鹿大明神元記』の写本を入手したものと思われる。(17)

第二に、謄写本の成立年代についてである。これまで謄写本の作成時期については、飯田本に「前日」、谷森本に「前年」と見えるのみであり、具体的な時期は未詳であった。しかし、多和本の本奥書には、田中教忠が多和本を携えて谷森のもとを訪れた際、それを見た谷森が大いに喜び、明治三十五年（一九〇二）正月六日、芝葛盛（一八八〇〜一九五五）に「謄写」させたとある。つまり、多和本の登場によって、謄写本は明治三十五年に書写されたことが判明したのである。

第三に、多和本の成立年代についてである。多和本の書写奥書によれば、松岡が谷森から謄写本を借りて、それを宮崎佳彦に依頼して「模写」させ（以下、宮崎本）、さらに明治三十七年（一九〇四）六月三日、それを自ら「総写」して『多和叢書』に収めたという。ここから多和本は、明治三十七年に成立したことが知られる。「総写」とは、写本全体を書写したという意味であろう。なお、宮崎本の成立時期（謄写本を「模写」した時期）については、謄写本が作成された明治三十五年正月六日から、多和本が作成された同三十七年六月三日までの間ということになる。

そして第四に、『粟鹿大明神元記』の原形についてである。前述の通り、この多和本は竪系図形式で記されている。しかも、書写奥書の末尾には、謄写本を「模写」した宮崎本をさらに「総写」したとある。よって、多和本のもとになった謄写本も、同じく竪系図の形式で記されていた可能性が高い。さらに、田中本については、飯田本・谷森本の奥書に「田中教忠翁所蔵古巻」とあり、多和本にも「一巻」とあることからすれば、九条家本と同じように巻子本であり、やはりこれも竪系図形式で記されていたと推測される。

とするならば、竪系図形式から文章形式への改変は、謄写本をもとに雑稿本が作成された際、また「披読に便ならん」として飯田本が作成された際に、谷森の手によって行われたのではあるまいか。かつて中村氏が指摘した漢風諡号から和風諡号への書き換え作業も、この時に行われたのであろう。(18) したがって『粟鹿大明神元記』は本来、九条家本や多和本に見られるような竪系図形式で記されており、のちに読みやすさを考慮して谷森・飯田・雑稿各本のような文章形式に書き改められたと考えられる。

以上の検討を踏まえるならば、これまで知られていた雑稿本・飯田本・谷森本（および田中本・謄写本）と、新出の多和本（および宮崎本）の関係は、次の①〜⑧のように整理することができる。

①明治三十五年以前、白川家から古書店に流出した『粟鹿大明神元記』を、田中教忠が購入した（田中本）。
②明治三十五年正月六日、田中教忠が持参した田中本を、谷森善臣が芝葛盛に「謄写」させた（謄写本）。
③明治三十五年正月六日から同三十七年六月三日までの間に、松岡調が谷森から謄写本を借り受け、これを宮崎佳彦に「模写」させた（宮崎本）。
④明治三十七年六月三日、宮崎本を松岡が「総写」して『多和叢書』に収めた（多和本）。
⑤明治四十年八月から十月にかけて、谷森が謄写本をもとに研究ノートを作成した（雑稿本）。

⑥明治四十年十二月十八日、谷森が謄写本を読み易いように「清写」した（飯田本）。この時、飯田本には書写奥書が記された。
⑦明治四十一年一月二十九日、飯田本に訓点が施され、末尾に加点奥書が加えられた。
⑧明治四十一年一月二十九日から同四十四年までの間に、谷森が飯田本を改めて書写した（谷森本）。
これに九条家本を含めて図示するならば、図3のようになる。

図3　諸本の系統関係

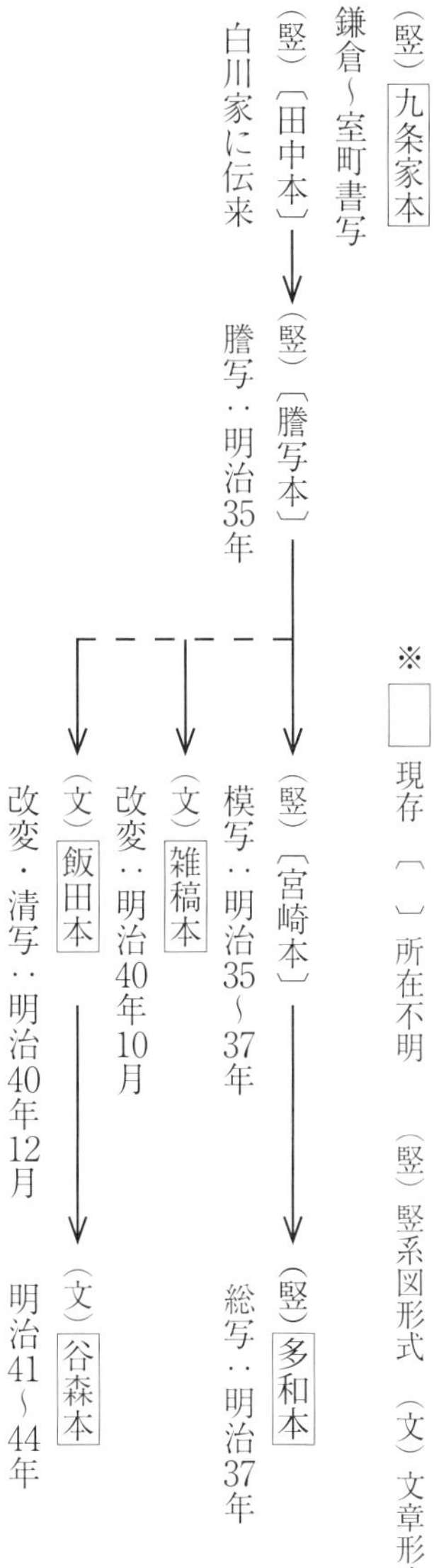


## 結　語

本節では『粟鹿大明神元記』の写本に関する先行研究を整理した上で、今回新たに現存が確認された多和本を手がかりとして、諸本の系統関係を復元し、さらにその原形に関して検討を行った。

冒頭でも述べたように、これまで『粟鹿大明神元記』の写本には、竪系図形式で記したもの（九条家本）と、文章形式で記したもの（雑稿本・飯田本・谷森本）が存在しており、どちらの形式が原形を留めているのかについては、定見が得られていなかった。しかし、雑稿本・飯田本・谷森本よりも早く成立した多和本が竪系図形式で記されており、しかも謄写本を「模写」した宮崎本を底本としていることから、謄写本や田中本も同じく竪系図形式で記されていた可能性が高いこと、したがって『粟鹿大明神元記』は本来は竪系図形式で記されており、のちに読みやすさを考慮して文章形式に改変されたことを明らかにした。また、多和本の奥書からは、田中本が白川家に伝来していたこと、謄写本が明治三十五年に作成されたこと、多和本が明治三十七年に作成されたことなどが確認された。

ただし、依然として不明な点も残されている。たとえば、田中本・謄写本・宮崎本は現在も所在が分からず[19]、九条家本とほかの諸本との関係も手がかりがない。よって当面は、諸本の中で成立年代が最も古い九条家本と、田中本の系統に属する諸本の中で最も早くに成立し、原形を留めていると思われる多和本を、相互に比較しながら『粟鹿大明神元記』を扱う必要がある。さらに、氏族系譜の形式の観点からすれば、『海部氏系図』『和気氏系図』に続く第三の竪系図として、『粟鹿大明神元記』の史料的価値は改めて見直されなければならないであろう。こうした書誌学的な考察を基礎として、次に記載内容の分析へ進むことになるが、それについては次節で述べることとしたい。

注

（1）写本によって書名が異なるが、本書では『粟鹿大明神元記』で統一する。

（2）『粟鹿大明神元記』の末尾には、長保四年（一〇〇二）の神祇官公験が付されていることから、現在の形に最終的にまとめられたのはこの頃と見られる。田中卓「一古代氏族の系譜」（『田中卓著作集』二、一九八六年、初出一九五六年）など参照。

（3）是澤恭三「粟鹿神社祭神の新発見」（『神道宗教』一〇、一九五五年）、同「粟鹿大明神元記の研究（一）」（『日本学士院紀要』一四―三、一九五六年）、同「粟鹿大明神元記の研究（二）」（『日本学士院紀要』一五―一、一九五七年）、同「但馬国朝来郡粟鹿大明神元記に就いて」（『書陵部紀要』九、一九五八年）。

（4）田中卓「一古代氏族の系譜」（前掲）、田中卓「翻刻『粟鹿大神元記』」（『田中卓著作集』二、前掲）。

（5）飯田瑞穂「『粟鹿大神元記』の一写本」（『中央大学文学部紀要』三一、一九八六年）。

（6）中村一紀「谷森靖斎翁雑稿所収の粟鹿大神元記」（『国書逸文研究』一八、一九八六年）。

（7）上記以外に『粟鹿大明神元記』に関する先行研究としては、前之園亮一「神話研究における『粟鹿大明神元記』の史料価値」（『学習院大学文学部研究年報』二三、一九七六年）、溝口睦子『日本古代氏族系譜の成立』（学習院、一九八二年）、瀬間正之「『粟鹿大明神元記』は上代語資料となり得るか」（『古典研究』一六、一九八九年）、義江明子「出自系譜の形成と王統譜」（『日本古代系譜様式論』吉川弘文館、二〇〇〇年、初出一九九二年）、菊川丞「史実と伝承の間」（『大阪薫英女子短期大学研究紀要』三〇、一九九五年）などがある。

（8）これら四種の写本は『神道大系』神社編　三五（一九九一年）に翻刻が掲載されている。また、九条家本・谷森本は『兵庫県史』史料編　古代一（一九八四年）にも収められている。

（9）出雲国造の系譜である『国造北島氏系譜』も、紙面を縦方向に使用してはいるが、系線を用いていない点や途中で折り返している点など、竪系図とは異なる特徴が見られるため、ここでは区別しておく。『国造北島氏系譜』については、高嶋弘志「出雲国造と系図」（『出雲古代史研究』二、一九九二年）、拙著『日本古代氏族系譜の基礎的研究』（東京堂出版、二〇一二年）参照。

（10）是澤恭三「但馬国朝来郡粟鹿大明神元記に就いて」（前掲）など。

（11）『粟鹿大明神元記』が成立したと伝えられる和銅元年八月十三日から、『古事記』が成立した和銅五年正月廿八日までの間には、閏月が二回ある（和銅元年閏八月、和銅四年閏六月）。よって、厳密には「三年四箇月余」も「三年五箇月余」も誤りであり、正しくは「三年七箇月余」である。

（12）多和文庫は、金刀比羅宮禰宜・伊和神社宮司・田村神社宮司などを歴任した松岡調（一八三〇～一九〇四）が、明治二十四年（一八八九）、多和神社内に香木舎と称する蔵を建てて、自ら収集した古文書類を収めたことに始まる。香木舎文庫とも言う。その収蔵品は、古書・古文書・考古資料など五千点以上に及ぶ。

（13）小松馨「白川伯王家の成立」（『神道宗教』一一六、一九八四年）、久保田収「伯家の成立と分流」（『皇学館大学紀要』十三、一九七五年）など。

（14）近藤喜博編『白川家門人帳』（白川家門人帳刊行会、一九七二年）。

（15）金光真整・近藤喜博・渡邊国雄編『白川家諸国神社附属帳』（白川家門人帳刊行会、一九七五年）。

（16）粟鹿神社が白川家の附属社になった時期は不明であるが、但馬国では城崎郡の女代神社が天明元年（一七八一）に、養父郡の押武謝神社が寛政元年（一七八九）に、それぞれ白川家の附属社となっていることから、粟鹿神社の場合もこれらに近い時期と推測される。

（17）近藤喜博「白川伯家の諸国附属社について」（『神道宗教』一一、一九五六年）、土岐昌訓「白川・吉田の神職支配」（『國學院雑誌』八〇－一二、一九七九年）、間瀬久美子「幕藩制国家における神社争論と朝幕関係」（『日本史研究』二七七、一九八五年）、松原誠司「近世末期における白川伯家と地方神社」（『國學院雑誌』九一－一二、一九九〇年）。

（18）九条家本は「粟鹿大明神元記」とし、雑稿本・飯田本・谷森本は「粟鹿大神元記」としている。こうした書名の変更も、同じく谷森の手によって行われたと思われる。

（19）多和本の奥書から、田中本は明治三十五年まで田中教忠の手元にあったことが確認できるが、それ以降の消息は残念ながら不明である。田中教忠の旧蔵書の大半は現在、国立歴史民俗博物館に収蔵されているが、川瀬一馬編『田中教忠蔵書目録』（一九八二年十一月）や、『田中穣氏旧蔵典籍古文書目録』古文書・記録類編（国立歴史民俗博物館、二〇〇〇年三月）・『同』国文学資料・聖教類編（二〇〇五年三月）などには、『粟鹿大明神元記』に該当するものは含まれていない。また、京都国立博物館・奈良国立博物館・早稲田大学・龍門文庫などにも、旧蔵書の一部が収蔵されているが、これらの中にも『粟鹿大明神元記』らしきものは見当たらない。川瀬氏は「田中家では戦後直後の財産税の処理で、一部分手離されたものがあった」、「教忠翁も晩年には新しく古書肆などに珍しいものが出て購書したいようなものがあると、手元の物を出して交換式にされたものもあった」と記しており（『田中教忠蔵書目録』前掲）、おそらく田中本はこうした経緯で他所に流出してしまったと推測される。今後も捜索を継続したい。

【付記】多和本の掲載に当たっては、多和神社宮司の松岡弘泰氏より格段のご高配を賜った。記して厚く謝意を表したい。

# 参考『粟鹿大明神元記』

凡例

一．翻刻は『多和叢書』所収「粟鹿大明神元記」（多和本）を底本として行った。

一．字体、文字組み、系線の引き方などは、可能な限り底本にしたがった。

一．和銅元年奥書、長保四年公験、本奥書、書写奥書の各部分には、句読点を施した。

一．改頁による系線の接続は、アラビア数字を用いて示した。たとえば、（縦系図1）の「1」は、（縦系図2）の「1」の箇所に接続する。

一．筆者による傍書には、（　）を付した。

（巻首書入）

新羅将軍正六位上神部直根閇謹言　請官符事

少領傳領為且

依　勅宣旨勘注言上但馬国鎮守阿米美佐利命粟鹿大明神元記

神祖伊佐那伎命与妹伊佐那美命二神相生之児

合参神

大日神

次月神

次索《素》佐乃乎命

（縦系図1）

此索《素》佐乃乎命登天従天降来於出雲樋川上鳥上山

娶伊那多美夜奴斯名須佐能夜都美祢《弥》之女久斯伊那多比祢《弥》

生児蘇我能由夜麻奴斯祢《弥》那佐牟《冨》留比古夜斯麻斯奴——1

（縦系図2）

1

娶大山都美之女木花知利比売

生児布波能女《母》知汗那須奴

娶阿麻乃都刀閇乃知尼

生児意祢《弥》都奴

娶布努都祢《弥》美之女布弖祢《弥》美

生児天布由伎奴——2

（縦系図3）

2

娶佐志久斯布刀比売之女佐志久斯和可比奴売
一名大物主亦名意《冨》留阿那母知命亦名名《（ママ）》葦原色表《袁》命

生児大国文《主》命
亦名八千桙命亦名宇都志国玉命亦名幸《幸》術魂辞代主命
亦名八島男命亦名大己貴命亦名八千弟《矛》命
3

右
4

（縦系図4）

3

娶天止牟移比売

生児阿米弥佐利命　坐粟鹿太社

又娶三嶋溝抗《杭》耳之女玉櫛姫
嫁神武天皇生媛《綏》請《靖》天皇并皇子

次溝抗《杭》天瀬姫蹈鞴五十鈴姫命

次五十鈴依姫命
嫁綏《綏》靖天皇生安寍《寧》天皇

姝《妹》

又娶溝抗《杭》耳之孫女治《活》玉依姫

生児久斯比賀多命
大神朝臣祖也自神武天皇御世始而至綏《綏》請《靖》天皇御世
5

4
為内臣国権曰賜墓在泉国知努乎曽村
6

（縦系図5）

娶宇治夜須姫命

5

児阿麻能比賀大《太》命

嫁年《片》塩《塩》浮穴宮御之《ノ》《宇》磯城津彦《彦》王《玉》手看天皇生四天皇

7

又大和氏天《文》付有名大《太》祁知遅若命

息石耳命

次大日本彦移《須》支侶天皇

次常津彦某兄命

次磯城津彦命

妹《妹》渟中底仲姫命

右大国主神既雖生両児猶未明其貇《貌》夜之曙乃去曽昼不往来

於是王《玉》櫛姫心中懐疑続紵《綜》糸衣至明漸尋随綸追不見之《覓》

時其論《綸》経於弟《茅》渟陶《陶》村従彼処直指大倭御諸瀲《嶽》玉櫛

姫乃知大神然其綸遺留本所唯有三廻因斯弓《号》意

富美知《和》君姓也

6

（縦系図6）

娶意富多弊良姫命

7

児櫛脹《瑕》戸忍速栖浦浦稚《稚》日命

児櫛脹《瑕》戸忍勝速日命

以上捺氏之神宅之印

亦大和氏父《文》在名大《太》祁祢《弥》賀乃保命

母曰日向賀牟度美良姫命

児多祁伊比賀都命

8

亦名云武脹《瑕》曽々利命

亦大和氏文在名阿太賀多須命此者和尓《公》右并石辺公等祖

次伊比加多須命

（縦系図7）

8

母曰出雲臣上祖沙麻奈姫命

児耶美賀乃許理命

亦名武脹《瑕》折命

児宇麻志毛白《呂》尼命

亦名云櫛脹《瑕》凝命

母曰丹波道主女子夜加知彦○大知彦○命

9

（縦系図8）

9

児刀余美気主命　亦名云飯片湡《隅》命

母曰伊勢幡主女子賀具侶姫命

児意保美気主命　亦名云神田々根子命

母曰木《木》国奈具佐姫命之《女》大姫命

10

（縦系図9）

10

一児太田々祢古命

母曰賀毛都美良姫命此大神朝臣等上祖矣

右田々祢古命磯城瑞籬宮御宇祁国所知御間城入彦五十瓊《瓊》殖　天皇御世所求出来乃鎮祭大物主大神之祖也矣一書云同御宇五代子年国内疫病人民死亡者且大半矣佰姓流離或有背叛於是　天皇乃幸于神淺弟《浅茅》原而曾八百萬神以卜問之時神軽浣《境》原宮御宇大日本根古彦国牽天皇第一皇女託於倭迹蚣《迹跡》日百襲姫命曰也　天皇何憂国之不治也若敬祭我者必当目《自》平矣我是大国主神者時随神敬《教》祭祀然猶於事無験　天皇乃沐浴斉《齋》戒潔浄殿内而祈之日云久是夜夢有一貴人向立殿戸自称戸大国主神当命吾児太田々祢古命祭我者則立平矣　天皇便以夢教之辞布告天下遍求太田々祢古乃得弟渟《茅》陶色《陶邑》焉天皇親問曰海《汝》誰子者乎対言大国主神児久斯比方命九継之孫《己》之意冨太々祢古是矣　天皇大悦即以太田祢古初令拝祭大国主神仍立天社地社神定神地神戸于時疾病始息天下衡論五藪《穀》既登佰姓亦饒又地社奉祭八百萬神詔天皇朝庭奉仕物負八十伴緒取別事依賜国日食国改《政》取持百《白》賜矣

一大鴨積命　此賀茂朝臣等祖

二太友主命　此大神朝臣等祖

三太多彦命

美作国大庭郡神直石見国大市郡神直的大神直倭三小部吉備国品治部葦浦郡（ママ）等上祖者矣

但馬国朝米《来》郡粟鹿神部直

11

四意冨祢《弥》希毛知命　神人部祖談《淡》路国三原郡幡多郷神人部川成并

以上曰《四》人者太田々祢古命之児也

（縦系図10）

右多太彦磯《○城》瑞籬宮御宇初国所知御間城入彦五十瓊殖
天皇御世国々荒振人等令平服以大国主神術魂荒《○魂》召《取》着

11

於桙楯大刀鏡遺於西国于時初貢男女之詞《調》物即但馬
国朝来郡粟鹿村宿住矣也

上件太多彦命御募《墓》在美作国大庭部《郡》米木原

12

（縦系図11）

12

児大彦速命
母曰穂積朝臣等祖内醜男命之女玉降姫直

次大主命
此名《石》見国大市郡神直美作国大庭郡神直
又品治部葦浦君等先祖矣

次水練命
此纏《纏》向日代宮御宇大帯彦忍代別天皇
行幸於笠《笠》志之時持神事奉仕此的大神
直等又倭御川郡等先祖也

右大彦速命巻向珠城宮御宇治《活》目入彦五十狭《茅》弟天皇
御世但馬国粟鹿嶺荒振坐大神在云大国主神御子天美佐利
命形如雲《紫》紫《雲》佀《化》懸於虚中然自由坂《坂》通往還人十余人往
来人五十人殺今五人往廿人往来十人殺今十人往如是状不三遍
経数年于時大彦速心中恐懼祭望於朝庭此神状申顕伎即
朝庭雑幣帛給鎮祭伎又粟鹿嶺白鹿晶《角》間粟生在伎
仍字為粟鹿大神即民得安楽国内無災難又五穀登穂矣

13

（縦系図12）

13

児武押雲命
母曰甲斐国造等上祖狭積《（ママ）》穂彦命《○女》角媛命

児猛《猛》日
母曰的大神直等上祖水練命女雲別姫命　祭主

14

（縦系図13）

14

児神部直速日

母曰倭三川君等上祖角大草命之女浦稚姫命
右人磯香高穴穂宮御宇稚足彦天皇御世依神拝
祭神部直姓給伎又但馬国々造定給伎即祭主以上非顕

次神部直高日

児神部直忍

母曰物部連小事之女意富安姫命
右人磐余稚桜宮御宇息長大足姫天皇御世
但馬国人民粟鹿大神荒術魂召著於船鼻
伝百済奉仕然返祭来時尓同朝庭神事
取持奉仕仍但馬国造止奉仕定給賜又給神
宝楯二面大刀二柄鏡二面頸玉一箇手玉一箇
足玉一箇神田七十五町九段百八十歩神戸
二烟上件物給粟鹿大神宝蔵立神宝物畜
積始祭主忌始上呼十一月寅日中呼子〇日下呼
十二月申日祭鎮

次神部直弟

（縦系図14）

15

児神部直伎閉

母曰姨同物部連小事之女子小安姫命
右人粟鹿大神祭主奉仕

次神部直席屋

次女神部直乙女

児神部直奈久

娶神部直御景之〇女酒女
右人粟鹿大神祭主奉仕

16

次神部直祝小麻呂神戸

17

（縦系図15）

16
- 児神部直宿奈
  - 娶神部直賀牟奈美之女都良女
  - 右人粟鹿大神祭主奉仕
- 次神部直萬侶伎　田部等之祖
- 次神部直赤麻呂　神部等之祖

- 児神郎直二身
  - 娶神部直赤丸之女子久良子
  - 右人粟鹿大神祭主奉仕
- 次神部直表《袁》麻呂
- 次神部直垣

18

17
- 忌部祝廿人
- 忌酒女祝廿人

- 忌部祝卅人
- 忌部酒女祝卅人

19

（縦系図16）

18
- 児神部直小椅
  - 娶神部直宿奈之女子尓保布女
  - 右人粟鹿大神祭主奉仕
- 次神部直表《袁》志
- 次神部直荒鹿
- 次神部直与庭

- 児神部直都牟自
  - 娶神部直表《袁》之女子殿女
  - 右人粟鹿大神祭主奉仕
- 次神部直宿奈

20

19
- 忌部祝卅人
- 忌酒女祝卅人

- 忌部祝卅人
- 忌酒女祝卅人

21

（縦系図17）

20　児大九(ママ)位神部直萬侶

娶神部直　之女子秦女

右人難伎《波》長柄豊前宮御宇天萬豊日天皇御世天下郡領并国造懸領定賜于時朝来郡国造事取持申即大九(ママ)位叙仕奉

児神部直根閈

右人緩《後》岡本朝庭御宇天豊財重日姫足《足姫》天皇御宇時但馬国民率雑《新》羅誅仕奉即返参来同朝庭御宇始叙朝来郡大領司所擬仕奉又近江大津宮御宇天命開別天皇御宇庚午籍勘造日依書笇知而国政取持国造懸領并殿民源之是非勘定注朝庭進即庚午年籍粟鹿郷上戸主神部直根閈年卅矣神戸里切分奉九条三里田四里田己十条四里田五里田六里田十一条二里田己野山林己

21

忌部祝卅人
忌酒女祝卅人
官戸卅五人奇
雑役等

忌部祝卅人
忌酒女祝卌人
官戸卌五人奇
雑役等

（和銅元年奥書）

右、根閈氏大明神天美佐利命者、神氏最初之天降人、皇治佀《化》之崇基也。此境山陰道、但馬州朝来郡粟鹿郷也。尒時、山海混沌、煙雲闇靄。庶民漸事人王、神霊未入皇帰。吾親皇命、振固洲天下御坐。名曰粟鹿大明神也。花夷未頒之時、荊樹点瑞之処、天下俄陰、霖雨久洪水、饑餓疾癘、生者流亡。時焉、朝廷驚奇、便下勅宣天文陰○《陽》家、勘奏占諮。大田彦子天美佐利、依未受公祟、忽致此怪災也云々。仍下　勅宣、忽建宝殿、十二箇所別社、神戸二烟、神田七十五町五段百八十歩、則定神立氏并祝部氏、請下大和国大神明神氏人等也。随則四季八節之祭、忌月供日之定、種々神宝、一々礼祭、自尓天下豊○（登）、人民安平。是則一天之乃定、百王之長帰也。我大明神天降之時十一代後、根閇今生氏中、已勤神事、為業者武略也。抑新羅州奉為我　朝忝有虜椋之心、恒成度海之計、数率屯兵■（墨抹）常以合戦。神代当初人皇次後、己此兵難、更以不絶間者、亦起来世災何競。于時、根閇生年三十也。親被本朝之　勅、遠対累（異）域之将、生命不顧戦勝、無眠遂而伐獲彼王軍也。雲濤萬里、自得亀鼇之扶、弓矢千陣、転使猿鴈而泣。渡海登涯、忍寒忘苦、彼舟帆飛而遁者、則是大王雄風之徳也。絃筈指而中者、豈非明神霊鏑之感乎。勤王之忠爰顕、将軍之号因蒙。忝思鳳闘之長、今遠伝勲功之難、古護国平世、憂讐除尤。凡以我氏大明神通化威験而已。根閇壮日云曛、老命欲尽。今茲七十也。旧譜如此。後代可承（烝）致功者為名也。其盟者感神矣。為継氏於万代、令我神部而掌也。夫海底之石非鉄不鈎、日中之火非玉不把。

越鳥必巣南枝、胡馬定嘶北風。物之相感、人以叵妨。
況更我氏権現者起請垂迹乎。所以　帝範頼誓、
神事所期遙守一氏之礼節、可賽　百王之豊年
庶矣。後輩同以是心、神代記内次々可実録之耳也。
和同元年歳次戊申八月十二日、筆取神部八嶋。勘
注言上正六位上新羅将軍神部直根閇。

（長保四年証判）
神祇官
但馬国朝来郡粟鹿明（ママ）神元記勘録帳証文捺官
印為令公験下預於社如件
長保四年正月廿一日正六位上行権少史斎部宿祢
伯守従四位下秀頼王　正六位上行権大祐直宿祢
従五位上行大副卜部宿祢 在判　正六位上行大祐斎部宿祢 在判
権大副従五位下大中臣朝臣輔親　正六位上行権大祐大中臣朝臣
従五位下行少副大中臣朝臣　正六位上行少祐伊伎宿祢 在判
従五位下行権少副大中臣朝臣 在判　正六位上行権少祐大中臣朝臣 在判
正六位上行権少祐直宿祢 在判
正六位上行大史直宿祢 在判
正六位上行少史直宿祢
奉行　同年十二月廿一日

正五位下行守高階朝臣道順

（本奥書）

但馬国粟鹿明神（ママ）元記一巻。伝聞、原本白川旧神祇伯王家所蔵。年久而、与顕広王記・仲資王記・業資王記・忠富王記等共展転、落書儈之手。京都人田中教忠、皆購得之。去冬、携来此一巻、于東京見示。予欣喜、不惜抑留、月余雇芝葛盛、筆謄写已訖維。明治卅五年一月六日也。

同月廿二日、対校之次訂正加朱。　時窓前南天燭、紅如貫珠。樹梢積雪、白似梅花。

八十六翁谷森善臣識

（書写奥書）

粟鹿神社（ママ）元記ハ珍書なるを、東都人谷森善臣ぬしの秘蔵せるを聞伝へ、文して借得て、宮崎佳彦に模写させたらば、それを病の少し穏ひなるをりをり、聊か以て総写して多和叢書に収むるが、かくて此元記、古書なるへけれとも、いかがはしき所无きにしも非されは、その廉々別に考案を記し置ハ就きて見るへし。明治三十七年六月三日、正七位松岡調〈七十五翁〉。

## 第二節　神部氏の系譜とその形成

### はじめに

日本の古代氏族は、大王家や他氏族との間に様々な結びつきを構築し、その関係を系譜・系図として表現した。それは祖先に関する単なる記憶・記録ではなく、当該氏族の政治的地位や、王権に対する奉仕の正統性を示すものとして、極めて現実的な意味を持っていた。こうした系譜・系図を用いて古代氏族の実態を解明しようとする研究は、多くの蓄積があるが、氏族同士の関係が形成される経緯や契機に関しては、いまなお不明な点も多い。よって、同祖関係の成り立ちをより具体的に把握していくことが、現在の氏族研究や系譜・系図研究における課題の一つであると言える(1)。

そのためのケーススタディとして、前節から引き続き『粟鹿大明神元記』を取り上げたい。この史料には、但馬国粟鹿神社の祭主を継承した神部氏の世系が連綿と記されているのみならず、前半は中央の大神氏との共通系譜となっており、神部氏が大神氏との間に形成した同祖関係が伝えられている。これまでの研究では、その記載内容の分析や他史料との比較から、『粟鹿大明神元記』がどのようにして現在の形にまとめられたのかを論じたものが多かった(2)。たしかに、それは系譜・系図史料を扱う上で不可欠な分析視角である。

しかし、『粟鹿大明神元記』という「史料」の研究と、そこに伝えられた「歴史」の研究とは、ひとまず区別して考えなければならない。なぜなら、神部氏と大神氏の同祖関係は『粟鹿大明神元記』成立時にはじめて立ち現れてきたのではなく、それ以前からの長い蓄積と変遷があり、それをある時点で切り取って固定化したものが『粟鹿大明神元記』だからである。ここで言うところの「歴史」とは、具体的には神部氏と大神氏の交流の「歴史」である。こうした観点からのアプローチは、これまで必ずしも十分に行われていないように思われる。そこで本節では、神部氏が大神氏との間に同祖関係を形成するに至った歴史的背景について、考察を加えることとしたい。

## 1　竪系図部分の成立

『粟鹿大明神元記』は、巻首書入・竪系図・奥書・公験の四つの部分によって構成されている。これらの各部分では、用字や代数の数え方などに齟齬が見られることから、竪系図が先行して成立しており、それ以外の部分は後から付加されたと考えられている。(3) さらに、この竪系図も続柄や系線などの特徴から細分化できる。先学の間で差異はあるが、おおむね次のように区分される。(4) これを図示したものが図4である。

A　素佐乃乎命〜忍勝速日命の部分。人名の頭に「生児」または「児」、配偶者の頭に「娶」と記す。

B　多祁伊比賀都命〜オオミケヌシの部分。人名の頭に「児」、人名の右下に「母」と記す。

C　オオタタネコ〜オオカモツミの部分。オオタタネコは頭に「一」「児」、右下に「母」と記す。オオカモツミら四人は頭に「一」「二」「三」「四」と記し、右下に「母」の記載を欠く。また横系線を全て短冊形に記す。

D　大彦速命〜神部直伎閉の部分。人名の頭に「児」、人名の右下に「母」と記す。

E　神部直奈久〜神部直根閇の部分。人名の頭に「児」、人名の右下に「娶」と記す。

現状の『粟鹿大明神元記』竪系図にこうしたいくつかの特徴が見られることは、その内部に成立事情を異にする複数の要素が含まれていることをうかがわせる。特にA部分に関しては、神名に上代特殊仮名遣が使われていることから、「上代語資料」を参照して作成されたと推測されている。(5) とするならば、他の部分にも同様に、何ら

図4　竪系図部分の模式図

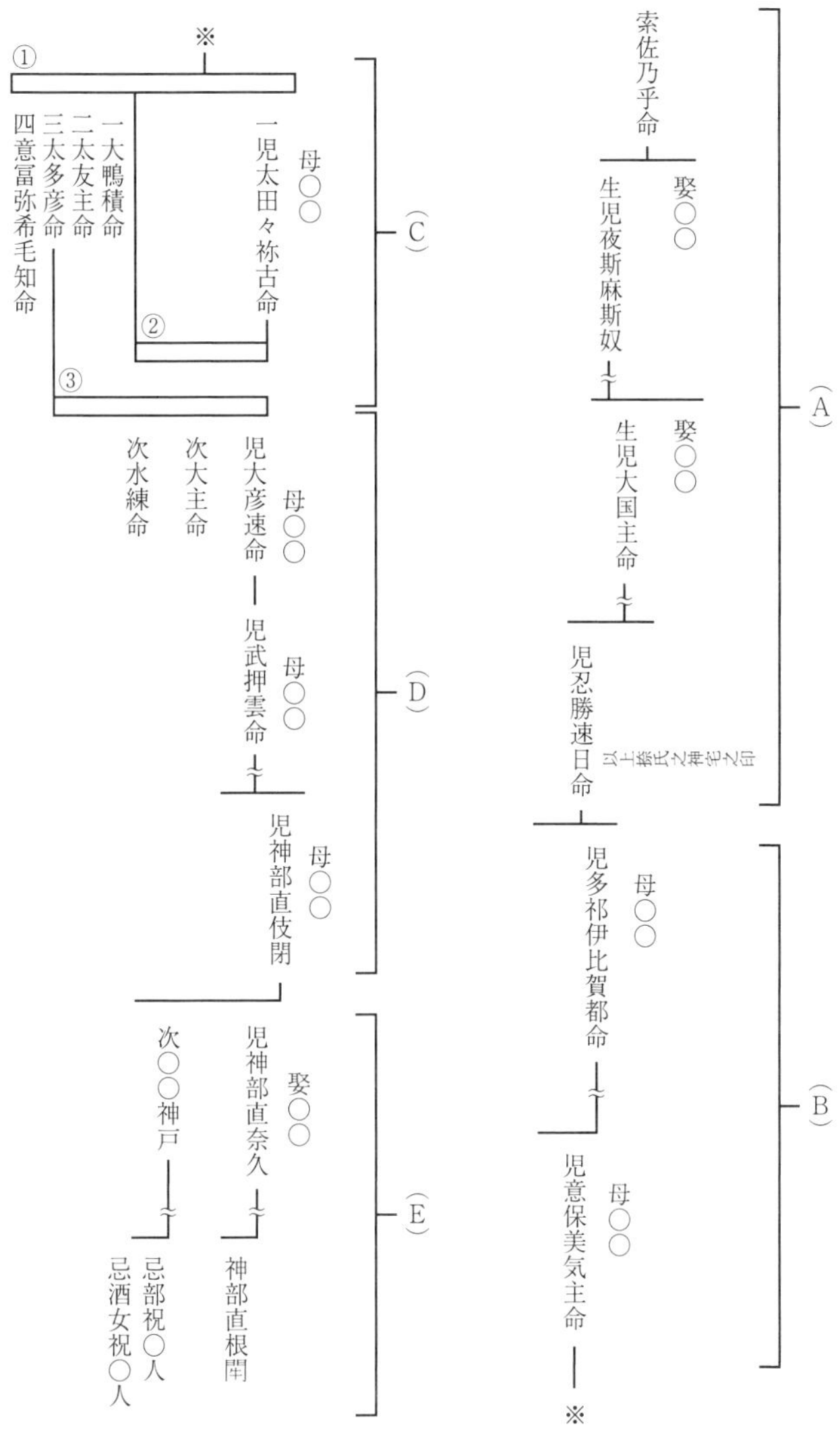


人名は適宜省略した。右下の※は左上の※に接続する。≈は世系を省略した箇所を示す。

かの原史料の存在が想定される。つまり、竪系図の記載方法に複数の特徴が見られるのは、その部分を作成する際に利用された原史料の記載が遺存したためと考えられるのである。(6)

では、こうした原史料を参照しながら、竪系図はどのようにしてまとめられたのであろうか。先行研究ではA・B部分を大神氏の系譜（大神氏と神部氏との共通系譜）、D・E部分を神部氏の独自系譜と理解してきた。そして、C部分周辺の短冊形の横系線は、『海部氏系図』などの類似箇所を参考に、挿入や省略を示す記号と推測し、A・B部分とD・E部分の間にC部分を挟み込むことで、両氏の系譜が後次的に結合されたと説明してきた。(7)これを図式化すれば「AB＋C＋DE」となる。両氏の系譜が後から組み合わされたとする点は、同祖関係が形成される際に一般的に見られる傾向であり、首肯すべきであろう。しかし、C部分の扱いについては、再検討の余地があると思われる。

オオタタネコからオオミケモチまでの五人は、大神氏の系譜を伝える『地祇本紀』や、『大神朝臣本系牒略』『三輪高宮家系図』などにも名前が見えている。このうちオオタタネコとオオトモヌシは、大神氏の始祖とされている（『古事記』崇神段、『日本書紀』崇神八年十二月乙卯条・垂仁三年三月条）。よって、C部分はもとから大神氏の系譜に含まれるのであり、二つの氏族の系譜を接合する際に、このC部分を挿入したとする説明は適切ではない。さらに、系譜の継ぎ目がC部分とD部分の間に位置するのであれば、オオタタヒコと大彦速命の間の横系線（図4③）を短冊形にすればよいのであり、それ以外の箇所（図4①・②）を短冊形にする必要はない。つまり、これまでの説明では、C部分の複数の横系線が短冊形で記されていることの意味が判然としないのである。そこで注目したいのは、以下の三点である。

第一に、各部分の続柄記載のうちB部分とD部分は、人名の頭に「児」、人名の右下に「母」と記す点で共通性がある。C部分の内部では、前述の通りオオタタネコには「児」と「母」が用いられており、これはB・D部分と共通している。それに対して、オオカモツミら四人の頭には「児」ではなく「一」から「四」までの数字が記されており、「母」や「娶」などの記載は付されていない。また、オオタタネコから出た系線は、一旦逆戻りをしてオオカモツミらとつながっているが、こうした箇所はほかに例がない。つまり、続柄や系線が変則的になっているのは、C部分全体ではなく、オオカモツミ以下の四人に限られるのである。

第二に、この四人はオオタタネコの左に置かれているが、彼らはオオタタネコの子なのであるから、本来は下に置かれるべきである。ちなみに、竪系図形式をとる九条家本・多和本では、オオタタネコの世代と大彦速命の世代の間に十分な間隔が空いていることから、オオカモツミらがオオタタネコの左に置かれているのは、スペースの都合によるものではない。さらに、最も左側に置かれたオオミケモチの横には、

以上四人者、太田々禰古命之児也。

とあるが、このような注記をわざわざ施している点も特異である。

第三に、オオタタネコとオオトモヌシは大神氏の始祖とされているが、それに加えてオオカモツミは賀茂氏の始祖、オオタタヒコは神氏・神部氏の始祖、オオミケモチは神人部氏の始祖とされており、C部分はいわば各氏族の系譜の結節点としての役割を持っている。そのため但馬国の神部氏のみならず、大神氏と同祖関係を形成する全ての氏族にとって、ここは最も重要な部分のはずであり、それぞれの始祖が大神氏の系譜に組み入れられる際、各氏の主張に食い違いが生じた場合には、それを調整する作業が繰り返し行われたと思われる。

これらの点を踏まえるならば、次のように考えることができる。すなわち、オオカモツミ・オオトモヌシ・オオタタヒコ・オオミケモチらの四人は、はじめはオオタタネコの弟とされていた。また、大彦速命ら三人は、上

の世代との世系が示されていなかったか、あるいはオオタタヒコではない人物につなげられていたなど、少なくとも現状とは異なる形で位置づけられていた。そこに、ある段階で修正が加えられたことで、オオカモツミらはオオタタネコの弟から子に変更され、大彦速命らはオオタタヒコの子として位置づけられた。

このように理解するならば、オオカモツミらがオオタタネコの左側に置かれていることも、整合的に説明することができる。オオカモツミ以下の四人に「母」や「娶」の記載が見られないのは、オオタタネコの右下の「母」が、当初はオオミケモチまで五人全員に掛かっていたためであろう。またオオミケモチの尻付の注記や、オオカモツミらの頭の数字は、この四人が兄弟であること（オオカモツミが第一子であること）を示すため、修正段階で施されたと見られる。

そして、この世系の修正にともなって系線も書き換える必要が生じてくるが、はたして短冊形で描かれている横系線は、全てこの時に変更があった箇所なのである。具体的には、オオミケヌシとオオタタネコらの親子関係を表していた横系線（厳密にはその左半分）が、修正後にはオオタタネコとオオカモツミらの親子関係をも表すようになり（図4①）、さらにオオタタネコとオオカモツミらの親子関係を示す系線（図4②）と、オオタタヒコと大彦速命らの親子関係を示す系線（図4③）がそれぞれ追加されたと考えられる。よって、C部分に見られる短冊形の横系線は、『粟鹿大明神元記』竪系図の場合は挿入や省略を示す記号ではなく、後から修正が加えられた痕跡と理解できる。その意味がのちに忘れられてしまい、そのままの形で書写されてきたのであろう。(8)

ここで問題となるのは、この修正が行われた時期である。かりに竪系図が成立した後で、この修正がなされたならば、オオカモツミらの頭に付された数字は挿入したために小さい文字となり、系線と尻付の配置にもずれが生じるはずであるが、現状の『粟鹿大明神元記』にはそうした不体裁は全く見られない。また、C部分を作成する際に利用された原史料において、すでに修正がなされていたならば、それを受けて竪系図ではオオカモツミらはオオタタネコの下に記されるであろう。とするならば、この修正は各部分の原史料を参照しながら、竪系図の世系がまとめられる作業の中で行われたと考えられる。

では、それはいつ行われたのであろうか。竪系図の成立時期について、先行研究では『粟鹿大明神元記』に用いられている文言や用字に着目してきた。しかし、竪系図の尻付には、天皇名には和風諡号と漢風諡号が混在していることや、国名にも「吉備」「美作」(9)や「大倭」「大和」(10)など年代的に矛盾する記載が散見することから、何段階かに亘って記されたと思われ、その記載から成立時期を探ることには限界がある。

そこで、改めてC部分を振り返ってみよう。この部分に該当する世系は他史料にも見えているので、それらを比較してみると、『粟鹿大明神元記』竪系図はオオタタネコをオオミケモチの子、オオカモツミら四人をオオタタネコの子としている。それに対して『新撰姓氏録』大和国神別 賀茂朝臣条は、オオカモツミをオオタタネコの孫とする。『地祇本紀』では、オオタタネコをオオミケヌシの孫（健飯賀田須命の子）、オオミケモチをオオタタネコの子とし、オオカモツミら三人はオオミケモチの子（オオタタネコの孫）としている。『大神朝臣本系牒略』『三輪高宮家系図』では、同じくオオタタネコをオオミケヌシの孫とし、さらにオオミケモチの子に大部主命なる人物がおり、オオトモヌシはその大部主命の子となっている。このようにC部分は、『粟鹿大明神元記』→『新撰姓氏録』→『地祇本紀』→『大神朝臣本系牒略』『三輪高宮家系図』の順で、世系が延長されていく傾向が看取される。これを図示したものが図5である。こうした相違は、前述の通り、各氏の始祖を大神氏の系譜の中にどのように位置づけるかについて調整が繰り返されたために生じたと思われるが、この中で『粟鹿大明神元記』竪系図が先頭に位置することは、その世系が『新撰姓氏録』より古い段階のものであることを示していると考えられる。

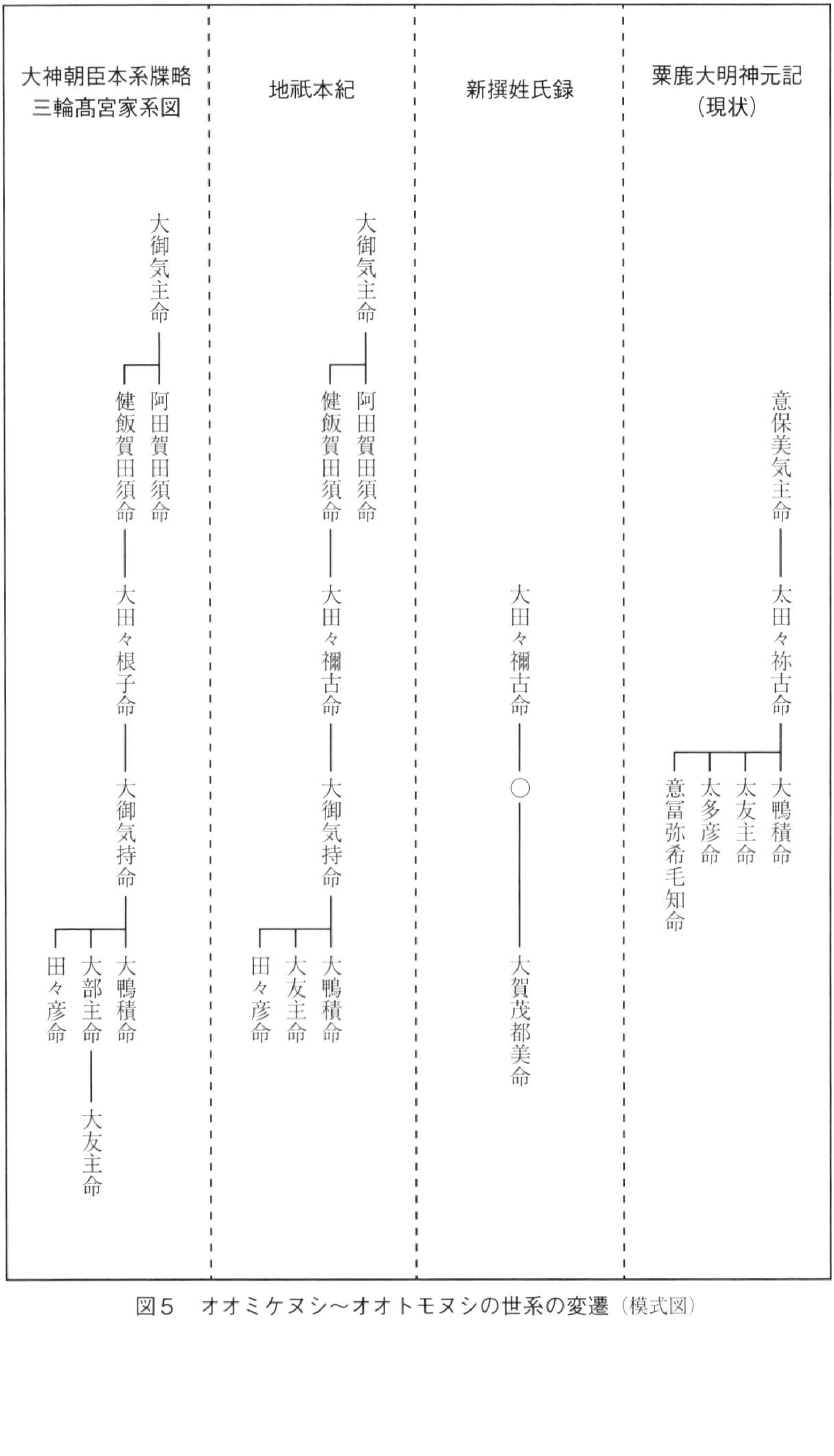


図５　オオミケヌシ〜オオトモヌシの世系の変遷（模式図）

『新撰姓氏録』は弘仁六年（八一五）の撰進であるが、諸氏は天平勝宝年間（七四九〜五七）以前から本系帳を作成していたことが知られ（『弘仁私記』序文）、その後も天平宝字五年（七六一）や延暦十八年（七九九）に、本系帳の提出が命じられている（『中臣氏系図』所引「延喜本系解状」、『日本後紀』延暦十八年十二月戊戌条）。このように八世紀後半から九世紀初頭にかけては、氏族系譜の編纂が盛行した時期であった。とするならば、こうした動きと軌を一にする形で、大神氏を中心とする同祖関係も整備された可能性が高い。したがって、C部分の修正が行われ、竪系図の世系が確定したのは、およそ八世紀後半から九世紀初頭にかけてであると考えることができる。

## 2　同祖観念の萌芽

前項での考察によれば、神部氏と大神氏の系譜は、八世紀後半から九世紀初頭の段階において、ようやくオオタタネコ―オオタタヒコ―大彦速命という世系で結び付けられたことになる。ただし、これはあくまでも両氏の関係性における一つの到達点に過ぎない。冒頭でも指摘したように、両氏はこの時に初めて関係を持ったわけではないのであり、同祖関係の成り立ちをたどるためには、そこに至るまでの前史にこそ目を向ける必要がある。では、両氏の関係はいつの段階にまでさかのぼることができるだろうか。

そもそも神部直という氏姓は、大神氏との関係によって各地域で編成された神部を管轄する地方伴造に与えられるものである。粟鹿遺跡（兵庫県朝来市）出土の墨書土器には「神部」と記したものがあり、但馬国に神部が存在したことが確認できる。また、隣国の因幡国には、年未詳「因幡国戸籍」断簡[11]に、神部直広女・小広女や、神部小女・姉女・小足女・小足・赤麻呂・黒麻呂などの名前が見えている。平城宮出土木簡[12]にも、

・因幡国気多郡勝見郷中男神部直勝見麿作物海藻大御贄壱籠六斤

・　　神護景雲四　　408×20×5　011

と記したものがあり、因幡国気多郡勝見郷に神部直勝見麿が居住していたことが分かる。このように、但馬国には神部氏（神部直）だけでなく神部も分布しており、その範囲は因幡国まで広がっていたことが分かる。したがって、大神氏と神部氏の交流は、但馬国に神部が設置された時期から始まったと推測される。

　その設置年代については、中央において三輪逆の活躍が伝えられる時期が注目される。『日本書紀』敏達十四年（五八五）六月条には、彼が物部氏や中臣氏などの有力氏族と並んで、寺塔や仏像を焼くなどの廃仏行為を行ったことが見えている。また、同年八月己亥条には、逆が敏達天皇の殯宮を守衛したとある。このことは、用明元年（五八六）五月条にも詳しく見えている。すなわち、穴穂部皇子が敏達天皇の殯宮に侵入しようとしたが、宮を警護していた逆が門を厳重に閉鎖してこれを防いだ。この対応に怒った穴穂部皇子は、物部守屋に命じて逆を討伐させたという。この記事で、逆は「寵臣」あるいは「譯語田天皇之所寵愛」と記されており、敏達天皇に重用されていたことが知られる。用明元年五月条には、逆の死を聞いた蘇我馬子が、天下が乱れることを嘆いたとある。このことも、逆が当時の政局で大きな役割を果たしていたことを示している。

　さらに、第一章第一節でも述べたように、この時期の大神氏は内廷と深い関わりを持っていたことが指摘されている。[13]敏達天皇の殯宮における一件で、物部守屋の軍の襲撃を察知した逆は、自氏の本拠である三輪山に一時隠れ、その後で「後宮」（割注では「炊屋姫皇后別業」）に身を寄せたとある。また、逆は敏達天皇から「内外之事」をことごとく委ねられていたとあるが、この「内外」が内廷・外廷を意味しているとすれば、このことも大神氏と内廷との関わりを示す証左となる。さらに『続日本紀』神護景雲二年（七六八）二月壬午条には、大神私部公猪養ら二十人に大神朝臣が賜姓されたことが見えている。私部は『日本書紀』敏達六年（五七七）二月甲辰条に設置記事があり、后妃一般のために置かれた部民と考えられている。[14]ここに登場する大神私部公氏は、私部を管掌する中央伴造として大神氏から分出された複姓氏族と見られる。『三輪高宮家系図』には、加志古という人物の尻付に「私部君之祖也」とあるが、彼は逆と同世代の人物である。

以上のことから大神氏は、逆が敏達天皇に重用されたことで私部の管理者に任命され、そのことを契機として内廷と深く関わるようになったと推測される。そして、この逆の代が、大化前代における大神氏の最盛期である。逆以前に顕著な活躍を見せた大神氏は、オオタタネコなど伝承上の人物に限られる。一方、逆以降では壬申の乱で活躍した高市麻呂の登場を待たなければならない。とするならば、各地の氏族が大神氏と関係を持つようになったのは、中央政界で逆が活躍していたおよそ六世紀後半頃と見るのが穏当であり、但馬国の神部もこの時期に設置された可能性が高い。その結果として、この地の勢力が地方伴造として神部直という氏姓を与えられ、中央の大神氏との交流を開始したと考えられる。

また、六・七世紀を通じて、神部氏と大神氏はともに対外交渉に従事していたことが確認できる。まず『粟鹿大明神元記』の神部直忍尻付によれば、彼は神功皇后の時代に対外交渉に参加し、粟鹿大神の荒術魂を祭って百済へ渡り、帰国後には「但馬国造」に任命されたという。この所伝は、大筋では『古事記』仲哀段や『日本書紀』神功皇后摂政前紀（仲哀九年九月己卯条）に類似しているが、これらは出兵先を新羅とする。よって『粟鹿大明神元記』の神部直忍尻付が、上記した『古事記』『日本書紀』の記事をもとに創作されたとは考えがたい。

ここで注目されるのは、忍が国造に任命されたとする点である。『粟鹿大明神元記』竪系図では、ほかにも速日が成務朝に「但馬国々造定給伎」とあり、萬侶も孝徳朝に「朝来郡国造事取持申」とある。このうち前者は但馬国造への任命記事と見てよい。後者については朝来評造とする説もあるが、(15)ここでは「朝来郡の地において国造（但馬国造）の事を取り持ち申した」と解し、この記述も但馬国造への任命を伝えていると理解したい。(16)

このように、神部氏には国造に任命された人物が複数見られるが、律令制以前の軍事行動において国造軍が重要な役割を担ったことは言うまでもない[17]。また、国造制そのものが、朝鮮半島をめぐる緊張関係の中で軍事的目的から整備された体制であり、一定範囲内から差発した軍丁を統率して対外交渉に参加することが、国造の本来的な役割であったとする見方もある[18]。

たしかに、推古十年(六〇二)に来目皇子が新羅討伐の将軍に任命された際には、二万五千人の兵が与えられており、その中には国造の率いる軍勢が含まれていたことが知られる(『日本書紀』推古十年二月己酉条)。このほかにも、対外的な軍事行動に国造が関与した事例は散見される。『日本書紀』欽明十五年(五五四)十二月条には、百済救援のために派遣された軍に筑紫国造が加わっており、弓矢をもって余昌(のちの威徳王)の窮地を救ったことから、鞍橋君の名を与えられたことが見える。欽明十七年(五五六)正月条では、百済の王子恵(余昌の弟)が帰国する際、筑紫火君が勇士千人を率いて本国まで護衛しているが、この筑紫火君は肥国造を輩出した肥君の一族であろう。欽明二十三年(五六二)七月是月条には、新羅との交戦で河辺瓊缶の失策により軍が壊滅した際、倭国造が駿馬に乗って逃亡したとある。敏達十二年(五八三)七月丁酉条・十月条でも、百済より日羅を招聘するために、紀伊国造が派遣されている。

こうした事例から類推するならば、神部氏も但馬国造の輩出氏族として国造軍を編成し、対外交渉に従事したと考えられる。したがって、前述した忍の尻付は、かつて神部氏の祖先が実際に対外交渉で活躍したことを、神功皇后の時代に仮託して伝えたものと思われる。

一方、大神氏の場合には、『日本書紀』神功皇后摂政前紀(仲哀九年九月己卯条)に、神功皇后が海外出兵を行うにあたり、諸国から船や兵士を招集するため「大三輪社」を創祀して、刀・矛を奉納したとある。同内容の所伝は、『釈日本紀』所引『筑前国風土記』逸文にも見える。ここに登場する大三輪社は、『延喜式神名帳』筑前国夜須郡条の於保奈牟智神社を指すと見られる。[19] この伝承には、大神氏の人物が直接登場するわけではないが、たとえば新羅出兵で神功皇后が住吉三神の託宣を受けた際には、津守連氏の祖である田裳見宿禰が祭祀を行うべきことを進言し、穴門山田邑に祠を立てている（『日本書紀』神功皇后摂政前紀〈仲哀九年十二月辛亥条〉）。また、推古朝における朝鮮半島への出兵の際にも、その途上で物部若宮部に物部経津主之神を祭らせた例がある（『肥前国風土記』三根郡物部郷条）。

これらに共通しているのは、各地で祭祀を行う際には、その神を奉祭する氏族が必ず関与している点である。とするならば、実際にある時期の対外交渉に大神氏の人物が従軍しており、その途上で筑前国に大三輪社が創祀されたと考えられる。このほかにも、対外交渉で活躍した大神氏としては、新羅から到来した天日槍を尋問したオトモヌシ（『紀』垂仁三年三月条）、国境視察などのために任那や百済へ派遣された東人（『紀』大化元年〈六四五〉七月丙子条）、新羅へ派遣された色夫（『紀』大化五年〈六四九〉五月癸卯条）、大使として高句麗へ派遣された難波麻呂（『紀』天武十三年〈六八四〉五月戊寅条）など、多数の人物が知られている。

以上、神部氏は少なくとも六世紀後半頃から、但馬国に設置された神部の管掌を通じて中央の大神氏と交流を開始し、その後も両氏族は同じく対外交渉に従事して頻繁に接触を繰り返したと思われる。両氏族の活動は別々に行われていたのではなく、中央の大神氏が自氏と関係を持つ各地の勢力に動員をかけ、それに呼応する形で但馬国の神部氏もその活動に参加したのであろう。こうした関係を積み重ねることによって、神部氏は大神氏との結びつきを深めていき、それがのちに同祖関係へ発展していったと考えられる。

## 3 同祖系譜の形成とその契機

このように、神部氏と大神氏との同祖関係形成の出発点は、六世紀後半頃に措定することができる。ただし前項でも述べた通り、現状の『粟鹿大明神元記』竪系図のように両氏族の系譜が接合され、歴代の人物の世系が明示されるようになるのは、八世紀後半から九世紀初頭まで待たなければならない。それ以前の段階では、何人かはその名が伝えられていたかもしれないが、両氏族のつながりが漠然と認識されているに過ぎず、いわば同祖観念とでもいうべき状態であり、それがやがて文字化されて、系譜としての形に整えられていったと考えられる。では、それらは何を契機として作られ始めたのであろうか。

そこで注目されるのは、現状の『粟鹿大明神元記』竪系図が神部直根閇で終わっていることである。なぜなら、一般的に系譜の編纂には、その末尾に置かれた人物が深く関わっている場合が多いからである。もとより、彼は尻付（後掲）によれば七世紀後半から八世紀前半の人物であり、竪系図の最終的な成立にどの程度関与したかは不明である。しかし、現状の竪系図に根閇以降の世代が書き継がれていないことは、竪系図作成時に利用された原史料の整備が、彼の生存中に開始されたことをうかがわせる。少なくとも彼の意図や事績が、『粟鹿大明神元記』竪系図の成立に重要な影響を与えたことは間違いない。

この根閇については、はじめに確認しておかなければならない問題がある。彼の尻付には、

右人、後岡本朝庭御宇天豊財重日姫足天皇御宇時、但馬国民率、新羅誅仕奉。即返参来、同朝庭御宇、始叙二朝来郡大領司一。所レ擬仕奉。（略）庚午年籍粟鹿郷上戸主神部直根閇、年卅矣。

とあり、斉明朝（『日本書紀』では斉明・天智朝）における朝鮮半島への出兵、すなわち白村江の戦いに従軍したことが伝えられている。それに対して『日本書紀』天智二年（六六三）三月条には、

遣二前将軍上毛野君稚子・間人連大蓋、中将軍巨勢神前臣訳語・三輪君根麻呂、後将軍阿倍引田臣比邏夫・大宅臣鎌柄一、率二二万七千人一、打二新羅一。

とあり、上毛野君稚子と間人連大蓋を前将軍、巨勢神前臣譯語と三輪君根麻呂を中将軍、阿倍引田臣比邏夫と大宅臣鎌柄を後将軍とし、計二万七千人の兵を与えて新羅討伐に向かわせたことが見えている。そして『粟鹿大明神元記』に登場する神部直根閇と、『日本書紀』に登場する三輪君根麻呂は、両者ともネマロという名前であることや、同じ時期に生存・活躍していること、『日本書紀』の根麻呂は新羅出兵の「中将軍」とされているが、『粟鹿大明神元記』にも根閇を「新羅将軍」と記した箇所が見られることなどから、これまで多くの先行研究では両者を同一人物と理解してきた。

しかし、溝口睦子氏も指摘している通り、この解釈には明らかに無理がある。溝口氏は『粟鹿大明神元記』は神部直であるのに対し、『日本書紀』の方は三輪君であり、両者の氏姓が異なっていること、[20]『粟鹿大明神元記』の中で根閇を「新羅将軍」としているのは、後から加えられた巻首書入と奥書の部分に限られており、竪系図の部分ではこのことに一切触れていないこと、『日本書紀』で将軍に任命されたのは、いずれも臣・連・君の姓を持つ畿内周辺の氏族であり、この中に一人だけ直姓の地方氏族が含まれるのは不自然であること、これらの諸点から、神部直根閇と三輪君根麻呂とは別人であるとした。[21]また『粟鹿大明神元記』の巻首書入や奥書で根閇が「新羅将軍」とされているのは、これらの部分を追記した後世の人物が、『日本書紀』の三輪君根麻呂と自氏の祖先とを（意図的に）混同したためであると論じている。

この指摘は的確であり、筆者も賛同したい。あえて補足をするならば、彼は庚午年籍が作成された天智九年（六七〇）に三十歳とあることから、天智二年には二十三歳であった計算になる。この年齢は、対外的な軍事行動で数千人規模の兵を指揮する将軍として、やや若すぎる印象が否めない。[22]このことからも、やはり二人のネマロを同一人物と見なすのは困難である。

さて、この問題を取り上げた先行研究では、神部直根閈と三輪君根麻呂が同一人物であるか否かという議論に終始しており、それ以上踏み込んだ検討は見られなかったが、[23]たとえ別人であったとしても、両者は同祖関係を形成した神部氏と大神氏の人物であり、全く無関係であったとは思われない。両者に接点があったとすれば、想起されるのは前述した白村江の戦いの時である。ただし、根閈がこの戦いに参加したとするのは『粟鹿大明神元記』竪系図の尻付のみであり、溝口氏の指摘にもあるように、後世の人物が三輪君根麻呂の事績を根閈のこととして記した可能性も否定できない。よって、両者の関係を探るためには、根閈の尻付の信憑性を検証しておく必要がある。

まず、根閈の尻付では、帰国後に彼が朝来郡の大領に任命されたとあるが、同様の事例はほかにも見られる。たとえば、伊予国越智郡の大領を輩出した越智直の祖先が、百済救援の軍事行動に参加し、帰国後に越智郡（越智評）を立てている（『日本霊異記』上巻十七縁）。また、備後国三谷郡の大領であった人物の祖先も、やはり百済への出兵に参加したことが見える（同上巻七縁）。さらに『古屋家家譜』[24]には、大伴山前連淵守が斉明朝に唐へ渡り、その地で病没したとあるが、これは白村江の戦いの際に捕虜となり唐へ連行されたということであろう。この場合も、淵守の甥の方麻呂は甲斐国山梨郡少領となっている。このように郡領氏族の祖先には、白村江の戦いに従軍した人物が散見する。

次に、神部直速日・忍・萬侶らは但馬国造に任命されたと伝えられているが、同じく国造を輩出した氏族が白村江の戦いに参加した例も確認できる。『日本書紀』天智二年八月甲午条には、廬原君が一万余の軍勢を率いて朝鮮半島へ渡ったことが見えるが、この廬原君は駿河国庵原郡を本拠を構え、廬原国造を輩出した氏族である。また、『日本書紀』天智十年（六七一）十一月癸卯条・持統四年（六九〇）十月乙丑条には、筑紫君薩野馬（薩夜麻）らが斉明七年（六六一）に朝鮮半島に渡り、白村江での敗戦によって唐軍の捕虜となって抑留されたのち、十年後に帰国を果たしたとある。ここに登場する筑紫君は、九州北部に勢力を誇った筑紫国造磐井を輩出した氏族の後裔と見られる。

これらのことから、斉明・天智朝における朝鮮半島への出兵に際しては、神部氏も但馬国造の輩出氏族として国造軍を率いて参加したと考えられる。根閇の尻付に「但馬国民率」とあることは、まさに本拠地で軍丁を徴発したことを伝えるものである。そして、彼は出兵に参加した結果として、帰国後に本拠地の郡大領に任命されたのであろう。したがって、根閇が白村江の戦いに参加したことは史実と見て間違いない。

とするならば、神部氏と大神氏が対外交渉に従事してきた経緯からしても、戦場において神部直根閇は三輪君根麻呂と行動をともにした可能性が高い。ただし『日本書紀』によれば、この時の出兵では複数の軍団が編成されており、根閇がどの軍に配属されたのかまでは確認できない。また、戦地での彼の行動についても記録はない。ちなみに『粟鹿大明神元記』の奥書には、根閇の勇敢な活躍が記されているが、これは祖先顕彰を込めて後から書き加えられた箇所であり、誇張が含まれていることは明らかである。

そこで、戦時における氏族同士の関係を伝えるものとして、伊勢朝日郎の討伐伝承（『日本書紀』雄略十八年八月戊申条）を取り上げたい。これによれば、雄略天皇の命により伊勢の朝日郎の討伐に派遣された物部目は、自ら大刀を執り、配下の筑紫の聞物部大斧手には楯を執らせて進軍した。強弓を誇る朝日郎が放った矢は、大斧手が着用していた二重の甲冑を貫通して、その体に一寸の深さまで刺さったが、それでも彼は楯で目を護衛し続けた。こうした大斧手の活躍によって、目は朝日郎を討伐することに成功したという。

この伝承は、物部氏に伝えられたものであり、[25]『日本書紀』編纂段階における石上朝臣麻呂の関与が指摘されている。[26]たしかに、この伝承に物部目に対する顕彰が含まれていることは否めないが、むしろここで注目したいのは、その軍勢に加わった聞物部大斧手なる人物である。

聞物部氏は、豊前国企救郡に設置された物部を管轄した地方伴造と推定される。長野角屋敷遺跡（福岡県北九州市）から出土した木簡からは、物部臣今継（あるいは物部公今継）が企救郡の大領であったことが知られる。[27]このことからも、当該地域に物部が分布していたことが確認できる。よって、大斧手は豊前国の聞物部氏の出身であり、中央の物部連氏のもとに出仕していたと考えられる。しかも、彼は自分が痛手を負ってまで目を護衛しており、両者の間に強固な人格的関係が形成されていたことを想像させる。もちろん、これはあくまで『日本書紀』における描写の問題であり、登場人物の実在性も確かではないが、律令制以前に中央氏族が軍事行動に派遣される際、その中央氏族と関係を結んでいた地方氏族がその配下に加わって活躍する場合が実際に存在したことを、この伝承からは読み取ることができよう。

こうした事例から類推するならば、神部直根閈と三輪君根麻呂の場合も同様に理解してよいのではあるまいか。すなわち、三輪君根麻呂が中将軍に任命された際、大神氏と結びつきを有していた各地の勢力に動員がかかった。そこで、それ以前から大神氏と関係を持ち、対外交渉でも継続的に行動をともにしていた但馬国の神部氏は、今回もその呼びかけに応じて国造軍を編成し、根閈がこれを率いて根麻呂のもとに馳せ参じた。そして、彼は根麻呂の麾下に配属され、朝鮮半島へ渡って戦ったと考えられるのである。

この戦いは、当時の氏族にしてみれば最初にして最大の対外戦争であり、この時に根閈と根麻呂が戦争体験を共有したことが、彼らの人格的関係に少なからぬ影響を与えたことは容易に想像される。神部氏と大神氏の氏族としての結びつきも、この白村江の戦いを大きな画期として、一層強固なものとなったと思われる。そこで、このことを後世に伝えるため、おそらくは根閑（あるいは彼の意志を継いだ子孫）の手によって、それまで漠然とした形で伝えられていた神部氏と大神氏との同祖観念を、系譜という形にまとめる作業が始められたのではなかろうか。現状の竪系図が根閑で擱筆しているのは、そのためであると理解することができる。

この段階で作成され始めた系譜の詳細は未詳であるが、第一項で述べたように現状の『粟鹿大明神元記』竪系図が複数の部分に分けられることからすれば、これらはあくまでも断片的なものであり、まとめられた時期や事情もそれぞれに異なっていたと推測される。また、神部氏と大神氏の始祖をどのような世系で接続するかについても、この段階では明確に定まっていなかったと見られる。しかし、これがのちに竪系図がまとめられる際に原史料として利用・参照されたのであり、『粟鹿大明神元記』竪系図の成立過程において重要な意味をもつものであったといえる。

## 結　語

本節では、『粟鹿大明神元記』を手がかりとして、神部氏と大神氏の間に結ばれた同祖関係の形成過程と、それをめぐる両氏族の動向について考察した。その結果を時系列に整理するならば、以下のようになる。

第一段階…六世紀後半頃に但馬国に神部が設置された際、神部氏はその管掌者に任命されて大神氏との交流を開始した。また、その後も対外交渉を通じて、継続的に大神氏との接点を持ち続けた。こうした関係の蓄積が、両氏族の間に同祖関係が形成される出発点となった。ただしこの頃は、のちに始祖と仰がれるような人物（神格）とのつながりが漠然と認識されていたに過ぎず、いわば同祖観念が形成され始めた段階であった。

第二段階…七世紀後半に起こった白村江の戦いにおいて、神部直根閇が三輪君根麻呂の配下として戦闘に参加したことを契機として、二人の間に人格的関係が形成され、それによって両氏族の関係も一層深まることとなった。このことが、それまで漠然とした形で伝えられてきた同祖観念を、系譜の形にまとめる動きへとつながり、それらがのちに竪系図がまとめられる際に、原史料として利用・参照された。なお、この段階で作成された系譜は、あくまでも断片的なものであり、両氏族の始祖の世系も定まっていなかったと思われる。

第三段階…八世紀後半から九世紀初頭にかけて、氏族系譜の編纂が盛んになると、神部氏と大神氏の同祖関係についても整備が進められた。その際には前段階から作成されはじめた系譜を利用・参照し、両氏族の始祖の世系（C部分）にも修正が加えられた。ここに至って両氏族の系譜は現状のように接合され、その同祖関係は『粟鹿大明神元記』竪系図という形で示されることとなった。

神部氏と大神氏の同祖関係は、このような三段階を経て形成されたと考えられる。先行研究では『粟鹿大明神元記』という「史料」の成立を論じたものが多かったが、そこに伝えられた同祖関係の形成過程に両氏族のいかなる「歴史」が反映しているのかを明らかにすることも、氏族系譜研究においては不可欠な作業である。こうした分析視角にもとづく事例研究を重ねていくことで、氏族系譜の成り立ちをより具体的に把握することが可能になると考える。

なお、以上の考察を踏まえて最後に指摘したいのは、対外交渉（軍事行動を含む）が同祖系譜の形成に重要な役割を担っていたことである。第一段階では、神部氏と大神氏が継続的に対外交渉に従事したことが、両氏族における同祖観念の形成につながった。第二段階では、白村江の戦いで神部氏と大神氏とがともに戦ったことが、竪系図の原史料がまとめられる大きな契機となった。このように、同祖関係が何らかの変化を見せる際には、必ず対外交渉が影響しているのである。

筆者は前著において、本拠地が近接する複数の氏族が「面」として同祖関係を形成している場合と、一見すると何の関係もうかがえない離れた地域の氏族同士が「点」として同祖関係を結んでいる場合があることを指摘した。[28]前者は、おそらく地域的なつながりによるものと思われる。それに対して後者には、その氏族がかつて何らかの対外交渉に参加した際、行動をともにした他地域の氏族との交流がその後も続けられ、それがやがて同祖関係へと発展したケースが含まれるのではあるまいか。

どの氏族の呼びかけに応じて物資や兵力を提供するか、またどの氏族の指揮下に入って行動をともにするかなど、古代氏族にとって対外交渉や軍事行動は、自氏と他氏との関係性を最も明確に認識する場であり、さらにはその関係性が構築・更新・再編される場でもあったと考えられる。同祖関係が形成される契機としては、地縁、血縁、職掌、伴造—部の関係など様々な事象が想定されているが、[29]今後は対外交渉にも注目する必要があるだろう。

注

（1）拙著『日本古代氏族系譜の基礎的研究』（東京堂出版、二〇一二年）。

（2）先行研究では、神部氏は根閇の死後、隣接する養父郡から侵出した日下部氏によって、朝来郡の郡領氏族（および粟鹿神社の祭主）の地位を奪われたとし、『粟鹿大明神元記』（の原形）は神部氏が没落していく中で、かつての繁栄を後世に伝えるために作成されたと考えられてきた（田中卓「一古代氏族の系譜」『田中卓著作集』二、一九八六年、初出一九五六年)。しかし、後述する多和本の巻首には「少領伝領為旦」との書入が確認できる。この文意は検討を要するが、「少領」の語に注目するならば、神部氏は根関以降も朝来郡の郡領(少領)を輩出していた可能性がある。この点については、今後の課題としたい。

(3)是澤恭三「但馬国朝来郡粟鹿大明神元記に就いて」(『書陵部紀要』九、一九五八年)、田中卓「一古代氏族の系譜」(前掲)など。

(4)是澤恭三「但馬国朝来郡粟鹿大明神元記に就いて」(前掲)、溝口睦子『日本古代氏族系譜の成立』(学習院、一九八二年)、義江明子「出自系譜の形成と王統譜」(『日本古代系譜様式論』吉川弘文館、二〇〇〇年、初出一九九二年)。

(5)瀬間正之「『粟鹿大明神元記』は上代語資料となり得るか」(『古典研究』一六、一九八九年)。

(6)ここで言う原史料とは、あくまでも竪系図の作成時に利用・参照された史料という意味であり、A~E各部分に対応する五つの竪系図の存在を想定しているわけではない。

(7)是澤恭三「但馬国朝来郡粟鹿大明神元記に就いて」(前掲)、義江明子「出自系譜の形成と王統譜」(前掲)。なお是澤・義江両氏は、竪系図作成段階における系譜の接合について論じており、両氏の関係がそれ以前に遡ることを否定してはいない。

(8)系譜(系図)はその内容だけでなく、書体なども忠実に書き写される場合が多い。網野善彦「歴史を叙述する一つの形」(五味文彦編集協力『ものがたり日本列島に生きた人たち』六、岩波書店、二〇〇〇年)参照。

(9)吉備国は天武朝(六七三~八六)頃に備前・備中・備後に分割されたと考えられるのに対し、美作国は和銅六年(七一三)の設置である。吉備国の分割については、吉田晶「国造本紀における国造名」(『日本古代国家成立史論』東京大学出版会、一九七三年、初出一九七一年)、鐘江宏之「「国」制の成立」(笹山晴生先生還暦記念会編『日本律令制論集』上、吉川弘文館、一九九三年)、岩本健寿「吉備三国の国名表記と大宝令」(『史観』一六一、二〇〇九年)など参照。

(10)「大倭」の表記は天武朝頃から見え、天平九年(七三八)に「大養徳」に変更されたが、天平十九年(七三八)に再び「大倭」に戻り、天平勝宝九年(七五七)からは「大和」となる。

(11)『大日本古文書』一－三一八~三二三。

(12)『平城宮木簡』四－四六六八。

(13)阿部武彦「大神氏と三輪神」(『日本古代の氏族と祭祀』吉川弘文館、一九八四年、初出一九七五年)。

(14)岸俊男「光明立后の史的意義」(『日本古代政治史研究』塙書房、一九六六年、初出一九五九年)。

(15) 森公章『古代郡司制度の研究』（吉川弘文館、二〇〇〇年）。
(16) 篠川賢『日本古代国造制の研究』（吉川弘文館、一九九六年）。なお篠川氏は、但馬国造の輩出氏族を日下部君氏とし、萬侶は実際には国造に任命されなかったと推測しているが、筆者は但馬国造の輩出氏族が神部氏から日下部君氏に交替したと理解しておきたい。佐伯有清・高嶋弘志編『国造・県主関係史料集』（近藤出版社、一九八二年）補注参照。
(17) 岸俊男「防人考」（『日本古代政治史研究』前掲、初出一九五五年）、直木孝次郎「国造軍」（『日本古代兵制史の研究』吉川弘文館、一九六八年）。
(18) 篠川賢『日本古代国造制の研究』（前掲）。
(19) 現在の大己貴神社（福岡県筑前町弥永）に比定。
(20) 是澤氏は「氏の大姓として三輪君が通用されていた」と述べており、田中氏も『日本書紀』の記載に誤りがあると見ているが、ともにそれ以上の根拠を示しておらず、推測の域に留まる。是澤恭三「但馬国朝来郡粟鹿大明神元記に就いて」（前掲）、田中卓「一古代氏族の系譜」（前掲）。
(21) 溝口睦子『日本古代氏族系譜の成立』（前掲）。
(22) 時代も目的も異なるため、一概に比較することはできないが、たとえば大伴宿禰弟麻呂が征東副将軍に任命されたのは、五十三歳の時である（『続日本紀』延暦二年〈七八三〉十一月乙酉条、『日本紀略』大同四年〈八〇九〉五月癸酉条）。
(23) 溝口氏は、神部直根閇が出兵に参加したことは事実と見ているが、三輪君根麻呂との関係には特に触れていない。溝口睦子『日本古代氏族系譜の成立』（前掲）。
(24) 『山梨県史』資料編三（二〇〇一年）所収。
(25) 坂本太郎「纂記と日本書紀」（『坂本太郎著作集』二、吉川弘文館、一九八八年、初出一九四六年）、河野勝行「五－六世紀における伊勢」（『古代天皇制への接近』文理閣、一九九〇年、初出一九七六年）など。
(26) 榎村寛之「物部の楯の成立と展開について」（『律令天皇制祭祀の研究』塙書房、一九九六年、初出一九九〇年）、篠川賢『物部氏の研究』（雄山閣、二〇〇九年）。
(27) 『木簡研究』二〇－二一四（一）、北九州市教育文化事業団埋蔵文化財調査室『北九州市埋蔵文化財調査報告書』二三五（一九九九年）、亀井輝一郎「物部公と物部臣」（『福岡教育大学紀要』五七－二、二〇〇八年）。
(28) 拙著『日本古代氏族系譜の基礎的研究』（前掲）。
(29) 溝口睦子『日本古代氏族系譜の成立』（前掲）。

## 第三節　『大神朝臣本系牒略』の史料的性格

### はじめに

大神氏の系図として、先行研究で最も利用されてきたのは『三輪高宮家系図』(1)である。そこには、神代の建速素盞烏命から明治時代の田鶴子までが記されており、詳細な尻付や注記を備えている。『古事記』『日本書紀』をはじめとする古代史研究の基本史料には登場しない人物も多く記載されており、古代のみならず、中世以降の大神氏（高宮氏）の足跡を辿る上で、重要な手がかりを得ることができる。

これまで田中卓(2)・溝口睦子(3)・佐伯有清(4)・和田萃(5)・中野幡能(6)ら各氏が、この系図を取り上げて論考を発表してきた。ただし、田中・中野両氏は大神氏の支流とされる豊前国の大神《おおが》氏の世系部分を、溝口氏は神代の部分を、和田氏は六〜七世紀の部分を、それぞれ考察の中心としている。佐伯氏は、古代の部分について他史料との綿密な比較を行っているが、史料性の評価は溝口氏のそれを踏襲するに留まっている。このように『三輪高宮家系図』は部分的な史料批判が加えられたのみで、その編者や成立年代などは特に論じられることがなかった。ここに『三輪高宮家系図』を手がかりとして、大神氏を論じることの限界があったと言える。

そこで、本節では新たに『大神朝臣本系牒略』(7)を取り上げたい。この系図も、その名の通り大神氏の世系を伝えたものであり、神代の素佐能雄命から江戸時代の信房に至る合計九十五人（一部に重複を含む）の人々が、連綿と記されている。高宮澄子氏の所蔵であり、管見の限りでは、幕末から明治に活躍した国学者の鈴木真年（一八三一〜九四）が編纂した『諸系譜』（国立国会図書館所蔵）と、『百家系図稿』（静嘉堂文庫所蔵）に載録されているのみである（以下、高宮本・国会本・静嘉本とする）(8)。そのため、学界にはほとんど知られておらず、等閑に付されてきた。(9) しかしながら、そこに記された人物および尻付は、前述の『三輪高宮家系図』と並ぶ情報量を備えており、他史料には見られない独自の記述も少なからず見受けられる。したがって『大神朝臣本系牒略』を分析することで、『三輪高宮家系図』を相対化することが可能になる。

本章では、『大神朝臣本系牒略』の記載を分析することで、まずは編者と成立年代を明らかにする。その上で、近世・近代に編纂された大神氏の系図との比較検討から、その成立過程と史料的性格について考察を加えることとする。なお、末尾に『大神朝臣本系牒略』『三輪高宮家系図』の翻刻を掲載した。また『大神朝臣本系牒略』から世系のみを抜粋して、図式化したものが図６である。適宜参照されたい。

## １　『大神朝臣本系牒略』の現状

『大神朝臣本系牒略』は天地約二十三・五cm、幅約十六・五cm、大和綴じの冊子本（一巻）である。表表紙を第一丁として数えていくと、裏表紙は第十三丁となる。第十丁ウラと第十一丁オモテの間に一枚の紙片（天地約二十三・五cm、幅八・六cm）が挿入されている。表表紙に「丁数全十四葉」と記されているのは、この紙片も勘定に入れたことによると思われる。表表紙・裏表紙は別紙で作られたものではなく、紙片も含め全ての丁が同じ紙でできている。第一丁オモテに打付外題「大神朝臣本系牒略」、第二丁オモテに内題「大神姓本系牒略」とある。奥書などは付されていない。

次に構成であるが、『大神朝臣本系牒略』は全て一つの系図としてまとまっているわけではなく、世系が途切れている箇所で区切るならば、六つの部分から構成されている。そこで、これらを第一～第六系図と呼称し、それぞれに説明を付しておく。なお、第一～第三系図は高宮本・国会本・静嘉本の全てに見える。第四系図は高宮本のみ見え、国会本・静嘉本には記されていない。第五系図は国会本・静嘉本、第六系図は静嘉本にのみ見られ、ともに高宮本には記されていない。

## 図6　『大神朝臣本系牒略』略系図

＊『大神朝臣本系牒略』の翻刻から、神名・人名のみを抜粋し、世系を示した。同名者の混同を避けるため、概ね世代順に数字を付した。

**第一系図**

素佐能雄命1—大国主命2—都美波八重事代主命3—天事代主玉籤入彦命4
- 天日方奇日方命5
  - 飯肩巣見命8—建甕尻命10—豊御氣主命11—大御氣主命12
    - 阿田賀田須命13
    - 建飯賀田須命14—大田々根子命15—大御氣持命16
      - 大鴨積命17
      - 大部主命18—大友主命20—志多留命21—身狭22
        - 持牛23
          - 逆25
            - 文屋27—利金29
              - 高市麻呂31
                - 忍人35
                  - 弟麻呂40
                  - 伊可保41—三支43—野主44—千成45
                    - 高岑46
                    - 成房47—成主48
                - 興志36
              - 安麻呂32—通守37—奥守42
              - 狛麻呂33
                - 麻呂38
                - 妹子39
              - 豊嶋賣34
            - 色夫28—子首30
          - 小鷦鷯26
        - 赤猪24
      - 田々彦命19
  - 淳名底仲媛命9
- 媛踏鞴五十鈴姫命6
- 五十鈴依媛命7

**第二系図**

勝房49—元房50
- 益房51—（欠落）—輪房55
  - 清房56
    - 範房58
      - 勝房61
        - 有房65
        - 為房66—富房69
          - 政房70
          - 昌房71
          - 春房72
          - 信房73
          - 女子74
          - 某75
        - 某67
        - 女子68
      - 和房62
      - 女子63
      - 女子64
    - 吉房59
    - 廊随60
  - 女子57
- 女子52

基房53　宗房54

**第三系図**

和房76—某77

**第四系図**（国会本・静嘉本なし）

益房78　○○79　○○80　○○81　基房82　宗房83　輪房84　範房85

**第五系図**（高宮本なし）

信房86
- 女87
- 和房88
  - 女90
  - 義房91
  - 武男92
  - 某93
- 某89

**第六系図**（高宮本なし）

武房94　為房95

・第一系図（素佐能雄命〜成主）

第二丁オモテの素佐能雄命に始まり、第十丁オモテの成主で一旦擱筆している。成主の尻付には延長（九二三〜九三一）の年紀が見えるので、神代より平安時代前期頃までの系図ということになる。

・第二系図（勝房〜信房）

第一系図の後、第十丁ウラの勝房から始まり、第十二丁ウラの信房まで続いている。最も古い年紀は勝房の尻付に見える延元四年（一三三九）、最も新しい年紀は春房の尻付に見える寛政三年（一七九一）であることから、南北朝時代から江戸時代後期までの約四五〇年間に及ぶ系図である。ただし、益房から輪房へ至る間の世系が一部欠落しており、それに対応する形で紙片が挿入されている。

・第三系図（和房〜某）

第十三丁オモテに、和房と某の二代が記されている。この和房は、第二系図の和房と同一人物である。和房の尻付には「子孫別注之」(10)と記されており、これに対応して別記されたものである。

・第四系図（益房〜範房）

高宮本の第十丁ウラと第十一丁オモテの間に挿入された紙片には、益房・基房・宗房・輪房・範房ら五人と、名前の明らかでない三名が列挙されている。(11)これらの人物は、第十一丁オモテに見られる益房・基房・宗房・輪房・範房と共通しており、この部分に対応して挿入されたものである。

・第五系図（信房〜某）

国会本・静嘉本には、第三系図の後に信房から某までの系図が記されている。内容は直前の第三系図に後続する。

・第六系図（武房～為房）

静嘉本にのみ、第五系図の後に武房と為房の二代が記されている。この両者は尻付から南北朝時代の人物であることが知られるので、内容は直前の第五系図には接続しない。

以上のように、第三～第六系図は、いずれも補足的内容に留まるものであることから、『大神朝臣本系牒略』の主幹部は、第一・第二系図から構成されていると言うことができる。

筆跡については、異体字の使用に多少のばらつきがあるが、高宮本・国会本・静嘉本ともに、第一～第三系図は終始同筆である。高宮本にのみ見られる第四系図は、段階を追って字がくずれていくが、これも第一～第三系図と同筆と思われる。国会本は、第一～第三系図と第五系図とで筆が異なっている。静嘉本も、第一～第三系図、第五系図、第六系図とで、それぞれ筆が異なっている。よって、国会本・静嘉本には、はじめに第三系図までが記され、後に高宮家の人物から伝え聞いた内容が、第五・第六系図として追記されたと推察される。

圏点には、中を塗りつぶした朱筆の圏点と、中を塗りつぶさない墨筆の圏点の二種類がある。前者は外題・内題・素佐能雄命・勝房・和房の頭に付され、書名および第一～第三系図の開始箇所を示している。後者には、支流注記の開始箇所を示すために付されたものと、為房・富房の頭に両者が同一人物であることを示すために付されたものがある。また、女子の尻付「尊清尼」に朱筆で合点が施されている。合点はこの一箇所のみである。

このほか、神名・人名・尻付以外に幾つかの独立した注記が見られる。それらは内容から以下の四種に区分することができる。

・支流注記

田々彦命の尻付に「大神部直、神部直、神人等祖」とあり、その左右に高宮家の支流に当たる神氏に関する記載を付している。子首の後には、大神真神田氏・大神椙田氏・大神引田氏・大神石《ママ》氏といった複姓氏族に関する記載が見られる。これらは、表表紙の外題の左に「並真神田・引田・椙田附之」とあるのに対応している。この位置に置かれたのは、子首の尻付「大神真神田朝臣」と関連させるためであろう。

・代数注記

大田々根子命に至る系線の右側に「自二天日方命一至二大田々根子一四世也、今於二本系一者、自二天日方命一七世也」、第一系図の末尾に「自二素尊一至二大田々根子命一十一代、自二大田々根子命一至二神主大神朝臣成主一十八代、凡二十九代之間、本系連綿注レ右、委記国史官牒合矣」、第二系図の末尾に「従二太田々根子命一、至二当神主信房一四十五代、血脈相続連綿者也〈云々〉、又神主職者、大田々根子命五十代也、其中昆弟補之間世葉四十五世也」とある。これらはいずれも、大神氏の始祖たる大田々根子命を起点に、代数を計算した記載である（以下、代数注記1・2・3）。なお、代数注記3では、大田々根子命から信房までを計四十五代、歴代神主の代数を計五十代（嫡子以外で神主となった人物を抜かすと計四十五代[12]）としているが、これは第一・第二系図を通計した数である。よって、少なくとも代数注記3が『大神朝臣本系牒略』編纂の最終段階（高宮本が現状を呈するに至った段階）で付されたものであることは間違いない。おそらく代数注記1・2も同様であろう。

・欠落注記

第一系図の成主から延びた系線が途切れた箇所に「此中間闕、官史記・記略・一代要記・編年紀・百錬抄・諸家日記、可二考注一矣」とあり、第二系図の益房と輪房の間に引かれた系線の間に「此間凡六世闕、尋二古紀一追可レ注之」と見える。これらは系図の欠落箇所を説明するために付されたものと解される（以下、欠落注記１・２）。

・墓所注記

第二系図の末尾、代数注記３の後には、書き出し位置を下げて「元房已後、当国当郡栗殿極楽寺為㆓葬所㆒、信房之時、神牌納㆘在㆓当山㆒桧原玄賓庵㆖」と、高宮家の墓所に関する記載が見られる。この墓所注記が、奥書に相当する役割を担っていると考えられる（後述）。

## ２　『大神朝臣本系牒略』の成立とその背景

前述の通り『大神朝臣本系牒略』は奥書を持たないため、編者や成立年代などは明記されていない。そこで次に、この点について考察を加えたい。

系図の編者は、そこに記された最後の人物であることが多い。『大神朝臣本系牒略』の中で最後に記されているのは、信房という人物である。しかも、彼と同世代の政房・昌房・春房・女子（於美知）・某（千代丸）は、養子として迎えられて後に実家へ戻った政房を除き、みな信房よりも早くに他界しているのに対し、彼には死去の記載が見られない。すなわち、信房は『大神朝臣本系牒略』に記載されている人物のうち、最後まで生存していた人物ということになる。

また、『大神朝臣本系牒略』は大神神社に神主として奉仕してきた大神氏の系譜であるから、多くの人物の尻付に「神主」と見える。これに対して、信房だけが唯一その尻付と代数注記３に「当神主」と記されている。もし『大神朝臣本系牒略』が信房以前から高宮家に伝来し、代々書き継がれてきたものであれば、ほかの人物にも同じく「当神主」とあって然るべきである。このことから、『大神朝臣本系牒略』は高宮家の人々の手で書き継がれてきたのではなく、信房が神主の職にあった時期に、新たに編纂されたものと考えられる。

とするならば、大神神社神職の系図が、現職の神主と関係のないところで作成されるとは考えがたい。むしろ「当神主」たる信房であるからこそ、自分よりも前代に神主として大神神社に奉仕してきた祖先たちの系図を記したと見るのが穏当である。もちろん、信房の代にほかの人物が執筆したことも想定され得るが、それにしても彼の意を受けてのことであろう。したがって、『大神朝臣本系牒略』の編者は信房であると理解することができる。

では、信房が神主の職にあった時期はいつであろうか。彼が神主に就任したのは、その尻付に「安永六年六月二十八日、神主職拝賀」とあり、安永六年（一七七七）と分かる。一方、神主の職を退いた時期は『大神朝臣本系牒略』に記されていないが、『三輪高宮家系図』の尻付に「文政六年三月七日卒」とあり、文政六年（一八二三）に没したことが知られる。これらの点から、信房は安永六年に神主に就任し、最長でも文政六年まで在職していたことになり、『大神朝臣本系牒略』の成立時期もこの間に絞られる。

ただし、信房の兄の春房の箇所には「寛政三年六月十七日」という年紀が見える。これは寛政三年（一七九一）以降でなければ記すことはできない。この箇所が追記であることを示す形跡もない。ここから『大神朝臣本系牒略』の成立は、寛政三年以降に限定される。さらに『三輪高宮家系図』には、信房の子として勝房という人物が記載されており、[13]その尻付に「嘉永二酉年十二月十七日卒。五十一才」とある。ここから逆算すると、彼は寛政十一年（一七九九）に生まれたことになる。もし、勝房の出生後に『大神朝臣本系牒略』が記されたとしたら、彼の名前も『大神朝臣本系牒略』に記載されるはずであるが、『大神朝臣本系牒略』は信房の代で終わっており、勝房のことは記載されていない。つまり『大神朝臣本系牒略』は、寛政十一年の勝房誕生よりも前に編纂を終えていたということになる。[14]以上のことから『大神朝臣本系牒略』は、寛政三～十一年（一七九一～九九）に、当時の大神神社神主であった髙宮信房によって編纂されたと考えられる。

次に、『大神朝臣本系牒略』編纂の契機と目的を明らかにしたい。その際、重要な意味を持つのは、『大神朝臣本系牒略』に先行する高宮家の系図である。『大神朝臣本系牒略』と『三輪高宮家系図』以外で、比較的まとまった高宮家の系図としては『高宮氏中興系図』が挙げられる。これを図示したものが図7である。その奥書には「先祖延房並勝房公ニ相尋、享保六辛丑年中、高宮神主有房書之、越宮内昌綱」とある。ここから、この『高宮氏中興系図』は『大神朝臣本系牒略』に先立つこと約七〇年、享保六年（一七二一）に、当時の神主有房が編纂したものであることが分かる。

そこに記された世系は、輪房から

図7　『高宮氏中興系図』（抜粋）

＊『高宮氏中興系図』（『大神神社史料』一、吉川弘文館、一九六八年）を元に作成した。

範凡書（ママ）
杢之助輪房――右京清房（母ハ山城賀茂神社何某娘姓不知）
尊照尼

右京清房の子：
僧名廓随房（當麻寺護念院主）
権左右衛門吉房（土屋氏ヲ相續）
主水延房（號範房又清房トモ）
神主範房（母ハ當國之何某娘姓不知）

主水延房の子：
勘解由和房（諸公儀神主代數年勤之）
民部勝房（母ハ南都一乗院御門主家老二條法眼娘）
おいら（河州服部郡山中十左衛門へ縁付後ニ南都春日社八乙女惣ノ一ニ出頭）
尊智尼

民部勝房の子：
豊丸（南都興福寺一乗寺寶光院弟子）
千代丸（母ハ宇多郡池上村縫腹　享保十一年丙午三月十四日神前拝賀）
當神主有房（神主號□□年（ママ）（十）（ママ）六　母は當村賄人妻腹也寶永七年五月廿八日ニ拝賀年十六才は越宮内姉）
おひさ（尊智弟子）

當神主有房の子：
神主富《ヨシ》房（後ニ主水ト相改）
神主（春房安永二癸巳年十一月九日拝賀則今年九歳也、前神主主水富房實子也母ハ芝村三浦治右衛門娘賄腹也、）

神主富房の子：
當神主政房（寛延元戊辰年十月廿一日相續ニ参候、吉田大藏卿一家老鈴鹿周防守次男松丸養子ニ仕候、寛延二己巳年二月廿八日拝賀也、六年相勤不相續ニ而吉田へ歸申候也、）
昌房（民部郡山家士男在職）

神主の子：
三代丸（房信）
おみち

（中略）

先祖延房並勝房公ニ相尋
享保六辛丑年中高宮神主有房書之
越宮内昌岡（ママ）

始まっている。もし『髙宮氏中興系図』が古くから髙宮家に伝わる系図であるならば、輪房以前の人物についても記載されていていなければ不自然である。しかし、その奥書にも明記されている通り、『髙宮氏中興系図』は有房が祖父の延房や、父の勝房に尋ね聞いて記したものであり、(15)それ以前から髙宮家が所有していた系図ではない。また、この輪房が後世の髙宮家にとってとりたてて顕彰すべき事績を残した人物であるならば、系図の冒頭に置かれていることも説明できるが、彼に尻付は付されておらず、事績も全く伝えられていない。

そこで注目したいのが、『大神分身類社鈔』(16)に付された享保五年（一七二〇）書写奥書である。そこには、

髙宮氏、慶長年中出火之砌、一切秘記是令二焼失一、以来絶而不レ得二其紀集一。慶長中、髙宮木工之掾清房五世孫当神主有房、某旧記焼失相承哀之事無レ限。当社家岡本家春次男南都西照寺速誉和尚与レ予共、兼日令二物語一。処南都住或氏人伝々書写之本所持。以レ有レ之、速誉和尚令二探望一、借用之書写レ被レ遂レ之。

とあり、慶長年間（一五九六～一六一五）に発生した火災のために、髙宮家が保有していた文書が灰燼に帰したことを伝えている。そして、この火災から約一世紀を経た享保五年頃、先に触れた有房が、南都の住人・氏人が所持していた写本（髙宮家旧蔵文書の写し）の転写・収集に努めていたという。よって『髙宮氏中興系図』の編纂は、慶長の火災で失われた髙宮家旧蔵文書群を復旧する事業の一環として、位置づけることができる。

また、『大神朝臣本系牒略』の輪房尻付によれば、彼は寛永十七年（一六四〇）に没している。ここから逆算すると、輪房は慶長年間頃に生存した人物ということになる。つまり『髙宮氏中興系図』は、慶長年間頃の人物である輪房から系図を開始し、それ以前の世系については何も記していないのである。とするならば『髙宮氏中興系図』が編纂された段階において、髙宮家には慶長年間以前の世系が明確に伝えられていなかったのではなかろうか。

つまり、古くから髙宮家が保有していた系図は、慶長の火災で焼亡してしまったため、有房は髙宮家の旧蔵文

書を復旧する過程で、自氏の系図を再編纂する必要に迫られ、関係者が保管していた文書群の写しや、祖父・父から受けた教示の内容を、『高宮氏中興系図』としてまとめ上げたと考えられるのである。ただし慶長以前の人物については、もちろん名前や事績は伝承されていたと思われるが、世系を明示できる状態ではなく、輪房にまで遡るのが限界だったのであろう。

そして、現存する高宮家の系図のうち、『大神朝臣本系牒略』以前に成立したことが確認できるのは、この『高宮氏中興系図』のみであり、『高宮氏中興系図』から『大神朝臣本系牒略』までの間に、高宮家の系図が編纂されたことは管見の限り知られない。したがって『大神朝臣本系牒略』が編纂される時点で、まとまった系図として高宮家が所持していたのは、『高宮氏中興系図』が唯一のものであったと考えられる。

先に『高宮氏中興系図』は享保六年の成立であると述べたが、この系図には信房の代まで書き継ぎがなされている。逆に言えば『高宮氏中興系図』は、信房までしか書き継がれていない。しかも、有房以降の歴代の神主は、「当神主有房」（『大神朝臣本系牒略』では有房）、「神主富房」（為房、後に改名して富房）、「当神主政房」（政房）、「神主」（春房）といったように、みな「神主」の文字が付されているのに対し、信房については「三代丸〈信房〉」と記すのみである。かりに信房が神主に就任した後であれば、ほかの人物の例に倣って「当神主信房」などとあるべきであろう。このことから『高宮氏中興系図』は、信房が誕生してから神主に就任するまでの間に書き継ぎがなされ、信房の神主就任以降は高宮家の系図として利用されなくなったものと思われる。そして、この『高宮氏中興系図』に終止符を打った人物こそ、『大神朝臣本系牒略』を編纂した信房にほかならない。では、なぜ信房はそれまで代々に亘って伝えられてきた『高宮氏中興系図』に書き継ぐことをやめ、自らの代で新たに『大神朝臣本系牒略』を編纂したのであろうか。

前節でも述べたが、『大神朝臣本系牒略』の主幹を成しているのは第一・第二系図であることから、その末尾には、本来であれば奥書などが置かれるべきである。しかし『大神朝臣本系牒略』の場合は、奥書は付されておらず、墓所注記が記されているのみである。そこには、

元房已後、当国当郡粟殿極楽寺為葬所。信房之時、神牌納在当山桧原玄賓庵。

とある。また、これに対応して元房の尻付に「葬二粟殿極楽寺一」とある。これらの記載から、元房より以降の高宮家は、大和国城上郡粟殿に所在する極楽寺（桜井市粟殿字墓の脇）を墓所としており、信房の代に「神牌」（神主の位牌か）を桧原の玄賓庵[17]（桜井市茅原字ゲンピ谷）に納めたことが知られる。このことは信房の代の事績であるから、それを後世に伝えるのであれば、元房の尻付「葬二粟殿極楽寺一」に対応して、信房の尻付に「神牌納在当山桧原玄賓庵」などと記しておけば十分であろう。しかし、信房はこれを自らの尻付には記載せず、あえて『大神朝臣本系牒略』の主幹部を総括する箇所に置き、とりわけ強調しているように見受けられる。しかも、この点について『髙宮氏中興系図』は全く言及していないのである。

とするならば、このことが『大神朝臣本系牒略』の編纂目的と無関係とは思われない。すなわち、信房は神牌を玄賓庵へ納めるに当たって、極楽寺を髙宮家の墓所と定めたのが元房であること、言い換えるならば極楽寺に元房以降の祖先たちが眠っていることを新たに発見したか、あるいは再確認したのではあるまいか。その時、彼が『髙宮氏中興系図』しか伝わっていなかった当時の髙宮家を代表する立場として、輪房以前の祖先との関係も系図にまとめておく必要性を感じたことは容易に想像される。そこで、彼は自らの代で先代から伝わっていた『髙宮氏中興系図』に書き継ぐことをやめ、それよりも古い時代にまで遡った『大神朝臣本系牒略』の編纂を企図するに至ったと考えられるのである。

## 3 『大神朝臣本系牒略』の史料的性格

次に、『大神朝臣本系牒略』の編纂過程について検討したい。ここでは、代数注記1に「自天日方命至大田々根子四世也」、代数注記2に「自素尊至大田々根子命十一代、自大田々根子命至神主大神朝臣成主十八代」、代数注記3に「従太田々根子命至当神主信房四十五代」・「又神主職者、大田々根子命五十代也」とあるように、信房が『大神朝臣本系牒略』において高宮家の世代数を計算する際、必ず古代の大田々根子命を起点としている点が注目される。しかも、第二系図の末尾（墓所注記の前）に置かれた代数注記3では、世系が欠落している箇所（第一系図と第二系図の間）をまたいで、わざわざ第一系図の大田々根子命から信房自身に至るまでの代数を数えているのである。

たしかに、大田々根子命は『古事記』『日本書紀』などで大神氏の始祖として描かれており、その伝承は三輪山において行われた祭祀の起源譚としての意味を持っていることから、信房が高宮家の世系を大田々根子命に結びつけようとすることは十分に納得できる。しかし前述した通り、慶長年間の火災において、高宮家が所蔵していた文書群は、その大半が失われてしまっていたはずである。有房の編纂した『高宮氏中興系図』が輪房までしか遡り得なかったのも、そのためであった。ならば、信房は何を手かがりとして『大神朝臣本系牒略』を編纂したのであろうか。

『大神朝臣本系牒略』に見られる人物のうち、輪房から信房までは『高宮氏中興系図』にも記載されている。そこで、これらの人物に付された両書の尻付を比較してみると、若干の文字の異同があるものの、基本的に『高宮氏中興系図』の内容は『大神朝臣本系牒略』に踏襲されている。たとえば、『大神朝臣本系牒略』の範房尻付には「母当国何某女姓氏不レ知」とあるが、これは『高宮氏中興系図』の範房尻付に「母ハ当国之何某娘姓不レ知」とあることと対応している。このように『大神朝臣本系牒略』の中でも輪房から信房までの人物については、『高宮氏中興系図』を参照していることが確認できる。

次に、『高宮氏中興系図』に見えない輪房以前の部分に関しては、その箇所を執筆するに当たって参照したと思われる史料名が随所に記されている。それは『日本書紀』をはじめとする六国史や、『古事記』『出雲国風土記』『新撰姓氏録』『先代旧事本紀』『令集解』『類聚国史』『延喜式』『類聚三代格』『日本紀略』『扶桑略記』『一代要記』『帝王編年紀』『百錬抄』『公事根源』『編年要略』、および、宗形氏・大伴氏・越智氏の系図など、実に多様な史料である。よって『大神朝臣本系牒略』の記載は、『高宮氏中興系図』と重なる世代については『高宮氏中興系図』を、『高宮氏中興系図』以前の世代については、各所に付記された『日本書紀』をはじめとする諸史料を、それぞれ参照しながら執筆されたと考えられる。

ただし『大神朝臣本系牒略』には、『高宮氏中興系図』や上記の諸史料だけを元にしていたのでは記すことのできない、独自の記述も散見される。まず、輪房以降の世代に関しては、ほぼ全ての人物に命日が記され、兄弟姉妹の配列も年長順に整理されている。これらは『高宮氏中興系図』の編纂過程から類推するならば、関係者の間に保管されていた高宮家の系図の写しや、祖先の位牌・墓石[18]、他所に伝わっていた系図などが参考にされたと思われる。まとまった史料群という形で残っていなくとも、祖先に関する所伝は口承されていたであろう。

また、特に第一系図の部分に関しては、大国主命の尻付に、

延暦年中、撰新撰姓氏録之時、家祖大神主従五位下大神朝臣三支、献㆓本系牒㆒。

とあり、興志の尻付に、

類聚三代格曰、大神氏上代々補㆓大神主㆒事、弘仁十二年五月四日太政官符称、大神朝臣者、大田々根子命苗

裔高市麻呂正嫡流、自二従四位下伊可保一連綿不レ絶而補二神主一、又若宮者、高市麻呂二男興志以来補二神官一
〈云々〉

などとあるが、[19]これらは『大神朝臣本系牒略』以外の史料には見られない内容である。さらに、特牛をはじめとして、他史料には登場しない人物も多く含まれている。こうした記述が何をもとに記されたのかについては未詳であるが、ここでは以下の点を指摘したい。

第一に、いま述べた大国主命の尻付である。この尻付が伝えるところによると、『新撰姓氏録』の編纂に当たって、延暦年間（七八二～八〇六）に三支が本系帳を提出したという。本系帳については、第一章第二節で概観したように、天平勝宝年間（七四九～七五七）以前から作成されていた（『弘仁私記』序文）。天平宝字五年（七六一）には『氏族志』の編纂が企図された（『中臣氏系図』所引「延喜本系解状」[20]）、この計画は途中で頓挫したが、延暦年間に至って再び本系帳の提出が命じられ（『後紀』延暦十八年（七九九）十二月戊戌条）、これが弘仁六年（八一五）に『新撰姓氏録』としてまとめられた。この時、大神氏も本系帳を提出していたことは、『新撰姓氏録』大和国神別大神朝臣条に、

素佐能雄命六世孫、大国主之後也。初大国主神、娶二三島溝杭耳之女玉櫛姫一、夜末レ曙去、来曽不二昼到一。於レ是、玉櫛姫績レ苧係レ衣、至レ明随レ苧尋覓、経二於茅渟県陶邑一、直指二大和国真穂御諸山一。還視二苧遺一、唯有二三縈一。因レ之号二姓大三縈一。

とあることからもうかがえる。三支が本系帳を提出したことは、史実と見て間違いないであろう。とするならば、『大神朝臣本系牒略』という書名が示している通り、この時に提出された本系帳の内容が何らかの形で『大神朝臣本系牒略』に継承されている可能性がある。もっとも『大神朝臣本系牒略』の中で、大神氏の本系帳に由来する

部分を判別することは難しいが、第一系図から出典記載が見える部分を取り除いていくと、およそ世系と別祖だけになる。これは『新撰姓氏録』の記載様式と一致している。このことも上記の推測を傍証するものである。

第二に、『大神朝臣本系牒略』の第一系図が成主で終わっている点である。成主の尻付には、延長四年（九二六）・同五年（九二七）の年紀が見えることから、彼は延長年間（九二三〜九三一）頃の人物であることが分かる。本系帳が提出されたのは延暦年間であるが、貞観三年（八六一）には、味酒文雄が巨勢氏への改姓を願い出た際、巨勢河守が本系を検査して、同宗であることを確認した上で改姓が認められている（『日本三代実録』貞観三年〈八六一〉九月二十六日丁酉条）。この記事からは、『新撰姓氏録』が完成した後でも巨勢氏が本系帳を保有しており、それが現実的な機能を有していたことがうかがえる。また『中臣氏系図』所引「延喜本系解状」によれば、延喜三年（九〇三）に至っても、大中臣朝臣氏が本系帳を提出していたことが知られる。こうした事例より類推するならば、大神氏の場合も成主の代まで引き続き本系帳を作成していたか、あるいは三支の代に編纂したものに書き継いでいたことは、十分にあり得るであろう。少なくとも『大神朝臣本系牒略』の第一系図が成主で終わっていることは、その原史料が九世紀末の段階で一旦成立していたことを示している。

第三に、『大神朝臣本系牒略』の第一系図に見られる大半の人物の尻付には、前述したように出典が記載されているが、その出典とされている諸史料には、以下のように『大神朝臣本系牒略』に登場しない大神氏の人物が多数見られる。

・大神朝臣乙麻呂　『続日本紀』天平元年（七二九）三月甲午条
・大神朝臣東方　『続日本紀』天平神護元年（七六六）十一月丁巳条
・大神朝臣東公　『続日本紀』神護景雲二年（七六八）十月癸亥条

・大神朝臣末足　『続日本紀』宝亀七年（七七六）正月丙申条
・大神朝臣人成　『続日本紀』宝亀九年（七七八）正月癸亥条
・大神朝臣船人　『続日本紀』天応元年（七八一）五月癸亥条
・大神朝臣仲江麻呂　『続日本紀』延暦十年（七九一）正月戊辰条
・大神朝臣枚人麻呂　『類聚国史』巻九九　叙位　弘仁八年（八一七）正月丁卯条
・大神朝臣池守　『類聚国史』巻九九　叙位弘仁十三年（八二二）十一月丁巳条
・大神朝臣船公　『続日本後紀』承和元年（八三四）正月己未条
・大神朝臣宗雄　『続日本後紀』承和七年（八四〇）正月甲申条
・大神朝臣田仲麻呂　『日本三代実録』貞観元年（八五九）三月五日条
・大神朝臣良臣　『日本三代実録』仁和二年（八八六）正月七日条

これらの人物は『大神朝臣本系牒略』には記載されていないことから、『大神朝臣本系牒略』の第一系図は、他史料に見える大神氏の人物を単純に抜粋して、系線で結んだものではないことが確認できる。

以上のことからすれば、『大神朝臣本系牒略』の第一系図の部分には、何らかの原史料が存在したと思われる。ここで想起されるのは、延暦から延長年間にかけて作成された大神氏の本系帳である。ただし、『新撰姓氏録』大和国神別大神朝臣条の苧環伝説の内容が『大神朝臣本系牒略』には見られない点や、『新撰姓氏録』では大国主命を素佐能雄命の六世孫とするのに対し、『大神朝臣本系牒略』では素佐能雄命の子を大国主命としている点など、両書で相違する部分も見受けられる。よって、『大神朝臣本系牒略』は本系帳をそのまま引き写したというよりも、その内容が断片的に伝えられた史料を参考にしたか、あるいは情報の取捨選択を行ったと推測される。いずれにしても、こうした諸史料をもとにしながら、信房は『大神朝臣本系牒略』を編纂したと考えられる。

さらに、留意しておかなければならないのは、第一項で述べた通り、『大神朝臣本系牒略』第一系図の末尾に位置する成主と、第二系図の冒頭に位置する勝房の間、および第二系図の益房と輪房の間には、世系が判然と示されない状態のまま残されている点である。これらの欠落部分に付された注記には、それぞれ「可二考注一矣」「尋二古紀一、追可レ注之」と記されている。この記載は後世の人々に向けて、『大神朝臣本系牒略』で明示することができなかった箇所を補うよう求めるものである。また、執筆に当たって参照した史料名が付記されていることは、高宮家に伝わる記録だけでは『大神朝臣本系牒略』が編纂できなかったということでもある。こうした注記は、系図の価値を貶めかねないものである。かりに、信房が『大神朝臣本系牒略』をあたかも高宮家に古くから伝えられたものであるかのように偽装しようとしたならば、このような痕跡を残すことは全くの逆効果である。それならば、参照した史料名なども記さず、創作した世系をもって欠落箇所を補い、素佐能雄命から信房までを整然と結びつけるであろう。

とするならば、ここに『大神朝臣本系牒略』の史料的性格が端的に表れている。すなわち『大神朝臣本系牒略』は、編者である信房にとって、あくまでも親族や関係者が見ることを前提に、いつの日か高宮家の完全なる世系が復元されることを期して、自らが行った編纂の経緯をそのまま書き留めた編纂途中の「私的な系図」であると言うことができる。

## 4　『三輪高宮家系図』への移行

最後に、『大神朝臣本系牒略』と『三輪高宮家系図』の比較検討を行いたい。冒頭でも述べた通り、この『三輪高宮家系図』については、先行研究でも部分的に言及するのみで、全面的に考察を加えたものは管見の限り知られない。よって、その成立年代・編者・編纂目的などを明らかにするところから始める必要がある。

『三輪高宮家系図』は天地二七・五cm、幅一九・〇cm、本紙全一九丁と表紙・裏表紙で構成される冊子本（一冊）である。外題に「三輪高宮家系」とあり、内題はない。筆跡は終始同一である。その記載内容には、成立年代や編者を直接的に示す箇所は見られない。ただし『三輪高宮家系図』に見える年紀は、義房尻付の（明治）「十六年」が最も新しいことから、その成立は明治十六年（一八八三）以降ということになる。一方、これは明治二十六年（一八九三）に作成された『三輪叢書』（写本）に収められていることから、それ以前に出来上がっていなければならない。これらのことから『三輪高宮家系図』の成立時期は、明治十六～二十六年の間に絞り込むことができる。

編者については『三輪高宮家系図』の裏表紙に、

燃而又消、欲レ消而燃。大国主之正系、現在二磯城一。其承襲可レ祝。其衰微可レ悲。夙夜黽勉、可レ以レ養二才徳一。

と記されていることが手かがりとなる。この一文は、本文とは独立した形で裏表紙に挿入されているので、編者が『三輪高宮家系図』を現状の形にまとめあげた際、最後に記した部分と推測できる。その冒頭では、大神氏の栄枯盛衰が繰り返されたことを述べ、続いて大国主命から血筋が連綿と受け継がれ、その正系（高宮家）は現在も磯城の地に存しているとある。そして、これ以降の部分は執筆者の心情吐露である。血筋の継承を祝うべきであると同時に、その衰微を悲しむべきであるとし、朝早くから夜遅くまで、才徳を養うことに努め励むべきであるとする。ここでいささか不可解なのは、「其承襲可祝」に対応する「其衰微可悲」の箇所である。編者は、大国主命の正系の血筋の衰微を悲しんでいるのである。また、才徳を養うことに努め励むよう忠言していることにも疑問が残る。大神神社の神主家の家系図ならば、むしろ神職に努め励むべきとする方が自然であろう。そこで着目したいのは、系図の末尾に記された義房の尻付である。そこには、

母同上。萬延元庚申年八月十五日生。明治五年、王政維新一般世襲職ヲ被解候事。明治七年一月七日、大神々社等外被申付。同十六年二月十二日、大神々社等外出仕被申付。

とある。この記述からは、明治五年（一八七二）の神主世襲制の廃止に伴って、義房が先祖から受け継いできた大神神社の神主職を退くよう命じられたことが知られる。とすれば、義房自身はもちろんのこと、彼の子孫たちも神主としての身分の保障がなくなり、今後は自らの才徳を養うことに努め励まなくてはならない。しかも『三輪高宮家系図』に記された義房の子は田鶴子のみであり、『三輪高宮家系図』が編纂された時点では、大国主の正系を継ぐべき男子の後継者がいなかったことになる。それは、義房にとってみれば「其衰微可悲」という状態であったのではなかろうか。さらに、静嘉堂文庫所蔵『百家系図稿』には、大神氏に関連する系譜が何点か収められているが、その中に「高宮系譜　高宮義房」と記した頁が見受けられる。この『百家系図稿』には『三輪高宮家系図』は所収されておらず、もう一方の『大神朝臣本系牒略』が所収されているのであるが、前述の通り『大神朝臣本系牒略』の編者は信房であり、義房ではない。おそらく『百家系図稿』には、はじめ『三輪高宮家系図』が所収されていたが、のちに『大神朝臣本系牒略』に差し替えられ、『三輪高宮家系図』の表紙の頁だけが残ったのであろう。

こうした当時の時代背景からすれば、先祖代々に亘って奉仕してきた大神神社の神職を解任され、後継者にも恵まれなかった義房以外に、『三輪高宮家系図』の編者に相応しい人物は見当たらない。つまり『三輪高宮家系図』は、明治十六～二十六年（一八八三～九三）に、義房が自氏の歴史を顕彰して後世に伝えるために編纂したものと考えられる。

さて、『三輪高宮家系図』が編纂された明治十六～二十六年頃の大神神社には、高宮家のまとまった系図としては、『大神朝臣本系牒略』しか存在していなかったと見られる。このほかには『高宮氏中興系図』も伝えられていたが、その内容は『大神朝臣本系牒略』に取り入れられており、すでにその役割を終えている。『大神朝臣本系牒略』が成立した寛政三～十一年（一七九一～九九）から、『三輪高宮家系図』が成立するまでの約一世紀の間に、高宮家において別の系譜が編纂されたことも確認できない。とするならば『三輪高宮家系図』編纂に際して、『大神朝臣本系牒略』が基礎として利用されたことは想像に難くない。

はたして両書の重複範囲（『大神朝臣本系牒略』の第一・第二系図と、『三輪高宮家系図』の建速素盞烏命～成主、勝房～益房、輪房～信房の部分）を比べてみると、僅かな例外は認められるものの、[21]人物や世系の大部分は完全に一致している。尻付についても、基本的には共通の内容となっている。したがって『三輪高宮家系図』は、『大神朝臣本系牒略』を基礎に編纂されたと見て間違いない。よって、『大神朝臣本系牒略』と『三輪高宮家系図』の特徴的な相違点を抽出することで、『大神朝臣本系牒略』の内容がいかに解釈・再構築されて『三輪高宮家系図』に継承されたのかが明らかになる。そこで指摘したいのは、次の二点である。

第一に、『大神朝臣本系牒略』の特に第一系図の部分では、記載内容の出典に関する多数の注記が付されていたが、『三輪高宮家系図』ではそれらを完全に削除し、記載内容にも手が加えられている。たとえば三支の場合、『大神朝臣本系牒略』には、

　仕二光仁・桓武・平城・嵯峨・淳和五朝一。〈云々〉従五位上。名字和訓佐韋艸。母同姓興志女。大神主。氏上。当流正統。宝亀十年正月、爵二元正六位上一。〈見続紀。〉天長二年四月、従五位上。〈類史。〉同四年正月、
　為二氏上一。〈同。〉

とあったのに対し、『三輪高宮家系図』では、

氏上。大神主。名字和訓佐韋久左。従五位上。母従五位下大神興志女。宝亀十年正月、叙㆓従五位下㆒。天長二年四月、叙㆓従五位上㆒。同四年正月、為㆓氏上㆒。

とある。両書を比較するならば『続日本紀』や『類聚国史』などの出典記載が、全て取り除かれていることに気づく。一方で「仕㆓光仁・桓武・平城・嵯峨・淳和五朝㆒〈云々〉」や「当流正統」などの記載も削除されており、尻付全体が簡略に整えられたように見受けられる。

第二に、『大神朝臣本系牒略』第一系図では、末尾の成主から伸びた系線が途切れており、途中には「此中間闕」とする欠落注記1が置かれ、第二系図冒頭の勝房とは系線が結ばれていない。第二系図の益房と輪房の間にも「此間凡六世闕」とする欠落注記2が置かれ、世系が明瞭に示されてはいない。それに対して『三輪高宮家系図』では、『大神朝臣本系牒略』に見られる二箇所の断絶部分を、見事に繋いでしまっている。直系の人物のみ挙げるならば、欠落注記1の箇所は、

（略）—成主—成季—季房—福房—宗房—秋房—浄房—景房—兼房—理房—清房—充房—綱房—勝房—（略）

とあり、欠落注記2の箇所は、

（略）—益房—保房—包房—氏房—隆房—幸房—国祐—基房—宗房—輪房—（略）

となっている（『三輪高宮家系図』にのみ見える人物には傍点を付した）。この中には『大神朝臣本系牒略』の第一・第四系図に見える基房・宗房が含まれており、傍流には第六系図の武房・為房の名前も見られることから、『三輪高宮家系図』が世系を繋げる際には、『大神朝臣本系牒略』に断片的に記されていた情報が参考にされたことは間違いない。

ただし、そのほかの人物については、何を手かがりにしたのかが全く不明である。特に後者の欠落部分につい

ては、傍流の末端に豊臣秀次・秀勝の名前が見えているが、自家の系譜に創作を加えて歴史上著名な人物に結びつけることは、頻繁に行われるところである。欠落を補った部分では、ほぼ全員が「房」を通字としている点も、余りに整然とし過ぎている。こうした『三輪高宮家系図』段階で加えられた部分は、全くの創作であるとは言い切れないものの、出典が確認できないという点で、その信憑性はかなり低いと言わなければならない。

第三に、いま述べた第二点とも関連するが、『大神朝臣本系牒略』に見られた二つの欠落注記が『三輪高宮家系図』ではともに削除されている。それらは「可二考注一矣」「尋二古紀一、追可レ注之」というように、記載内容を再検討して追補するよう、信房が子孫に向けて系図の完成を託した内容であった。これらが削除されているということは、『三輪高宮家系図』においてそれまで曖昧だった点が解決され、これ以上の考察を行う必要はないと、義房が判断したことを意味している。

つまり義房は、『大神朝臣本系牒略』において世系が欠落したままにされていた箇所を、一部に創作を交えながら補い、それにともなって欠落注記を削除した。また、出典に関する注記を取り除いて書式の統一化をはかると同時に、尻付についても情報の取捨選択を行って簡略化した。このようにして成立した『三輪高宮家系図』は、親族や関係者が見ることを前提に、編纂時の考証をそのまま遺留させた「私的な系図」としての『大神朝臣本系牒略』とは大きく異なり、高宮家におけるいわば「公的な系図」としての位置づけを与えられたと考えられる。このことは、『大神朝臣本系牒略』が高宮家内部で長く保管されていたのに対し、『三輪高宮家系図』が広く公開され『三輪叢書』『大神神社史料』『神道大系』などに収められたこととも、無関係ではないであろう。

## 結語

本節では、『大神朝臣本系牒略』の編者・成立年代を明らかにした上で、『高宮氏中興系図』『三輪高宮家系図』

との比較検討から、その史料的性格について考察を行った。近世から近代にかけて、これら三種類の系図が編纂された経緯を、改めて時系列に整理するならば次のようになる。

・高宮家は慶長年間に発生した火災によって、祖先の世系に関する記録を失うという不運に見舞われた。この状況を憂いた有房は、旧蔵文書の復旧事業の一環として、享保六年に『高宮氏中興系図』を編纂した。ただし、それは慶長以降の祖先を記した小規模なものに過ぎなかった。

・それから約八〇年の後、信房は高宮家の墓所である極楽寺に、元房以来の祖先が葬られているということを発見、あるいは再確認した。このことを直接的な契機として、彼は『高宮氏中興系図』以前の人物に関しても記録に留めておく必要性を感じ、自らの代で『高宮氏中興系図』に書き継ぐことをやめ、関係者の間に保管されていた文書、祖先の位牌・墓石、他所に伝わった系図、『日本書紀』などの文献、さらには延暦から延長年間にかけて成立した大神氏の本系帳（の内容を伝える史料）などを駆使して、寛政三〜十一年、新たに『大神朝臣本系牒略』を完成させた。しかし、信房の努力をもってしても、なお世系を判然と示すことができない部分が残されることになった。そこで彼は、記載の出典や自らの考証を意図的にそのまま残し、大神氏（高宮家）の系図の完全な復元を子孫の手に委ねることとした。その意味で『大神朝臣本系牒略』は、あくまでも限られた関係者が見ることを前提とした、編纂途中の「私的な系図」であった。

・その後、信房の遺志は、約百年後の義房へと受け継がれた。明治に至って神主世襲制が廃止されたことにともない、大神神社の神主職を解任された義房は、大神氏（高宮家）の衰微を嘆き、その歴史を後世へと伝えるため、新たな系図の編纂に着手した。そして『大神朝臣本系牒略』を基礎としながらも、世系が伝えられていなかった箇所を復元し、記載情報の選別を行うなどして、明治十六〜二十六年、神代から明治時代までの神名・人名を整然と書き連ねた『三輪高宮家系図』を完成させた。それはまさに大神氏（高宮家）の「公的な系図」と言うべきものであった。

以上を踏まえるならば、先行研究において頻用されてきた『三輪高宮家系図』は、大神氏（高宮家）の由緒を対外的に主張するために編纂されたものであり、出典や根拠が不明な記載を多く含んでいる。それらが全くの創作であるとは断定できないが、少なくとも無批判に信憑性を認めることは難しいであろう。それに対して『大神朝臣本系牒略』は、系図の最終的な完成を後世に期すために、ともすれば史料的価値を貶めかねない注記を意図的に遺留させており、そこに必要以上の祖先顕彰や誇張などが含まれている可能性は低いと考えられる。したがって今後、大神氏の事績を考察する際には『大神朝臣本系牒略』を第一に利用すべきである。比較材料として『三輪高宮家系図』を用いる場合にも、その出典を『大神朝臣本系牒略』で確認することが必要になる。こうした作業を行うことで、もっぱら『三輪高宮家系図』に依拠してきた先行研究の再検討が可能になると言える。

注

（1）高宮澄子氏所蔵。『三輪叢書』（大神神社社務所、一九二八年）、『大神神社史料』一（吉川弘文館、一九六八年）、『神道大系』神社編十二（一九八九年）、拙著『日本古代氏族系譜の基礎的研究』（東京堂出版、二〇一二年）などに所収。太田亮『姓氏家系大辞典』（角川書店、一九三四年）、佐伯有清『新撰姓氏録の研究』考証編六（吉川弘文館、一九八三年）などにも、部分的に掲載されている。

（2）田中卓「豊前国薦神社の創祀」（『田中卓著作集』一一－一、国書刊行会、一九九四年、初出一九九三年）。

（3）溝口睦子『日本古代氏族系譜の成立』（学習院、一九八二年）。

（4）佐伯有清『新撰姓氏録の研究』考証編六（前掲）。

（5）和田萃「ヤマトと桜井」（『桜井市史』一九七九年）、同「三輪山祭祀の再検討」（『日本古代の儀礼と祭祀・信仰』塙書房、一九九五年、初出一九八五年）。
（6）中野幡能「三輪高宮系図と大神比義」（『八幡信仰と修験道』吉川弘文館、一九九八年、初出一九八九年）。
（7）高宮澄子氏所蔵。拙著『日本古代氏族系譜の基礎的研究』（東京堂出版、二〇一二年）所収。
（8）高宮本・国会本・静嘉本の関係については、
・『大神朝臣本系牒略』は高宮家の家系を記したものであることから、高宮家に伝えられた高宮本を原本とするのが自然である。
・国会本・静嘉本には、明らかに文意が通らない箇所（赤猪の尻付で、高宮本に「称徳天皇」とあるのを、国会本・静嘉本ではともに「稲徳天皇」としているなど）が散見されることも、高宮本が原本であることを示す証左となる。
・後述する第五系図と第六系図は高宮本にはなく、第五系図は国会本・静嘉本、第六系図は静嘉本にのみ見られることから、諸本は高宮本→国会本→静嘉本の順に成立したことになる。よって、国会本の底本は高宮本ということになる。
・高市麻呂の尻付で、高宮本・静嘉本が「改三輪君賜大三輪朝臣」に作る箇所を、国会本は「改三輪朝臣」としている（「君賜大三輪」を誤脱させている）ことから、静嘉本は国会本ではなく、高宮本を書写したと見られる。
以上のことから、原本は高宮本であり、国会本と静嘉本はともに高宮本を底本として、先に国会本が、後に静嘉本が書写されたと考えられる。
（9）古代氏族の系図を多く収める『姓氏家系大辞典』や、大神神社関係の文書を集めた『三輪叢書』『大神神社史料』などにも、『大神朝臣本系牒略』は載録されていない。
（10）同じ「子孫別注之」という注記は、ほかにも吉房の尻付に見えるが、彼の子孫に関する記載は見えない。省略されたか、『大神朝臣本系牒略』とは別の形でまとめられたのであろう。
（11）紙片の人名は系線で結ばれておらず、列記されているのみであり、厳密な意味での系図ではないが、第二系図の補足的意味を持つことから、このように呼称しておきたい。
（12）嫡子以外で神主職に就いたのは、和房・有房・政房・昌房・春房の五人であるから、上記した計四十五代にこれを足せば、合計五十代となる。
（13）信房は第五系図にも見え、そこでは彼の子を和房としている。一方『三輪高宮家系図』では信房の子を勝房、信房の孫（勝房の子）を和房としている。このように『大神朝臣本系牒略』と『三輪高宮家系図』の所伝は異なっており、どちらが正しいのか判然としない。ただし、『大神朝臣本系牒略』の第五系図は高宮本には見えず、国会本・静嘉本の中でも追記された箇所であるのに対し、『三輪高宮家系図』は高宮家に伝えられた系図であることから、ここでは『三輪高宮家系図』の記載に信を置きたい。

(14) 系図に記載される(書き足される)契機としては、生誕時だけでなく、たとえば元服や神主就任なども想定される。しかし、信房の弟の某(千代丸)は三歳で夭逝しており、おそらく元服を済ませていない。また『大神朝臣本系牒略』は、神主を継承した人物だけでなく、その兄弟姉妹も記載されていることから、神主就任が記載の契機になっているわけでもない。よって、勝房が生まれていれば、彼の名前も『大神朝臣本系牒略』に記載されたと考えておきたい。

(15)『高宮氏中興系図』奥書によれば、その編纂には、当時の神主である有房だけでなく、社家の越昌綱も携わっていることから、越氏をはじめとする社家の人々が伝承していた内容も参考とされたであろう。

(16) 大神家次著。文永二年(一二六五)成立。康安元年(一三六一)に紀宗基、享保五年(一七二〇)に越昌綱によって書写されたことが奥書に見える。『大神神社史料』一(前掲)所収。

(17) かつては大神神社の境内にあったが、明治元年(一八六八)に現在の地に移った。『磯城郡誌』(一九一五年)、『桜井市史』(一九七九年)など参照。

(18) 極楽寺に所在する高宮家の墓所の一角には、現在も歴代の人物たちの古い墓石が列立している。

(19)「類聚三代格曰」とあるが、現存する『類聚三代格』に該当する太政官符は見当たらないことから、この箇所は『類聚三代格』の逸文の可能性がある。この点については、別の機会に改めて検討することとしたい。

(20)『群書系図部集』一(続群書類従完成会、一九七三年)所収。

(21) 両書の間では、『大神朝臣本系牒略』が「志多留命―身狭」とする箇所を『三輪高宮家系図』では「志多留命―石床―身狭」として石床を挿入している点、『大神朝臣本系牒略』が逆と小鷦鷯を兄弟とするのに対して『三輪高宮家系図』は親子としている点、この二点が異なっている。こうした相違点が生じた理由は定かでないが、『大神朝臣本系牒略』に比べて『三輪高宮家系図』には世系(世代数)を伸ばそうとする意志が働いていた可能性を指摘しておきたい。

【付記】史料調査および『大神朝臣本系牒略』の掲載に当たっては、高宮澄子氏より格段のご高配を賜った。また、慶応大学の三宅和朗先生、大神神社の越義則・森好央・山田浩之各氏にも大変お大変世話になった。記して厚く謝意を表したい。

# 参考『大神朝臣本系牒略』

凡例

一．翻刻は、髙宮澄子氏所蔵『大神朝臣本系牒略』（髙宮本）を底本として行った。

一．文字配り・用字などについては、可能な限り底本にしたがった。

一．底本と、国立国会図書館所蔵『諸系譜』所収本（国会本）、静嘉堂文庫所蔵『百家系図稿』所収本（静嘉本）との間で文字の異同が見られる箇所には•を施し、下段にそれを記した。「底本」は髙宮本、「国本」は国会本、「静本」は静嘉本を指す。

一．紙継目は……で示し、下段に底本の丁数を記した。

一．中を塗りつぶした朱筆の圏点は●、中を塗りつぶさない墨筆の圏点は○で、それぞれ示した。

一．合点は　　で示した。

一．見せ消の箇所は、文字の左傍に≀を施した。

一．校訂注には〔　〕を施した。

一．そのほか、筆者による傍書には（　）を施した。

（1オ）外題

（外題）大三輪正嫡

（朱点、以下同ジ）
●大神朝臣本系牒略　全

並　真神田引田椙田附之　丁數十四葉

（1ウ　記載なし）

（2オ）内題

●（内題）大神姓本系牒略

天御祖伊弉諾尊之児母伊弉冉尊

一云建須佐能男命（古事記／神祇式）　神素戔嗚尊速素戔嗚尊（書紀／一書）

（朱線、以下同ジ）

第一系図

●素佐能雄命

又云八束身臣津野命（出雲／風土記）　童名武塔天神又云牛頭天王（公事／根元（ママ））

書紀一書曰素戔嗚尊可以治天下也而欲従母於根国可以任情行矣

乃逐之　又曰遂到出雲之清地乃言曰吾心情々之　又曰然後居熊成

峯遂入千根國矣　出雲国楯縫郡鰐淵寺山頂窟陵也有祠号曰

来成天王云々按来成訓久末奈理矣

一云大己貴命書紀大穴持命神祇式　櫛瓶玉命国造神賀詞

## 大國主命

母奇稲田媛　簀狭八箇耳女

書紀曰乃相與遘合而生児大己貴命 一書曰號清之湯山主三名狭漏彦八嶋篠此神五世孫即大國主神云々 姓氏録曰大神朝臣素佐能雄命六世孫大國主命之後也

一書曰大國主神亦名大物主神亦号國作大己貴命亦曰葦原醜男亦曰八千戈神亦曰大国玉神亦曰顕国玉神云々

按書紀及舊事地神本紀者大己貴別名大国主云々 一書及姓氏録者五世孫又六世孫云々 古事記者為七世孫代々名注之上古事其世葉不可知 姓氏録謂之六世者 速須佐之男命 八嶋士奴美神 布波能母遅久奴須奴神 深淵水夜礼苍神 於美津奴神 天冬衣神 大国主神云々古事記 據之注之乎

延暦年中撰新撰姓氏録之時家祖大神主従五位下大神朝臣三支獻本系牒為素佐能雄命六世孫者有謂矣姓氏録

(2ウ)

(3オ)

大國主命二男

後襲父名曰大物主神一書

高市御縣坐鴨事代主神社神祇式　雲梯坐国造賀神

**都美波八重事代主命**

母神屋楯比賣或云高降比賣　宗像社祭官女旧事紀
天孫欲令降臨於葦原中津國之前以天穂日命武夷鳥命之父子
遣之皆媚大己貴命留而不帰因天稚彦命賜弓矢然懐私意而
有隠謀為反矢亡命重議遣武甕槌神経都主神二神到於出雲国
与大己貴命問答于時為鳥遊在三穂﨑釣之父命遣使示之同可
否答曰宜献於土地避之蹈船枻而避之云々見書紀竝一書
一書曰是時帰順之酋渠者大物主神及事代主神云々則是之

**天事代玉籤入彦命**

冒父名事代主命一書　率川阿波神社神祇式

母弥富津媛命　高皇産霊命女　實母玉櫛媛　三嶋溝杭耳命女

書紀一書曰帰順之酋渠者大物主神及事代主神云々則是之
母稱弥富津媛者謂之嫡母也父子朝参之時高皇産霊命之曰
以他神女為妻猶有疎心而賜之云々書紀一書
實母稱玉櫛媛依母名稱玉籤彦乎姓氏録曰大国主命娶三嶋溝

杭耳女玉櫛媛夜末曙公不曽昼到於是玉櫛姫績苧係衣至
明随苧尋覔経於茅渟縣陶邑直指大和国御諸山还視苧遺
唯有三縈因之号姓大三縈云々神功皇后紀曰仲哀天皇九年三月
壬辰皇后選吉日入斎宮云々有神乎答曰幡荻穂出吾也於尾田
吾田節之淡郡所居之有也問亦有耶答曰於天事代於虚事代
玉籤入彦厳之事代神云々即是之

按稱母名為已名國俗也淡郡者神祇式曰阿波国阿波郡事代主神社
云々又曰大和圀添上郡率川阿波神社神祇令曰率川社者大神族類神
云々以此文知之又云鴨地名摂津国嶋下郡神祇式嶋下郡三嶋鴨神社
又溝杭神社有之可考合

一名武日方命宗形系　櫛御方命古事記　阿田都久志尼命旧事紀

## 天日方奇日方命

母活玉依媛　陶津耳女　神武天皇二年二月拝食国政申太夫旧事紀
舊事地祇本紀曰大己貴神乗天羽車大鷲而覔妻下到于茅渟縣
娶大陶祇女子活玉依媛云々古事記曰大物主大神娶陶津耳命之女
活玉依毗賣生子櫛御方命云々竝合

「覔」、国本「不見」に作る。
「即」、静本「則」に作る。「郡」、国本なし。
「國」、国本・静本「国」に作る。

（4オ）

「拝」、静本「拝賀」に作る。
「紀」、国本「記」に作る。「之」、国本・静本「三」に作る。

一名富登多々良伊須々伎比賣古事記　神日本磐余彦諱神武天皇后

**媛踏鞴五十鈴媛命**　古事記曰神御子　今神子之藪其名遺也

母同　庚申年八月欲為正妃於高佐士野覧之九月納之

元年辛酉二月立為皇后書紀并古事記

（4ウ）

書紀神武天皇紀曰事代主命大女也旧事地神本紀曰事代主神化為
八尋熊鰐通活玉依姫生一男二女児天日方奇日方命妹踏鞴
五十鈴媛命此命橿原朝立皇后云々

神渟名川耳諱綏靖天皇后

**五十鈴依媛命**　二年正月以皇姨五十鈴依媛立為皇后旧事紀

母同　地神本紀曰次妹五十鈴依媛命　此命葛城高丘朝立皇后云々

延喜神祇式神名曰大和國・添上郡率川坐大神御子神社三坐云々此昆弟
三人祭之乎神祇令曰三枝祭義解謂率川社祭也以三枝華飾酒樽
祭故曰三枝釈曰伊謝川社祭大神氏宗定而祭不宗者不祭即大
神族類之神也以三枝苍厳樽而祭大神氏供此云麁霊和霊祭古事記
伊須気余理・比賣命之家在狭井川之上本註云其河謂佐井河由者於其河辺
山・由理艸多在故取山由理屮之名号佐韋川也山由理屮本名佐韋也以之可知

（5オ）

「國」、国本「国」に作る。

「理」、静本なし。

「由」、静本「田」に作る。

**飯肩巣見命**

一名建飯勝命旧事紀

母日向加年度美良媛

**建甕尻命**

一名建瓶尾命旧事紀 建甕槌命古事記

母沙麻奈姫出雲臣女

**渟名底仲媛命**

磯城津彦玉手看諱安寧天皇后

母同 安寧天皇三年正月立為皇后

書紀懿徳紀曰事代主神孫鴨王

之女也

**豊御氣主命**

一名建甕依命旧事紀

母賀久呂姫伊勢旗主女

**大御気主命**

一名建瓶玉命

母名屮姫紀伊名屮彦女

**阿田賀田須命**

一名吾田片隅命姓氏

母大倭民磯姫

宗像朝臣
和迹古長公
吾孫等祖

此後和迹子真广呂等十二人承和元年
六月乙丑賜大神朝臣姓　続後紀

**建飯賀田須命**

一名建甕槌命古事記

冒父祖名

母同

古事記曰飯肩巣見命子建甕槌命子僕意富多々泥古云々

自天日方命至大田々根子四世也 今於本系者自天日方命七世也

（5ウ）

一名大直祢古命　旧事紀

**大田々根子命**

母鴨部美良姫　美和若宮社是也
書紀崇神天皇紀曰七年二月神明憑倭迹々日百襲姫命有誨又天皇夢
有貴人自称大物主神以吾児大田々根子令祭吾云々布告天下求大田々根子即於茅
渟縣陶邑得之貢之十一月壬申朔己卯即以大田々根子為祭大物主大神之主
古事記曰以意富多々泥古命為神主而於御諸山拝祭意富美和之太神
云々又崇神天皇八年十二月卯日祭之始書紀

**大御氣持命**

母美気姫出雲臣鸕濡渟之女　旧事紀

一名大賀茂足尼姓氏録

**大鴨積命**

賀茂朝臣鴨部祝
三歳祝石辺公等祖
母出雲鞍山祇姫
姓氏録曰大神朝臣同祖大国主神之後也
大田々根子命孫大賀茂都美命奉斎
賀茂神社　旧事地神本紀曰磯城瑞籬
朝崇神賜賀茂君姓　書紀天武天皇紀
曰十三年賜朝臣姓云々

仕成務仲哀神功三朝冒父名父子同名

**大友主命**

母大伴武日連女大伴氏系図
自垂仁天皇三年至仲哀天皇九年経
歳二百二十七年父子同名可知書紀解
書紀神功皇后紀曰仲哀天皇九年天皇崩
于橿日宮皇后匿喪命五太夫其一也云々
又曰大三輪社建於筑紫九年秋九月納
矛剱等云々　是今筑前国夜須郡一座

「旧」、国本・静本「古」に作る。

「太」、静本「大」に作る。

（6オ）

「祖」、静本「社」に作る。

一名大友大人命 和訓同

**大部主命**

母同

旧事地神本紀曰磯城瑞籬神崇朝賜大神君姓垂仁天皇紀曰三年三月新羅王子日槍参来在播磨国宍粟邑于時令此命与倭直祖長尾市問来状

於保奈牟智神社見神祇式神名是之

**志多留命**

一名垂同訓也

仕應神仁徳履中三朝類史

母中臣氏女

○此子孫斎衡元年十月壬子朔癸酉賜大神朝臣姓云々

**田々彦命**

大神部直神部直神人等祖

母同　同紀曰磯城瑞籬崇神朝賜神部直

（朱筆）虘大神部直姓云々

侍医外従五位下神直虎主散位正七位下木並大初位下已井等之見文化實録

于此三流分流大神朝臣正嫡流大部主命之孫為祭大物主神之神主云々類史

一名武蔵同訓牟佐志

**身狭**

母大倭忌寸女

仕反允恭安康雄略清寧五朝

安康天皇三年為眉輪王被殺雄略天皇未為皇子疑諸皇子殺之尤多矣履中天皇々子御馬皇子与身狭善欲往于三輪路邀之戦之捉之處刑云々見書紀

（6ウ）

「部」、国本なし。

「虘」、国本・静本なし。「木」、国本「水」に作る。「初」、国本「和」に作る。「王」、国本「天」に作る。

一名宇志或大人同訓 類史

**特牛**

母 物部榎井連盾女　仕顕宗仁賢武烈継体安閑宣化欽明七朝

欽明天皇元年四月辛卯令大神祭之
四月祭始乎 字類抄

一名阿迦•井同訓

大神引田朝臣祖

**赤猪**

母同

初大神引田部君引田者居地神祇式神名曰
城上郡秉田神社三座是之古事記曰引田部
赤猪子云々此子白堤孫横山等仕用明崇峻
推古朝同姓逆君居所告物部守屋見書紀
裔難波广呂天武天皇八年五月為高麗大使
其子足人稱•佗天皇神護二年正月賜大神引田

一名栄同訓佐嘉夫　仕欽明敏達用明三朝

**逆**

母 賀茂君笠女

敏達天皇十四年三月与物部守屋大連共
謀佛法而不杲敏達天皇寵臣委内
事天皇崩侍皇后炊屋姫命之宮用明
天皇崩時皇弟穴穂部皇子謀反知之
告之皇子忌悪欲殺之不杲崇峻天皇
元年五月穴穂部皇子欲奸炊屋媛命
入宮逆君侍宮七呼不開門皇子弥悪之
命物部守屋大連殺之逆君逃隠三諸岳
同姓白堤横山等告其所在守屋終斬
之蘇我馬子大臣曰逆君者敏達天皇之
寵臣也斬之不可云々見書紀

**小鷦鷯**　仕舒明朝

---

（7オ）

「迦」、静本「加」に作る。

「稱」、国本・静本「稲」に作る。

朝臣姓云々見書紀及続紀

**文屋**

一名学室同訓　仕舒明皇極朝

母

与山背大兄王善侍斑鳩宮而蘇我入鹿臣殺上宮皇子達時防戦且又諫之欲入於東国山背大兄王不聴而経死見書紀

**色夫**

一名醜夫　仕孝徳天智二朝

母同

孝徳天皇八年八月為法頭掌僧尼事

大化五年五月討新羅将軍天智天皇三年二月賜盾并弓矢為小錦下書紀

母同　舒明天皇八年三月奸釆女事発覚仍鞫問刺頸死見書紀

**利金**

仕孝徳天智朝

母

続紀曰大華上云々高市广呂父補任

**子首**

按和訓古於卑登之古加宇倍者非之

一名子人　仕天智天武両朝

母　大神眞上田朝臣祖

壬申乱属皇太弟天武天皇元年七月越伊勢大山向倭属大伴連吹負有戦功于時伊勢介　天武天皇五年八月卒　贈内少紫位謚諱大三輪眞上田迎君　見書紀

（7ウ）

「頸」、国本・静本「頭」に作る。

「卑」、国本・静本「宇」に作る。

按真神田与真上田同訓居地称大和国高市郡飛鳥真神原有之又飛鳥神名備
坐神事代主云々而於飛鳥神社祭之一流同祖也三代実録曰仁和三年三月乙亥朔
豊後介外従五位下大神朝臣良臣叙爵先是良臣向官被訴良臣高祖父三輪君
子首壬申乱有功贈内小紫位古之小紫位従三位然則子首子孫不可叙外位
於是下外記孝實外記申明云贈従三位大神朝臣高市麻呂従四位上安麻呂
正五位上柏(ママ)麻呂兄弟三人之後皆叙内階大神引田朝臣大神楉田朝臣大神石朝臣
大神真神田朝臣等遠祖虽同流別各異不見可叙内位之由加之神亀五年以降
有格先叙外位後預内叙良臣姓大神眞神田朝臣也子首之後至于全雄
无預五位者今請叙内階事乖格旨云々於是勅毀良臣及故兄全雄外位告
身特賜内階云々以此文検之自聖武天皇之御宇迄仁和光孝天皇朝大神朝臣之姓
雖為同祖之支別高市麻呂兄弟三人之後之外不得叙内階故以高市麻呂之孫
為正嫡氏宗為祭大物主神々主者也矣　神祇式四時祭相嘗祭條義解曰大神社
氏上祭之以之可考知
○大神楉田朝臣流大田々根子命裔阿田片隅命之後而元豊前国京都郡人
正六位上楉田愛比宝亀七年十二月賜姓大神楉田朝臣延暦三年十二月囙造宮
功賜外階従五位下云々見続紀　楉田訓志毛止田豊前國地名云々
○大神引田朝臣　○大神真神田朝臣流在文中

（8オ）

「下」、国本なし。
「官」、国本・静本「宮」に作る。

神護景雲二年正月壬午大和国人従七位下大神引田公足人大神私部公猪養大神波多公石持等兀人賜姓大神朝臣 見続紀 是皆同流引田流

大化元年三輪栗隈君東人使任那國云々見書紀

按栗隈君及波多公私部公等者以母姓冠其本姓戸之間也見傍例畧之

○大神石朝臣 在三代実録文中祖未詳何流矣

仕 天武持統文武三朝 中納言 従四位上 左京太夫 贈従三位 氏上

## 高市麻呂

母高市連安人女　當流正嫡也

天武天皇時壬申乱三輪君高市麻呂以下豪傑皆属皇太弟麾下以大伴連吹負為将軍向倭于時近江別将盧井連鯨率精兵来戦箸陵下高市广呂邀之破之有功 天武天皇八年十月改三輪君賜大三輪朝臣五十二氏其第一也同十年九月為氏上朱鳥元年直大肆 持統天皇六年直大二中納言此時天皇欲幸於伊勢高市麻呂脱冠上諫奏上不聴書紀大宝元年改位号従四位上同二年正月長門守同三年六月左京大夫 慶雲三年二月庚辰卒 贈従三位云々続紀補任

仕 文武元明朝 従四位上 摂津太夫 兵部卿 氏上

（8ウ）

「軍」、国本「運」に作る。「君賜大三輪」、国本なし。

**安麻呂**
母同　慶雲四年九月為氏上于時正五位下和銅元年正月正五位上同九月
任摂津大夫同二年従四位下同七年正月従四位上兵部卿同年同月丙戌卒 続紀

**柏麻呂**（ママ）　仕元明元正二朝　正五位上　武蔵守
母同　和銅元年三月丹波守于時
従五位上同三年正月正五位下霊亀元
年正月正五位上五月武蔵守 続紀

**麻呂**　仕聖武朝　従五位下
母不見
天平十八年四月叙爵 元正六位上 続紀
子孫略之

**妹子**　仕廃帝朝
母
天平宝字四年正月女叙位
叙爵

**豊嶋賣**　命婦　仕元明元正二朝
母同　天平八年正月女叙位従四位上
元従四位下先是階級任叙不見 続紀

(9オ)

**通守**　仕元正聖武二朝　従五位下
母
養老元年正月叙爵元正六位上続紀
此已後叙任不見若早世乎

**奥守**　仕光仁朝　従五位下
母
宝亀八年正月叙爵元正六位下 続紀
子孫略之

(9ウ)

仕元正聖武二朝　従五位下　氏上

**忍人**

母大津連女

和銅五年正月叙爵元従六位上霊亀元年二月為氏上于時叔父柏《(ママ)》广呂為位次之上臈然而忍人以正嫡為氏上大神主 続紀

**興志**

仕元正朝　従五位下　讃岐守

子孫略之

母同

和銅六年正月爵元正七位下同七月讃岐守 続紀 此裔代々為若宮神官

類聚三代格曰大神氏上代々補大神主事

弘仁十二年五月四日太政官符偁大神朝臣者大田々根子命苗裔高市麻呂正嫡流自従四位下伊可保連綿不絶而補神主又若宮者高市广呂二男興志以来補神官云々

**弟麻呂**

仕聖武孝謙廢帝三朝　従五位上 散位頭

子孫略之

母

天平元年爵元正六位上同三年十月散位頭同四年三月叙従五位上 続紀

**伊可保**

仕聖武孝謙廢帝朝　従四位下　氏上

母

天平十九年四月丁卯叙爵元従六位上

天平宝字二年七月神山生奇藤虫食有文字為瑞加位一階従四位下是大和守従四位下大伴宿祢稲公所奏也

自伊可保代々補大神主連綿不絶

見続紀三代格

（10オ）

仕光仁桓武平城嵯峨淳和五朝云々　従五位上　名字和訓佐韋艸

**三支**

母同姓興志女　大神主　氏上　當流正統

宝亀十年正月爵元正六位上見続紀　天長二年四月従五位上・類史　同四年正月為氏上同

**野主**

仕仁明文徳二朝　従五位下　氏上

母

承和六年四月乙丑爵元正六位上類史

**千成**

仕文徳清和陽成朝　従五位下

母

斉衡元年正月壬辰爵元正六位上文徳、、

**高岑**

仕清和陽成・光孝朝

疑別流乎

母

貞観五年正月七日庚午爵元散位云々三代、、

仕光孝宇多朝　従五位下

**成主**

仕醍醐朝　従五位下

母

延長四年正月七日爵元正六位上同八年二月

---

「上」、静本なし。

「成」、国本なし。

成房母 寛平二年八月八日爵元正六位上扶略朔為神主記畧 寛平法皇宮滝御幸時

増級正五位下扶畧

自素尊至大田々根子命十一代 自大田々根子命至神主大神朝臣成主十八代

凡丌九代之間本系連綿注右委記國史官牒合矣

此中間 闕官史記記畧一代要記編年紀百錬抄諸家日記 可考注矣

正五位下 左近将監 後入道而号西阿

従五位下 主水正 神主

●勝房

神主従五位下成主十三代苗裔

後醍醐天皇南迁之時勤王軍有功

延元四年進階正五位下以息元房為

神主退隠而衛於皇居正平中属楠

軍有戦功又於宇智郡討佐渡次郎左エ門

尉秀宗後入道而号西阿

正平七年後村上天皇八幡御退去之時

元房

母越智加賀守家澄女越智系

仕後村上後亀山両朝元中年中南北

講和時還幸嵯峩扈従々軍将之

于時去職男式部少甫益房為神主

女布留神主市川左馬助物部成光妻

應永卅二年六月十九日卒八十七才

葬粟殿極楽寺法名光阿

（10ウ）

第二系図

「軍」、国本「運」に作る。「エ」、国本なし。「城」、国本・静本は下に「已上編年要略」とあり。

入三輪西阿城・

**益房**　従五位下　式部少甫　称呼
母

**女子**　石上布留社神主　左馬助物部成光妻
母

此間凡六世　闕尋古紀　追可注之・

**基房**　右京進　永禄四

**宗房**　主水正　戒重遠江守範宗　烏帽子子之基光

**輪房**　神主　後木工之助
母　寛永十七年正月三日卒

**範房**　後改延房神主後主水・寛永十三生
母当国（伊ス也）何某女姓氏（竹延氏也）不知　元禄十三年九月三日死之月清受女七十才
享保七年十二月十九（八イ）日卒年八十七才

**吉房**　権左エ門　子孫別注之
母同　當宮祢宜土屋氏嗣　寛永兀ノ生・
宝永三年九月十九日死号得清浄範

**廓随**　當国當麻寺護念院住
母同　僧　寛文十年十月十六日寂
号本誉

**清房**　神主　後右京進
寛文四年十月兀九日卒
母山州賀茂社祢宜縣主女

**女子**　尼尊照号光誉　弟子之　尊清尼

---

（11オ）

「之」、静本「出」に作る。

「水」、静本「女」に作る。

「ノ」、国本なし。

母同　延宝五年十二月兀九日死

神主　後民部　明暦元生
**勝房**
母南都一乗院房官二条法眼女 上坐源乗 高室芳光明照 享保十六年二月十五日死 年九十二才
享保五年三月兀九日卒　年六十五才
勘解由　公邊神主代数年勤仕　子孫別注之

**和房**
母同　享保十年八月卅日死　六十四才　号清本浄覚

**女子**
於以良伊叒服部郡山中十左ヱ門室
母同　後南都春日社八乙女惣之一出仕

神主　民部　始刑部　元禄八生
**有房**
母妾當邑者賄人姓氏不知
（貼紙）「号光岳明英女七十才
（同筆）延享五年八月五日死」
宝永七年五月兀八日神主職拝賀年十六
享保六年五月十四日娶越宮内姉勝女《カチ》云々
延享四年十一月十一日卒年五十三才
有房室勝女号智光自有女寛延四年閏六月十七日死

○**為房**
神主　幼名千代丸　有房嗣　宝永六生
母同　享保十一年三月十四日神主職
拝賀年十八才
享保末年　改名富房後主水是乎

幼名豊丸　南都興福寺

---

「母同」、国本なし。（11ウ）

「明」、国本なし。

「以」、国本・静本「久」に作る。「服」、静本「眼」に作る。

**女子**　尼尊智号昭誉　居隣庵
母同　延享四年正月十五日寂年七十七才

**某**　宝光院弟子
母妾宇陀郡者女姓不知

**女子**　於比左　尊智弟子
元文四年二月九日死年廿五才
号円玉智運
母同

（12オ）

○**富房**　神主　後主水
二代ニ非ズ改名之
・別記ニアリ
母品女　安永四年三月六日卒年六十七才
（貼紙）
「何某女
是ハ妻之　宝暦十三年十二月三日死寒窓清雲女之」
（同筆）
富房始无子故養子両人令嗣職雖然或死
或帰元而不全其職其中賄腹男女三児出
生其男二人各継家職是全神霊之意乎
云々

明和二生
神主　安永二年巳十一月九日職拝賀于時九才

**政房**　養子　神主　幼名杉丸
實京郡吉田二位家鈴廉河内守次男
周防守イ
寛延元年十月廿一日相続同二年二月廿八日
職拝賀六ヶ年相勤解職帰本家
妻鴨井肥後守女土屋左上豊房孫之離縁

**昌房**　養子　神主　後民部
實当国郡山松平甲斐守家士次男
安永二年八月八日死

「別」、国本「刑」に作る。「母品女」、国本・静本は抹消せず。「之」、静本なし。「職」、静本なし。

**春房** 後兵部　安永六年四月七日卒　年十三才

母當国芝邑・三浦次エ門女聟人也　寛政三年六月十七日死四十九才
茂山幽清女是之

**信房** 當神主　幼名三代丸　明和六生

（貼紙）
（同筆）
「安永六年六月廿八日神主職拝賀」

母同

**女子** 於美和　早世
安永六年三月十二日死号華山錦枝女

母同

**某** 千代丸
号梅馨童

母同　安永六年正月元一日死年三才

従太田々根子命至當神主信房四十五代血脈相続連綿者也云々

又神主職者大田々根子命五十代也其中昆弟補之間世葉四十五世也

元房已後當国當郡粟殿極楽寺為葬所

信房之時神牌納在當山桧原玄賓庵

（12ウ）

（13オ）

「邑」、静本「村」に作る。

「太」、静本「大」に作る。

第三系図
（底本11オに挿入、国本・静本なし）

神主　延房二男
勘ヶ由　神主代数年勤之
●和房 ―――― 某
母　号高宮氏立一流　号清本浄覚
享保十年八月卅日（廿九イ）死年六十四才

某　左門　断絶
宝暦二年三月三日死四十九才
母土屋権左エ門吉房女　沽口中薬云々
号一覚浄向　浄一作乗

第四系図
（底本なし、国本・静本により補う）

自元慶至應永末神主乎
按　益房　永亨初卒　○○（ママ）自應永末至寛正　○○（ママ）自嘉吉至長亨　○○（ママ）自文明自永正中（ママ）
基房　自明応至永録　宗房　自享禄至文禄　輪房　自天正初至寛永
範房　兀九才之時　清房死　延宝七迄範房
母清受年不合非実母也
清受ハ清房後妻也　元禄十三年死
延宝七生延亨五死七十才也　寛永八生　廿四五才迄後夫也
〻〻〻〻〻〻〻〻〻〻〻〻　範房生ト六年違也　吉房ト十三年違
害六ツニシテ出生アランヤ後妻ニ必セリ

**信房**
神主 幼名三代丸

- **女** 西村《ニシムラ》妻
- **和房** 主水 神主 卒
  - **女** 上司延賀妻 石上神社祢宜
  - **義房** 高宮
  - **武男** 継西村家
  - **某**
- **某** 分家 号二宮輝人

**第五系図**

「西村《ニシムラ》」、静本なし。「神主〜三代丸」、静本なし。「信房」、静本は下に「神主」とあり。（左上※へ続く）

**第六系図**

（底本・国本なし、静本により補う）

**武房** 西阿入道三男 於南朝有軍功 年代未詳

**為房** 三輪三郎 仕北山御所

（右下※より続く）「主水」、静本は上に「号」とあり。「神主」、静本なし。「卒」、静本「死」に作る。「二宮」、静本は「宮」の右に「死」とあり。「輝人」、静本なし。「義房」、静本は上に「高宮」とあり。「高宮」、静本は下に「三輪神社出仕」とあり。「継西村家」、静本「奈良裁判所出仕」に作る。「某」、静本は下に「石上神社出仕」とあり。

# 終章　総括と展望

本書は、三輪山の西麓地域に本拠を構え、古代国家の形成期に顕著な活躍を見せた大神氏について、氏族としての起こりと歩み、地域的な展開、伝承や職掌、系譜と同祖関係などを論点として、その実像・実態への接近を試みたものである。繰り返しになる部分もあるが、これまで述べてきた内容を改めて整理するならば、次のようになる。

第一章第一節「大神氏の成立と展開」では、大神氏を伝承上の人物（オオタタネコ・オオトモヌシ・石床）、五世紀代の人物（身狭）、六世紀代の人物（特牛・逆）、七世紀前半〜中葉の人物（小鷦鷯・文屋・利金・色夫・大口・甕穂・根麻呂）、七世紀後半の人物（高市麻呂）に分類して、関連記事を網羅的に分析した。そして、律令制以前の大神氏の動向を、勃興期（雄略朝。氏族としてのまとまりを形成し、王権内で一定の地位を占めるようになった時期）、台頭期（欽明・敏達朝。三輪山祭祀の執行体制が整備され、天皇・皇后との間に直接的な関係を形成して、政局に大きな影響力を持つに至った時期）、低迷期（用明〜舒明・皇極朝。逆が殺害されたことで衰退し、勢力を盛り返せずにいた時期）、再興期（孝徳〜天武・持統朝。仏教・対外交渉・地方支配など新たな分野へと活躍の場を広げ、さらに高市麻呂が壬申の乱で戦功を立て、再び勢力を盛り返した時期）、これら四つの時期に区分した。

第二節「大神氏の複姓氏族」では、大神引田氏・大神私部氏・大神波多氏・大神真神田氏・三輪栗隈氏・神宮部氏・大神大網氏・大神掃石氏・大神椙田氏、これら計九氏の関係記事を確認した上で、本宗と複姓氏族の関係が地縁や海上交通を介して形成され、八世紀後半に氏姓や系譜が再編されたことを指摘した

第三節「大神氏の分布とその背景」では、大神氏に関係する氏族・地名・神社が、列島各地にほぼ偏りなく分布しており、しかもそれらが重なる事例が多いことから、残存史料では地名や神社しか確認できない場合でも、その地域にミワ系氏族が分布していた可能性を指摘した。また、大三輪神がもつ「軍神」としての役割が期待されたために、この神が大和王権の東国・西国進出や対外交渉の際に各地へ勧請・分祀され、それにともなってミワ系氏族も全国に広がったと推測した。具体的には、人制を前提として神人が、部民制の導入を契機として神人部・神部が各地に編成され、それらを管掌する地方伴造として、当該地域の国造勢力の一部を割いて、神直・神部直が設置されたという経緯を想定した。

第二章第一節「大三輪神の神格とその重層性」では、三輪山祭祀に二つの段階を想定する学説の論拠を検証した。先行研究では、早い段階では三輪山で日神祭祀や国見儀礼が行われていたが、のちに祭祀が衰退・中断し、以降は祟り神としての祭祀が行われるようになったと理解されてきた。しかし、古代において日神祭祀や国見儀礼が三輪山で行われていた痕跡は認められないこと、大三輪神がもつ複数の神格は、古い段階から不可分なものとして観念されており、途中から祟り神となる（祟り神としての神格が特に強調されるようになる）という経緯は考えがたいこと、むしろいかなる神格でも祟り神とは常に表裏一体の関係にあり、重層的神格をもつ大三輪神（祟り神としての神格を包摂する）が、当初から祭祀の対象とされていたことを指摘した。

第二節「三輪山祭祀の構造と展開」では、特に三輪山祭祀と大神氏の関係を考察した。大神氏は欽明朝から三輪山祭祀に関与するようになったとする先行研究を批判し、祭祀遺物の年代から三輪山祭祀の衰退・中断時期は確認できないこと、「ミモロ山」と「ミワ山」の書き分けは祭祀の実施年代を示していること、『三輪高宮家系図』に見える四月の大神祭の開始時期に関する記述の出典は不明であり、これを無批判に信頼すべきでないこと、さらに祭祀遺物の出土傾向と大神氏の動勢（台頭・衰退の時期）が一致することから、大神氏は五世紀後半から六世紀後半まで一貫して三輪山祭祀を担当していたと論じた。

第三節「大神氏始祖系譜の歴史的背景」では、須恵器窯とミワ系氏族の分布域は、両者の間に関係がなくても重なる可能性が高いこと、須恵器生産への従事が想定される氏族は神部に限らないこと、須恵器生産体制が「再編」された時期に、大神氏は勢力を著しく衰退させていることなどから、六世紀後半から七世紀前半にかけて、神部を軸とする須恵器生産体制が全国的に整備され、中央で大神氏がそれを統轄したという事実を認めることは困難であることを指摘した。また、大神氏と陶邑との関係は限定的であり、大神氏は特に大鳥郡上神郷の神直との間で、五世紀後半から六世紀後半にかけて交流を行っていたこと、オオタタネコは大神氏・賀茂氏・神氏にとっての共通の祖として、各氏族の系譜を結合する際に創出・架上されたこと、陶邑は大神氏の拠点であると同時に、これらの氏族にとっての現実的な接触・交流の場でもあり、そのためにオオタタネコにまつわる伝承の舞台として語られることになったと述べた。

第三章第一節「『粟鹿大明神元記』の写本系統」では、新たに現存が確認された『多和叢書』所収「粟鹿大明神元記」（多和本）を手がかりとして、諸本の系統関係を復元した。そして、『粟鹿大明神元記』は本来は竪系図形式で記されており、のちに読みやすさを考慮して文章形式に改変されたことを明らかにした。

第二節「神部氏の系譜とその形成」では、大神氏と神部氏の間に同祖関係が形成された過程を考察した。その結果、第一段階（六世紀後半頃に但馬地域に神部が設置され、その管掌を通じて神部氏と大神氏が接触し、さらに対外交渉を通して交流を続け、同祖観念が形成され始めた段階）、第二段階（七世紀後半の白村江の戦いにおいて、神部直根閇と三輪君根麻呂が戦争体験を共有したことにより、両者の間に人格的関係が形成され、断片的な同祖系譜が形成され始めた段階）、第三段階（八世紀後半から九世紀初頭にかけて、氏族系譜の編纂が盛んになるにともない、両氏族の系譜が修正・接合された段階）、これらの三段階を想定した。

第三節「『大神朝臣本系牒略』の史料的性格」では、『大神朝臣本系牒略』の成立年代と編者を特定した上で、その編纂時には、延暦から延長年間にかけて作成された大神氏の本系帳が利用された可能性を指摘した。また『大神朝臣本系牒略』には世系の断絶箇所や、編者の考証を意図的に遺留させた箇所が散見するのに対し、『三輪高宮家系図』の世系は古代から近代まで繋げられており、注記を削除するなど情報の取捨選択を行っていることから、前者はあくまでも限られた関係者が見るための「私的な系図」であるのに対し、後者は髙宮家の正式な「公的な系図」であると位置づけた。

以上、本書では大神氏という氏族を考察対象の基軸に据えて、その動勢・職掌・系図という分析視角から、可能な限り体系的に論じることを心がけた。ただし、そのために十分に論及できなかった点も残されている。[1] 特に、本宗の人物については、およそ八世紀初頭までの事績を扱ったため、それ以降の展開については詳しく触れることがかなわなかった。最後に、この点について簡単な見通しを述べて擱筆したい。

高市麻呂の死後、大神氏の中心となったのは、彼の弟にあたる安麻呂と狛麻呂である。このうち安麻呂は、持統三年（六八九）に判事に任命され、この時には務大肆であった（『日本書紀』持統三年二月己酉条）。『続日本紀』慶雲四年（七〇七）九月丁未条には、

正五位下大神朝臣安麻呂、為二氏長一。

とあり、大神氏の氏長となっている。その後、和銅元年（七〇八）には摂津大夫に任官され（『続日本紀』和銅元年九月壬戌条）、和銅七年（七一四）に兵部卿・従四位上で卒した（『続日本紀』和銅七年正月丙戌条）。

一方、狛麻呂は、和銅元年に丹波守（『続日本紀』和銅元年三月丙午条）、霊亀元年（七一五）に正五位上となり（『続日本紀』霊亀元年四月丙子条）、つづいて武蔵守に任命された（『続日本紀』霊亀元年四月五月壬寅条）。死去の記事は見えないが、『日本三代実録』仁和三年（八八七）三月乙亥条[2]にも、高市麻呂・安麻呂・狛麻呂の兄弟が登場しており、ここに狛麻呂は正五位上とあることから、これが極位であろう。

その後、大神氏の本宗は、忍人・伊可保・三支・野主・千成へと続いていく。『大神朝臣本系牒略』や『三輪高宮家系図』によれば、忍人は高市麻呂の子とされ、忍人の子が伊可保、その子が三支、その子が野主、その子が千成となっている。

忍人は、和銅五年（七一二）に従五位下に叙され（『続日本紀』和銅五年正月戊子条）、『続日本紀』霊亀元年二月丙寅条には、

　従五位下大神朝臣忍人、為㆓氏上㆒。

とあり、氏上となったことが分かる。前年には安麻呂が卒していることから、その後任人事と思われる。また、伊可保は『続日本紀』天平十九年（七四七）四月丁卯条に、

　天皇御㆓南苑㆒。大神神主従六位上大神朝臣伊可保・大倭神主正六位上大倭宿禰水守、並授㆓従五位下㆒。（略）

とあり、この時に従五位下に叙されている。さらに、三支は『続日本紀』宝亀十年（七七九）正月甲子条、野主は『続日本後紀』承和六年（八三九）四月乙丑条、千成は『日本文徳天皇実録』斉衡元年（八五四）正月壬辰条に、それぞれ従五位下叙されたことが見えている。

このように、安麻呂は従四位上、狛麻呂は正五位上にまで上ったのに対し、忍人以降の人物にはいずれも従五位下が与えられており、それ以上の位階に叙された記事が見られない。このことから、奈良時代に入って大神氏

はいわゆる下級貴族として固定化されていったことがうかがえる。(3)

ここで注目したいのは、『続日本紀』天平十九年四月丁卯条で伊可保が「大神神主」とされている点である。これに対応するように『大神朝臣本系牒略』と『三輪高宮家系図』では、この時期から「大神主」という称号が見えるようになる。「大神神主」とは、文字通り大神神社の神主という意味であり、「おおみわのかんぬし」と読める。「大神主」はその略称と見られ、「おおかんぬし」あるいは「おおみわぬし」と読むのであろう。

この「大神主」は、『大神朝臣本系牒略』では忍人・伊可保・三支に付されている。特に伊可保の尻付には、

自二伊可保一代々補二大神主一、連綿不レ絶。

と記されているが、これは『続日本紀』で伊可保が「大神神主」として見えることを踏まえたものと思われる。一方、『三輪高宮家系図』では、忍人から千成まで全員に「大神主」の肩書きが付されており、これは中世以降の人物にも原則として継承されていく。つまり、大神氏は八世紀前半頃から、従五位下の位階を基本とする下級貴族として固定化される一方で、その氏上は「大神神主」あるいは「大神主」を称し、大神神社の神職を本務とするようになったと考えられる。

律令制下の大神神社においては、鎮花祭や大神祭など様々な神事が行われたが、(4)前者については、国家が奉幣使を派遣して直接祭るのではなく、在地氏族を介して間接的に奉幣する「委託型」の祭祀であり、本書で繰り返し言及してきたオオタタネコ伝承に見られる祭祀構造との共通性が指摘されている。(5)後者についても、まさにそのオオタタネコ伝承を起源譚とし、大神氏が古来より実施してきた祭祀である。

とするならば、大神氏は自氏のアイデンティティーを、始祖と仰ぐオオタタネコが開始し、祖先たちが執り行ってきた三輪山祭祀に求めることによって、言い換えるならば氏族の奉事根原へと原点回帰することによって、逆

説的に新しい時代への順応を図ったと言える。そこからは、大神氏が彼らにとっての現在において、自らの過去（祖先に関する記憶・記録）と向き合い、それを継承・再構築していくという「歴史」の営みを見て取ることができる。こうして大神氏はその血脈を、さらには三輪山および大神神社に対する信仰を、後世へ連綿と受け継いでいくことになったのである。

注

（1）たとえば、三輪山祭祀が王権にとっていかなる意義・目的をもっていたのかについては、三輪山と同じく祭祀遺物が確認されている宗像沖の島の祭祀との比較や、対蝦夷政策の展開、『古事記』『日本書紀』におけるオオモノヌシの性格と位置づけ、祟りの説話化の問題、神祇令および律令制祭祀の成立過程などとあわせて、総合的な検討が不可欠である。また、大神氏と系譜上で緊密な関係を形成した賀茂氏や、大神氏の支流を称する豊前国の大神《おおが》氏、各地に分布するミワ系氏族などについても、個別的に取り上げる必要があろう。こうした諸点については今後の課題とし、別の機会に詳論することとしたい。

（2）第一章第二節参照。

（3）阿部武彦「大神氏と三輪神」（『日本古代の氏族と祭祀』吉川弘文館、一九八四年、初出一九七五年）、渡辺寛「大神朝臣高市麻呂とその周辺」（『大美和』七五、一九八八年）など。

（4）西山徳「律令制と大神神社」（『上代神道史の研究』国書刊行会、一九八三年、初出一九七五年）。

（5）藤森馨「神祇令祭祀と大神祭祀」（『神道宗教』二一〇、二〇〇八年）、同「鎮花祭と三枝祭の祭祀構造」（『神道宗教』二一一、二〇〇八年）。

# あとがき

本書は、筆者にとって『日本古代氏族系譜の基礎的研究』（単著、東京堂出版、二〇一二年）、『国造制の研究―史料編・論考編―』（共編著、八木書店、二〇一三年）に続く、三冊目の著書である。本書に関連する論考として、「大神朝臣本系牒略と髙宮信房」（『大美和』一一〇、二〇〇六年）、「上野国美和神社の官社化と神階奉授」（『桐生史苑』五三、二〇一四年）もある。あわせてご参照いただきたい。

前著でも触れたが、筆者は学部生の頃から大神氏に関心を持っており、卒業論文・修士論文では、大神氏と三輪山祭祀の関係を検討した。博士後期課程に進んだ二〇〇二年には、大神神社において史料調査の機会を賜った。当初は『三輪髙宮家系図』と『三輪叢書』を拝見する予定であったが、髙宮澄子氏のご厚意で『大神朝臣本系牒略』の存在を知り得た。研究史でほとんど触れられていない系図の登場に驚喜したことを、いまでもよく覚えている。この時の成果を踏まえて、以降は氏族系譜の研究に本格的に取り組むようになった。

その後、博士論文を書き上げたことを機に、しばらく遠ざかっていた大神氏の研究を再開することにした。卒業論文・修士論文や既発表論文を基礎としつつも、一から構想を練り直し、大幅な加筆修正と再構成を行い、博士論文の成果も盛り込んだ。したがって、本書は筆者にとって原点回帰の書といえる。今後は、終章で述べた課題に継続して取り組むとともに、大化前代から奈良・平安時代へ、神祇祭祀から仏教へ、日本列島からアジア地域へ、そして「史料」から「歴史」へと学問的視野を広げ、「夙夜黽勉」していきたいと考えている。

本書の執筆に当たっては、新川登亀男先生、川尻秋生先生、篠川賢先生をはじめ、多くの方々にご指導をいただいた。また、雄山閣編集部の八木崇・桑門智亜紀両氏には、予定枚数を超過してしまい、しかも複雑な系図の翻刻でお手を煩わせたにもかかわらず、終始行き届いたご配慮を賜った。記して厚く感謝申し上げる次第である。
最後に私事で恐縮であるが、いつも私を支えてくれている妻と両親に心より感謝するとともに、本書を捧げることをお許し願いたい。

二〇一四年二月三日

〈著者略歴〉
鈴木　正信（すずき・まさのぶ）
1977年　東京都に生まれる
2008年　早稲田大学文学研究科博士後期課程単位取得退学
2012年　博士（文学）（早稲田大学）
現在　早稲田大学高等研究所准教授
著書　『日本古代氏族系譜の基礎的研究』（東京堂出版、2012年）
『国造制の研究―史料編・論考編―』共編著（八木書店、2013年）

平成26年5月25日　初版発行　《検印省略》

日本古代氏族研究叢書④
大神氏《おおみわし》の研究《けんきゅう》

著　者　鈴木正信
発行者　宮田哲男
発行所　株式会社　雄山閣
〒102-0071　東京都千代田区富士見2－6－9
TEL 03-3262-3231　FAX 03-3262-6938
振 替 00130-5-1685
http://www.yuzankaku.co.jp
印刷・製本　株式会社 ティーケー出版印刷


ISBN978-4-639-02311-1　C3021
N.D.C.210　297p　22cm